EL FRANCÉS
COLOQUIAL

LAROUSSE

EL FRANCÉS COLOQUIAL

MANUAL PRÁCTICO

Diane de Blaye y Pierre Efratas

Publicado en Francia en 1998 por Éditions Belin con el título
Passez-moi l'expression en Espagnol.

© Éditions Belin, París, 1998
@Diane de Blaye y Pierre Efratas, por los textos

De la presente edición:
© Larousse Editorial, S.L., 2024
Bac de Roda, 64, edificio D, 1.ª planta
08019 Barcelona
clientes@grupoanaya.com - www.larousse.es

Dirección editorial: Jordi Induráin
Realización y preimpresión: La Cifra
Diseño de cubierta: Isaac Gimeno (www.lanada.org)

Cuarta edición: enero de 2024

ISBN: 978-84-19739-62-9
Depósito legal: B-18589-2023
4E1I

PAPEL DE FIBRA
CERTIFICADA

PRESENTACIÓN

Quién puede presumir de no haber sido nunca víctima de un mal entendido o de una comunicación deficiente por culpa de la traducción demasiado literal de una expresión cuyo verdadero equivalente, sin embargo, se conoce en la lengua materna?

El primer objetivo de esta obra es precisamente ayudar al lector en esas trampas «idiomáticas». Además, el libro está dirigido a todos los amantes de la lengua, a las personas que disfrutan con la riqueza de su propio idioma y que desean hacer lo mismo con el francés. También interesará a los estudiantes y profesores de enseñanza superior, a los traductores y, en general, a cualquiera que tenga que viajar a un país francófono.

El francés coloquial presenta más de 6000 locuciones, proverbios y expresiones hechas, figuradas y familiares, literarias o populares. Las expresiones se clasifican por temas y dentro de cada tema prevalece el orden alfabético. Las clasificaciones temáticas siempre son «subjetivas», por no decir «arbitrarias», por lo que en ocasiones algunas expresiones se repiten en dos e incluso tres capítulos.

Cada locución se traduce al español de la manera más «idiomática» posible y se han evitado al máximo las traducciones tipo «diccionario».

Esta recopilación no pretende ser exhaustiva, ya que nuestra intención ha sido ofrecer al lector un libro práctico, ni demasiado extenso ni demasiado voluminoso, que sea fácil de utilizar y manejar.

Las expresiones que se incluyen se han escogido por su carácter «idiomático», la frecuencia de uso, su «colorido», así como por su capacidad para reflejar la realidad social actual.

Por último, la obra contiene unos 80 «recuadros eti-mológicos» que recogen el origen de algunas expresiones elegidas por su interés histórico, filológico o simplemente anecdótico.

Hemos renunciado a mencionar los niveles de lengua (familiar, vulgar, etc.), a excepción de «anticuado» y «proverbio». Por un lado el libro es para lectores hispanohablantes, conscientes del nivel de lengua que emplean, y por otro, la designación de los niveles en sí misma eminentemente subjetiva. Además, se ha intentado que en líneas generales las equivalencias que se ofrecen sean del mismo nivel de lengua que las expresiones francesas originales.

Dentro de cada tema, las expresiones se han clasificado por orden alfabético de la palabra significativa (cuando había varias se han desdoblado las entradas). Los grupos de expresiones que incluyen la misma palabra significativa van precedidos de dicha palabra en forma de palabra-entrada, y las expresiones se relacionan a continuación por orden alfabético de la primera letra de la primera palabra.

Los verbos *être* y *avoir* se han suprimido de las expresiones francesas cuando también aparecen en la traducción al español para que la palabra-clave de la expresión destaque con mayor claridad.

Siguiendo las normas lexicográficas al uso, se ha optado por la forma más neutra: nombres y adjetivos en masculino singular y verbos en infinitivo.

El índice alfabético del final simplifica el uso de la obra y facilita la localización rápida de la expresión buscada.

El francés coloquial tiene varias lecturas. En primer lugar, una consulta al azar pasea al lector por sus páginas y expresiones, ya que unas le encaminan irremediablemente a otras. El libro también permite efectuar una búsqueda de una expresión francesa concreta para encontrar su traducción. Por último, puede ser un medio para satisfacer una curiosidad más general sobre uno de los 24 grandes temas tratados y descubrir así todas o parte de las expresiones que se ofrecen y sus correspondientes traducciones.

Esperamos que la obra sirva a todos los lectores, desde el simple curioso hasta el lingüista más curtido, para que no se pierdan entre estas expresiones sabrosas que a todos nos encanta utilizar.

ÍNDICE

ABREVIATURAS UTILIZADAS

ant. anticuado
aprox. aproximadamente
arg. argot
fig. figurado
hum. humorístico
irón. irónico
lit. literal
mil. militar
pey. peyorativo
prov. proverbio
qqch. *quelque chose*
qqn. *quelqu'un*
rel. religión
vulg. vulgar

LA VIDA DIARIA, EL OCIO

A

ACCU **recharger ses accus** cargar las pilas/baterías

AMI **le meilleur ami de l'homme (le chien)** el mejor amigo del hombre (el perro)

AMUSER **s'amuser comme jamais/follement/comme un (petit) fou** pasarlo bien/pipa/teta/bomba/en grande; divertirse como un enano/como nunca

B

BÂILLER **bâiller à se/s'en décrocher la mâchoire** bostezar exageradamente

BALLE **faire des balles** *(tenis, ping-pong)* pelotear

BANLIEUSARD **un banlieusard** (París) un habitante de los suburbios

BARREAU **fumer un barreau de chaise** fumarse un purazo

mener une vie de barreau/bâton de chaise ser un/una juerguista

BESOIN **un besoin naturel** necesidades (fisiológicas)

satisfaire un besoin pressant tener una urgencia

BIFTECK **courir après le bifteck** ganarse los garbanzos/el cocido; buscarse la vida

BOÎTE **aller/sortir en boîte** ir de discotecas; ir a bailar; salir de marcha

BONHOMME **aller son petit bonhomme de chemin** avanzar/ir a su (propio) ritmo

BOUC **ça sent/pue le bouc** huele que apesta; huele a tigre

BOUCAN **faire du boucan; faire un boucan de tous les diables/un boucan du tonnerre** hacer un ruido de mil demonios; armar jaleo; armar/meter bulla

BOUQUET **être/se mettre les doigts de pied en bouquet de violettes** hacer el vago; tocarse las narices; rascarse la barriga; no dar palo al agua

BRAS **dans les bras de Morphée** en brazos de Morfeo

jouer petit bras *(tenis)* jugar sin emplearse a fondo

BRIC **meublé de bric et de broc** amueblado con poquita cosa/de cualquier modo

BRINGUE **faire la bringue** irse de juerga/parranda/de picos pardos

BRÛLER **brûler la chandelle par les deux bouts** vivir a tope; malgastar *(dinero o salud)*

C

CALME   **c'est le calme plat**   calma chicha

CARTON   **taper le carton**   echar una partida/partidita

CHAHUT   **faire du chahut; faire un chahut monstre**   *véase boucan*

CHANDELLE   **brûler la chandelle par les deux bouts**   *véase brûler*

CHARBONNIER   **charbonnier est maître dans sa maison/chez soi** *(prov.)* cada uno/cada cual es rey en su casa *(prov.)*

CHÂTEAU   **mener la vie de château**   vivir como un obispo/pachá/marqués; vivir como Dios; darse la gran vida

CHEZ   **fais comme chez toi**   estás en tu casa

CHIEN   **mener une vie de chien**   tener/llevar una vida de perro(s)
   c'est pas fait pour les chiens   para eso está; está para usarlo
   dormir en chien de fusil   dormir acurrucado/hecho un ovillo
   (quelle) chienne de vie !   ¡qué vida más perra!

CHOU   **aller planter ses choux**   irse a vivir al campo

CINOCHE   **se faire un cinoche**   ir a ver una peli; ir al cine

CLOU   **traverser dans les clous**   cruzar por el paso de peatones
   un clou chasse l'autre   un clavo saca otro clavo

COIN   **le petit coin**   el retrete/servicio/váter

COMMUN   **le commun des mortels**   el común de los mortales

COQ   **vivre comme un coq en pâte**   vivir a cuerpo de rey

CORVÉE   **être de corvée de vaisselle**   tener servicio de cocina *(mil.)*; tocarle a uno fregar los platos/cacharros

COUP   **faire les quatre cents coups**   armarla gorda; llevar una vida disipada

CRÉMAILLÈRE   **pendre la crémaillère**   dar una fiesta para inaugurar la casa

D

DADA   **c'est mon/son dada**   es mi/su manía/(gran) pasión/monotema

DANGER   **être un danger public**   ser un peligro público

DOIGT   **avoir des doigts de fée**   tener manitas de plata/oro
   être/se mettre les doigts de pieds en bouquet de violettes   *véase bouquet*

DORMIR   **dormir à poings fermés**   dormir a pierna suelta
   dormir comme un loir/un sonneur/une souche/une marmotte   dormir como un tronco/una marmota/un ceporro/un lirón/un bendito
   dormir debout   caerse de sueño; quedarse frito
   dormir du sommeil du juste   dormir el sueño de los justos; dormir con la conciencia tranquila; dormir como un bebé
   dormir en chien de fusil   *véase chien*
   dormir sur ses deux oreilles   dormir tranquilo/en paz
   n'en plus dormir la nuit   no conciliar el sueño; pasarse las noches en vela
   ne dormir que d'un œil   dormir con un ojo abierto

DUR   **construire en dur**   construir una casa de ladrillos y cemento/en condiciones

DURE   **coucher sur la dure**   dormir en el (duro) suelo

E

ÉTOILE **coucher/dormir à la belle (étoile)** dormir al raso/al sereno/al fresco

ÉVENTAIL **être/se mettre les doigts de pied en éventail** *véase bouquet*

F

FÂCHER **ne pas être fâché d'avoir fait qqch.** no lamentar haber hecho algo

FAIT **les faits et gestes de qqn.** la vida y milagros de alguien

FÊTARD **un fêtard** un juerguista; un viva la virgen

FÊTE **faire la fête** irse de juerga/parranda/de picos pardos

FLAMBANT **flambant neuf** nuevecito; recién estrenado; flamante

FOIRE **faire la foire** irse de juerga/parranda/de picos pardos

FOURBI **tout le fourbi** todos los bártulos; todo el tinglado

FRANQUETTE **à la bonne franquette** a la pata la llana; sin ceremonias/cumplidos

FRUSQUIN **tout le saint-frusquin** *véase fourbi*

FUMER **fumer comme un Turc/une locomotive/une cheminée/un sapeur/un pompier** fumar como un carretero/una chimenea

G

GOGUETTE **partir en goguette** irse de juerga/parranda/de picos pardos

GOUJON **taquiner le goujon** pescar con caña

GRAND-DUC **faire la tournée des grands-ducs** *(aprox.)* ir/salir de copas (a lo grande)

GRASSE **faire la grasse matinée** levantarse tarde; pegársele a uno las sábanas; dormir hasta las mil (y monas)

GRILLER **en griller une ; griller une cigarette/clope** echar(se)/fumar(se) un cigarrillo/pito/pitillo/

H

HABITUDE **avoir ses (petites) habitudes** tener sus (propias) costumbres/manías

HISTOIRE **une vie sans histoire** una existencia anodina/sin nada de particular

HOMME **l'homme de la rue** el hombre de la calle; el hombre medio
un homme sans histoires un hombre normal y corriente/corriente y moliente

J

JARDIN   il faut cultiver notre jardin   ocupémonos de nuestros (propios) asuntos

JOUR   à chaque jour suffit sa peine *(prov.)*   cada día trae su afán
> **couler des jours heureux**   vivir feliz y contento; disfrutar de una vida feliz
> **vivre au jour le jour**   vivir al día (sin preocuparse del mañana)

K

KIFFER   je kiffe grave   me mola un huevo

L

LÈCHE-VITRINE   faire du lèche-vitrine   mirar escaparates

LOT   c'est mon/notre lot quotidien   es el pan nuestro de cada día; (es) lo de siempre

M

MÂCHOIRE   bâiller à se/s'en décrocher la mâchoire   *véase bâiller*

MAIN   avoir la main verte   tener buena mano para la jardinería/con las plantas

MARCHAND   le marchand de sable est passé   se está cayendo de sueño

MATINÉE   faire la grasse matinée   *véase grasse*

MEUBLE   s'installer/se mettre dans ses meubles   montar piso/casa

MEUBLER   être meublé de bric et de broc   *véase bric*

MOMENT   passer un bon moment   pasar un buen rato

MONNAIE   c'est monnaie courante   es moneda corriente   *véase también lot*

MORT   faire le mort *(cartes)*   hacer(se) el muerto

MUR   être dans ses murs   estar en casa de uno/en su propia casa

N

NETTOYAGE   faire le nettoyage par le vide   limpiar a fondo (deshaciéndose de los trastos)
> **le (grand) nettoyage de printemps**   limpieza general

NEZ   se laver le bout du nez   lavarse como los gatos

NOCEUR   un noceur   *véase fêtard*

NOUBA   faire la nouba   irse de juerga/parranda/de picos pardos

NOUVELLE   pas de nouvelles, bonnes nouvelles   las malas noticias llegan las primeras; que no haya noticias es buena señal

NUIT   passer une nuit blanche   pasar la noche en vela/en blanco; pasar una noche(cita) toledana

O

ŒIL ne pas (pouvoir) fermer l'œil (de la nuit) no (poder) pegar ojo
OISEAU le petit oiseau va sortir ! ¡atención al pajarito!
  un oiseau de nuit un ave nocturna
OREILLE dormir sur ses deux oreilles *véase dormir*

P

PACHA vivre comme un pacha *véase château*
PAGE tourner la page pasar la página; (hacer) borrón y cuenta nueva
PAIX avoir une paix royale disfrutar de una gran tranquilidad
PAROLE il ne lui manque que la parole sólo le falta hablar
PATACHON mener une vie de patachon *véase barreau*
PÂTE vivre comme un coq en pâte *véase coq*
PEAU faire peau neuve cambiar de vida/de conducta/de imagen
PEINARD être peinard estar tan pancho; estar la mar de bien (aquí se está
  la mar de bien = *on est peinard ici*)
PIEUTER (SE) se pieuter meterse en la piltra/en el sobre
PIONCER pioncer ferme *véase dormir comme un loir*
PLACE une place pour chaque chose et chaque chose à sa place (un si-
  tio para cada cosa y) cada cosa en su sitio
PLI prendre le pli de faire qqch. acostumbrarse/habituarse a hacer algo
PLUMARD se mettre au plumard *véase (se) pieuter*
PONT dormir sous les ponts *véase étoile*

R

RATER rater sa vie fracasar en la vida; echar a perder su vida
  rater le bus perder el autobús
RIBOULDINGUE faire la ribouldingue irse de juerga/parranda/de picos
  pardos
ROI aller (là) où le roi va tout seul/va à pied ir a ver/visitar a Roca/al señor Roca
ROUPILLON piquer un (petit) roupillon echar(se) una cabezada/cabeza-
  dita/siesta

S

SARDINE serrés comme des sardines (apretujados/apretados) como
  sardinas (en lata)
SATISFAIRE satisfaire un besoin pressant *véase besoin*

SDF un SDF (Sans Domicile Fixe)   una persona sin techo/sin domicilio conocido

SIESTE faire une (petite) sieste   *véase roupillon*

SOMME faire un petit somme   *véase roupillon*

SOMMEIL avoir le sommeil léger   tener el sueño ligero

dormir du sommeil du juste   *véase dormir*

ne pas pouvoir trouver le sommeil   no (poder) conciliar el sueño

tomber de sommeil   *véase dormir debout*

un sommeil de plomb   un sueño pesado/profundo

SORTIE être de sortie   salir; irse por ahí; dar una vuelta

SURFACE une grande surface   un supermercado; un híper; una gran superficie

T

TEMPS se payer/prendre du bon temps   pasar un buen rato

TOILE se faire/se payer une toile   *véase cinoche*

TOILETTE faire une toilette de chat   *véase nez*

TOUTIM tout le toutim   *véase fourbi*

TRAIN-TRAIN le train-train quotidien   la rutina diaria

TRALALA tout le tralala   *véase fourbi*

TRANCHE s'en payer une tranche   pasarlo en grande

TREMBLEMENT tout le tremblement   *véase fourbi*

V

VIE avoir/mener la belle vie   darse/pegarse la vida padre

c'est la vie   la vida es así; esto es lo que hay

il faut prendre la vie comme elle vient/elle est *(prov.)*   hay que tomar las cosas como vienen

la vie continue   la vida sigue/continúa

la vie n'est pas toujours rose   la vida no es un camino de rosas; no todo es de color de rosa

mener la vie de château   *véase château*

mener une vie de chien   *véase chien*

rater sa vie   *véase rater*

une vie sans histoires   *véase histoire*

vivre sa vie   vivir su (propia) vida

VIOLON un violon d'Ingres   un pasatiempo favorito

VIVRE avoir beaucoup vécu   haber vivido mucho; haber toreado en muchas plazas; tener mucha mili/muchas horas de vuelo

on ne vit qu'une fois !   sólo se vive una vez

VOITURE se ranger des voitures   sentar la cabeza

2

LA FAMILIA, LA INFANCIA, EL COLEGIO

A

AILE **voler de ses propres ailes** volar con sus propias alas
APPEL **faire l'appel** pasar lista
AUTEL **conduire qqn. à l'autel** llevar a alguien al altar

B

BAGUE **mettre/passer la bague au doigt à qqn.** casarse con alguien
BALLON **avoir le ballon** tener bombo
BÉBÉ **un bébé-éprouvette** un niño/bebé probeta
BLASON **redorer son blason** recuperar la reputación perdida/el prestigio, empezar de cero
BOURREAU **un bourreau d'enfants** un ogro (con los niños)
BOUT **un (petit) bout de chou** un pequeñín; un chiquitín; un enano
BREBIS **la brebis galeuse** la oveja negra; el garbanzo negro
BUISSONNIÈRE **faire l'école buissonnière** hacer novillos/pellas; pirar

C

CACHE-CACHE **jouer à cache-cache** jugar al escondite
CANARD **le vilain petit canard** el patito feo

" un (petit) bout de chou "

No se debe creer todo lo que nos cuentan por ahí y hay que acabar de una vez por todas con la extendida creencia de que los felices padres reciben a sus bebés gracias al denodado esfuerzo de unas cigüeñas llegadas directamente de París.

¡Pamplinas! Las personas razonables saben la verdad: según una tradición francesa, los bebés nacen en las coles. Esta hortaliza común también ha inspirado el apelativo cariñoso de mon chou (cariño) o el más tierno de mon petit chou. El uso se ha encargado de hacer un cruce afortunado entre estos dos sentidos figurados para dar a luz un tercero. Así nacen las expresiones.

cf. BOUT

CANIF **donner un coup de canif dans le contrat (de mariage)** poner los cuernos; engañar

CARPE **c'est le mariage de la carpe et du lapin** forman/hacen una extraña pareja

CARRÉ **le carré blanc** dos rombos; mayores de 18 años

CASER **se caser** casarse (y sentar la cabeza)

CÉLIBATAIRE **un célibataire endurci** un soltero recalcitrante; un solterón

CHAIR **la chair de sa chair** la carne de su carne

CHAMBRE **faire chambre à part** dormir en habitaciones separadas

CHAT **les chats (ne) font pas des chiens** de casta le viene al galgo (el ser rabilargo) *(prov.)*

CHAUSSURE **trouver chaussure à son pied** encontrarse con la horma de su zapato; encontrar su media naranja

CHEMIN **faire un bout de chemin avec qqn.** pasar un tiempo juntos

CHIEN **bon chien chasse de race** *(prov.)* *véase* ***chat***

CHOSE **les choses de la vie** cosas de la vida/que pasan

CLASSE **faire ses classes** *(mil.)* hacer la instrucción

COIFFER **coiffer sainte-Catherine** quedarse para vestir santos

COLLER **coller un élève** castigar a un alumno
se faire coller à un examen ser cateado/suspendido en un examen

CONFLIT **le conflit des générations** el conflicto generacional

CONVOLER **convoler en justes noces** *(hum. o ant.)* contraer nupcias; desposarse

COQ **la poule ne doit pas chanter devant/avant le coq; ce n'est pas à la poule de chanter devant le coq** *(aprox.)* la mujer, oír, ver y callar

CORDE **se mettre la corde au cou** ponerse la soga al cuello

CORDON **couper le cordon (ombilical)** cortar el cordón (umbilical); independizarse

CORNE **avoir/porter des cornes** tener cuernos; ser un cornudo

COTON **être élevé dans du coton** criarse entre algodones

COUCHER **coucher quelqu'un sur son testament** incluir a alguien en el testamento

COUR **jouer dans la cour des grands** jugar con los mayores; ser de los mayores

CULOTTE **c'est elle qui porte la culotte** es ella la que lleva los pantalones

D

DURE **être élevé à la dure** recibir una educación estricta

E

ÉCOLE **faire l'école buissonnière** *véase* ***buissonnière***

ÉMOULU **frais émoulu du collège** recién salido del colegio

ENCEINTE **être enceinte jusqu'aux yeux** tener un bombo considerable

ENFANCE **retomber en enfance** volver a la (tierna) infancia

ENFANT **ils vécurent heureux et eurent beaucoup d'enfants** y fueron felices y comieron perdices (y a mí no me dieron porque no quisieron)

la vérité sort de la bouche des enfants (sólo) los niños y los locos dicen (siempre) la verdad

l'enfant prodigue el hijo pródigo

les femmes et les enfants d'abord ! ¡las mujeres y los niños primero!

un enfant de l'amour un hijo natural

un enfant naturel un hijo natural

ESPRIT **l'esprit de famille** el espíritu de familia

ÉVÉNEMENT **attendre un heureux événement** estar en estado (de buena esperanza)

F

FAISEUSE **une faiseuse d'anges** una abortera

FAMILLE **c'est de famille** es cosa de familia

la belle-famille la familia política

l'esprit de famille *véase* *esprit*

un air de famille un aire de familia; un parecido

une fille/un fils de (bonne) famille una hija/un hijo de buena familia; una niña/un niño bien/pijo/pera

FÉE **une fée du logis** una mujer(cita) de su casa

FEMME **ce que femme veut (Dieu le veut)** *(aprox.)* la mujer siempre se sale con la suya

les femmes et les enfants d'abord ! *véase* *enfant*

FIBRE **avoir la fibre maternelle/paternelle** tener instinto maternal/paternal

FIL **avoir un fil à la patte** estar atado (de pies y manos)

FILLE **une vieille fille** una solterona

FILS **être (bien) le fils de son père** de casta le viene al galgo (el ser rabilargo); ser (digno) hijo de su padre

tel père, tel fils *(prov.)* de tal palo tal astilla

FOND **ils ont usé leurs fonds de culottes sur les mêmes bancs (d'école)** son amigos del colegio

FOSSÉ **le fossé des générations** el abismo generacional

FUGUE **faire une fugue** escaparse/marcharse de casa

G

GARÇON **enterrer sa vie de garçon** despedirse de su vida de soltero; celebrar la despedida de soltero

un vieux garçon *véase* *célibataire*

GÂTEAU **un papa/papy gâteau** un padrazo

GOURME **jeter sa gourme** hacer (sus primeras) calaveradas/locuras (un joven)

GRAINE **c'est de la mauvaise graine** es mala hierba

H

HERBE **pousser comme une mauvaise herbe** crecer como la mala hierba

HEUREUX **ils vécurent heureux et eurent beaucoup d'enfants** *véase en-fant*

J

JEU **jeux de mains, jeux de vilains** *(prov.)* juego de manos, juego de villa-nos *(prov.)*

JOJO **un affreux jojo** una fiera; un monstruo de niño; un niño insoportable

JOUR **voir le jour** venir al mundo

JUPE **être toujours dans les jupes de sa mère** estar (siempre) pegado a las faldas de su madre; estar (muy) enmadrado

L

LAPIN **c'est le mariage de la carpe et du lapin** *véase carpe*

LIGNE **descendre en ligne droite/en ligne directe de qqn.** descender en línea directa de alguien

LINGE **il faut laver son linge sale en famille** los trapos sucios se lavan en casa

LIT **les enfants d'un premier lit** hijos del primer matrimonio

LIVRER **être livré à soi-même** estar abandonado a su suerte

LOGIS **être une fée du logis** *véase fée*

LUNE **la lune de miel** la luna de miel; el viaje de novios

" jeter sa gourme "

Desde el siglo XIV, la gourme (muermo) designa tanto una inflamación de la garganta que afecta a los équidos como el impétigo, enfermedad de la piel tí-pica de los niños. Jeter sa gourme consiste por tanto en padecer unos «ac-cesos» típicos de la edad que, como todo el mundo sabe, tienen una duración muy variable según los individuos...

cf. GOURME

M

MAIN   **demander la main de qqn.**   pedir la mano de alguien
   être marié de la main gauche   vivir arrimado (a alguien)
MAIRE   **passer devant (monsieur) le maire**   pasar por la vicaría
MARIAGE   **c'est le mariage de la carpe et du lapin**   *véase* **carpe**
   donner un coup de canif dans le contrat (de mariage)   *véase* **canif**
   faire un mariage d'amour   casarse por amor
   faire un mariage d'argent/d'intérêt   casarse por dinero/interés
   faire un mariage de raison/de convenance   celebrar un matrimonio de conveniencia/un matrimonio arreglado
   mariage homo   matrimonio homosexual
   mariage pluvieux, mariage heureux   *(aprox.)* boda lluviosa, matrimonio feliz
   un mariage blanc   un matrimonio no consumado
MEILLEUR   **pour le meilleur et pour le pire**   para lo bueno y para lo malo
MÉNAGE   **se mettre en ménage avec qqn.**   irse a vivir con alguien
   un ménage à trois   un *ménage à trois*; un triángulo amoroso
MÈRE   **être une (vraie) mère poule**   ser una madraza
MIEL   **la lune de miel**   *véase* **lune**
MOITIÉ   **sa (douce/tendre) moitié**   su media naranja; su costilla

N

NAÎTRE   **bien né**   de buena familia; de buena cuna

P

PACSER   **se pacser**   registrarse como pareja de hecho
PANTOUFLARD   **être pantouflard**   ser (muy casero); ser un muermo
PARTI   **être un bon parti**   ser un buen partido
PEAU   **une peau d'âne**   un diploma
PÈRE   **être (bien) le fils de son père**   *véase* **fils**
   tel père, tel fils   *(prov.)*   *véase* **fils**
   un père peinard/tranquille   un padre muy tranquilo

" la lune de miel "

Piel de canela, besos de azúcar, palabras perfumadas: las sensaciones agradables despiertan positivamente los cinco sentidos. Pero, ¿qué pinta la luna? Para los antiguos, las lunas representaban las estaciones, los períodos. Por tanto, la lune de miel *equivale al período almibarado de una historia de amor.*

cf. LUNE

PIRE   pour le meilleur et pour le pire   *véase meilleur*
POLICHINELLE   avoir un polichinelle dans le tiroir   *véase ballon*
POPOTE   être popote   *véase pantouflard*
POULE   être une (vraie) mère poule   *véase mère*
>   la poule ne doit pas chanter devant/avant le coq; ce n'est pas à la pou-le de chanter devant le coq   *véase coq*

POURRIR   être pourri   estar muy mimado

R

RACE   être fin de race   *véase fin*
RECTANGLE   le rectangle blanc   *véase carré*
REDORER   redorer son blason   *véase blason*
RETOMBER   retomber en enfance   *véase enfance*

S

SANG   avoir du sang bleu   tener la sangre azul
>   bon sang ne peut/ne saurait mentir   de casta le viene al galgo (el ser ra-bilargo)

SAQUER   se faire saquer par un prof   catear, suspender
SCÈNE   une scène de ménage   una riña conyugal
SÉCHER   sécher un cours; sécher l'école   *véase buissonnière*
SEXE   le beau sexe   el bello sexo
>   le sexe faible   el sexo débil

SITUATION   être dans une situation intéressante   *véase ballon*
SOUCHE   de vieille souche   de alcurnia; de (rancio) abolengo

T

TENIR   il a de qui tenir   tiene a quien parecerse
TESTAMENT   coucher quelqu'un sur son testament   *véase coucher*

V

VÉRITÉ   la vérité sort de la bouche des enfants   *véase enfant*
VOLER   voler de ses propres ailes   *véase aile*

3

EL AMOR, LOS AMIGOS, EL PACTO

A

ABONDER **abonder dans le sens de qqn.** abundar en la opinión de alguien; ser del mismo parecer/de la misma opinión que alguien

AFFAIRE **être une affaire (au lit)** ser un(a) máquina (en la cama)

AILE **prendre qqn. sous son aile** poner a alguien bajo su ala/protección

AIMER **quand on aime, on a toujours vingt ans** el amor es joven

qui aime bien châtie bien *(prov.)* quien bien te quiere te hará llorar *(prov.)*

AIR **s'envoyer en l'air** echar un polvo/quiqui

ÂME **l'âme sœur** el alma gemela

AMI **être amis à la vie, à la mort** ser amigos para siempre/para toda la vida

être les meilleurs amis du monde ser amigos del alma

les amis de mes amis sont mes amis los amigos de mis amigos son mis amigos

mon/ma petit(e) ami(e) mi amigo/amiga; mi novio/novia

AMITIÉ **se lier d'amitié avec qqn.** trabar amistad con alguien

AMOUR **avec toi je pourrais vivre d'amour et d'eau fraîche** contigo, pan y cebolla

ce n'est pas/plus de l'amour, c'est de la rage ! más que amor es locura/obsesión/frenesí

faites l'amour, pas la guerre haz el amor y no la guerra

filer le parfait amour quererse como tortolitos; estar muy enamorados

l'amour avec un grand A el amor de mi/tu/su vida

" s'envoyer en l'air "

A simple vista, parece que esta expresión debería estar destinada a los deportistas quienes, en el momento de la conjunción apasionada de los cuerpos, brincan de alegría hasta alturas olímpicas, de donde vendría también la acepción más lujuriosa de sauter. Sin embargo, a pesar del estado de algunos somieres tras el paso del ciclón «amor», hay que buscar el sentido desenfrenado de esta gymkhana en un agradable fenómeno fisiológico. Cuando la «muerte chiquita» nos transporta al séptimo cielo, abandonamos durante unos instantes las envolturas terrestres para volar. Nuestras más sinceras disculpas a los ángeles que, a decir de algunos, se mueren de envidia.

cf. AIR

l'amour est aveugle   el amor es ciego

l'amour fait tourner le monde   el amor hace girar el mundo

le grand amour   el gran amor

AMOUREUX   **être amoureux fou/fou amoureux/follement amoureux de qqn.**   estar locamente enamorado de alguien; beber los vientos por alguien

APPEL   **un appel du pied**   una invitación discreta; una indirecta

ARME   **faire taire les armes**   enterrar el hacha de guerra; fumar la pipa de la paz

rendre/déposer les armes   deponer las armas; rendir las armas; rendirse

ASCENSEUR   **renvoyer l'ascenseur à qqn.**   devolver un favor a alguien

ATOME   **avoir des atomes crochus avec qqn.**   tener muchas cosas en común con alguien; congeniar con alguien; ser de la misma cuerda que alguien

AVANCE   **faire des avances à qqn.**   tirar(le) los tejos a alguien

AVENTURE   **une aventure sans lendemain/d'une nuit**   un rollo/ligue/una aventura de una noche

B

BAGATELLE   **être porté sur la bagatelle**   ser un salido; estar siempre pensando en lo mismo

BATTRE   **battre le rappel (de ses amis)**   convocar/juntar a los amigos

BEAU   **faire qqch. pour les beaux yeux de qqn.**   hacer algo por la cara bonita de alguien

BÉGUIN   **avoir le béguin pour qqn.**   estar chiflado por alguien/colgado de alguien; morirse por los huesos de alguien

BERCEAU   **les prendre au berceau**   ser un asaltacunas

BESOIN   **c'est dans le besoin que l'on (re)connaît ses (vrais) amis**   en la adversidad se prueba la amistad/se reconoce a los (buenos) amigos

on a toujours besoin d'un plus petit que soi   no hay apoyos pequeños

BÊTE   **une bête (de sexe)**   una máquina sexual

BIEN   **penser le plus grand bien de qqn.**   tener a alguien en mucha estima/consideración

BIJOU   **les bijoux de famille**   el paquete

BILLET   **un billet doux**   una carta de amor

BOIS   **ne pas être de bois**   no ser de piedra

" faites l'amour, pas la guerre "

Este eslogan pacifista se divulgó durante la época hippie, el movimiento Flower Power de los años 60 y la guerra de Vietnam. Correspondía a una doble aspiración de los jóvenes contestatarios de la época: amor libre, sin cortapisas, y la simpática utopía de una sociedad libertaria y no violenta.

cf. AMOUR

BON (une atmosphère) **bon enfant** (un ambiente) agradable/cordial
BONNE **avoir qqn. à la bonne** caer alguien (muy) bien/fenomenal
BONNET **opiner du bonnet** asentir con la cabeza
BOTTE **proposer la botte à qqn.** tirar(le) los tejos a alguien
BOUGER **draguer tout ce qui bouge** gustarle a uno todas
BOURREAU **être un bourreau des cœurs** ser un don Juan/donjuán/castigador/rompecorazones
BRANCHE **vieille branche** colega; colegui; tronco
BRAS **accueillir qqn. à bras ouverts** acoger/recibir a alguien con los brazos abiertos
  aller bras dessus, bras dessous avec qqn. ir (cogidos) del brazo; ir de ganchete
BRIN **faire un brin de cour à qqn.** flirtear/tontear con alguien

C

ÇA **ne penser qu'à ça** *véase* **bagatelle**
CADEAU **les petits cadeaux entretiennent l'amitié** a los amigos hay que cuidarlos
CADRE **rajeunir les cadres** liarse con una jovencita
CALUMET **fumer le calumet de la paix** *véase* **(faire taire les) armes**
CANAPÉ **faire jouer la promotion canapé** *(aprox.)* abrirse camino/trepar/hacer carrera a base de acostarse con personas influyentes
CAPOTE **une capote (anglaise)** un condón; un preservativo
CAUSE **mettre qqn. hors de cause** considerar a alguien fuera de (toda) sospecha
  prendre fait et cause pour qqn./qqch. tomar partido por alguien/algo
CENTUPLE **rendre au centuple** devolver con creces
CHACUN **(à) chacun sa chacune** cada oveja con su pareja
CHAIR **la chair est faible** la carne es débil
CHAMADE **mon cœur bat la chamade** el corazón se me sale del pecho
CHANDELLE **devoir une fière chandelle à qqn.** estar (muy) en deuda con alguien
  tenir la chandelle hacer de carabina, llevar la cesta
CHAPEAU **tirer son chapeau à qqn.** descubrirse ante alguien; quitarse el sombrero ante alguien

---

" mon cœur bat la chamade "

El asalto ha terminado. Las murallas de la ciudad han caído. En ese momento resuena, en el aire saturado de humo y de los gemidos de heridos y agonizantes, la lúgubre llamada de los tambores y las trompetas. Es la chamade, *que ofrece una tregua o la capitulación. Cuando el* cœur *bat la* chamade, *la angustia o la emoción siempre están presentes.*

cf. CHAMADE

CHARGE à charge de revanche hoy por ti, mañana por mí; en desquite

CHARME être/tomber sous le charme de qqn./qqch. estar bajo el/sucumbir al encanto de alguien/algo

  faire du charme à qqn. coquetear con alguien; hacer la corte a alguien

CHAUSSURE trouver chaussure à son pied encontrar/dar con su media naranja/la horma de su zapato

CHEF opiner du chef *véase* *bonnet*

CHEMIN remettre qqn. dans/sur le droit chemin enderezar a alguien

CHEVALIER un chevalier servant un galán, un devoto admirador

CHOSE être porté sur la chose *véase* *bagatelle*

CIEL être au septième ciel estar en el séptimo cielo

COCHON dans tout homme il y a un cochon qui sommeille los hombres sólo piensan en eso; (todos) los hombres son unos obsesos

  être copains comme cochons ser (como) uña y carne

CŒUR avoir un cœur d'artichaut tener un corazón de melón; ser un enamoradizo

  briser le cœur de qqn. romper el corazón a alguien

  connaître qqn. par cœur conocer a alguien muy bien/de memoria

  être un bourreau des cœurs *véase* *bourreau*

  faire le joli cœur ser (un) guaperas; ir de rompecorazones

  mon cœur bat la chamade *véase* *chamade*

  un cri du cœur una llamada muy sentida/sincera

COINCER être coincé ser (un) cortado/parado/tímido

CONFIANCE avoir une confiance aveugle en qqn. confiar en alguien ciegamente; tener plena confianza en alguien

CONFIDENCE des confidences sur l'oreiller confidencias íntimas

CONNAÎTRE connaître qqn. comme si on l'avait fait conocer a alguien como si lo hubiéramos parido

  connaître qqn. par cœur *véase* *cœur*

CORPS faire corps avec qqn. estar en comunión con alguien

COTE avoir la cote avec qqn. gozar de la mayor consideración/del mayor crédito (por parte de alguien); tener éxito con alguien

COU sauter au cou de qqn. echarse en los brazos de alguien

COUCHER coucher à gauche et à droite acostarse con media España

COUDE se serrer/se tenir les coudes echarse una mano

COUP être un bon coup *véase* *affaire*

  un coup de foudre un flechazo

COUR faire la cour à qqn. *véase* *charme*

  faire un brin de cour à qqn. *véase* *brin*

COUREUR un coureur de jupons/filles un mujeriego/don Juan/donjuán/ligón

COURIR courir le cotillon gustarle a uno las faldas; ser un mujeriego

  courir le jupon ser aficionado a/muy amigo de las faldas; ser un mujeriego

COUVERT remettre le couvert echar otro polvo

CUISSE **avoir la cuisse légère/hospitalière/gaie/facile** ser ligera de cascos; ser un putón (verbenero)

CUL **être comme cul et chemise** *véase cochon*

CUTI **virer sa cuti** hacerse/volverse homosexual

D

DÉPAYSER **ne pas être trop dépaysé** no sentirse extraño/fuera de lugar; estar en país/terreno conocido; estar entre amigos

DIAPASON **se mettre au diapason de qqn.** ponerse a tono con alguien; ponerse en la misma onda

DOCTEUR **jouer au docteur** jugar a médicos (y enfermeras)

DOIGT **être comme les deux doigts de la main/d'une seule main** *véase cochon*

E

ÉCHANGE **c'est un échange de bons procédés** amor con amor se paga

ÉCHELLE **faire la courte échelle à qqn.** echar un cable/una mano a alguien

ÉLOGE **ne pas tarir d'éloges au sujet de qqn.** hablar maravillas de alguien; cantar las alabanzas de alguien; hacerse lenguas de alguien

ENFANT **(une atmosphère) bon enfant** *véase bon*

ENTENDEUR **à bon entendeur, salut** a buen entendedor (, pocas palabras bastan)

ENTENDRE (S') **bien s'entendre avec qqn.** llevarse bien con alguien **s'entendre comme larrons en foire** *véase cochon*

ÉPINE **tirer/ôter à qqn. une épine du pied** quitar a alguien un peso de encima; sacar a alguien de apuros

ÉPONGE **passer l'éponge** hacer borrón y cuenta nueva; (echar) pelillos a la mar

ESTAMPE **venez/viens voir mes estampes japonaises** *(hum.)* sube a ver mi colección de sellos; ven, que te voy a enseñar el búlgaro

ÊTRE **en être** entender (= ser homosexual)

F

FAIBLE **avoir un (petit) faible pour qqn.** sentir/tener debilidad por alguien

FAIRE (SE) **se faire qqn.** tirarse/follarse a alguien

FAIT **prendre fait et cause pour qqn./qqch.** *véase cause*

FARCIR (SE) **se farcir qqn.** *véase faire*

FAVEUR **un traitement/régime de faveur** un trato de favor/preferente

FLAMME **déclarer sa flamme à qqn.** declararse a alguien

FLEUR **être fleur bleue** ser un sentimentaloide

faire une fleur à qqn. hacer un favor a alguien; tener un detalle con alguien

perdre sa fleur perder la flor; ser desflorada

FLEURETTE **conter fleurette** pelar la pava; cortejar a una mujer; decir galanterías

FOLIE **faire des folies de son corps** darle mucha/demasiada marcha al cuerpo

FOLLE **une folle** una loca

FOUDRE **un coup de foudre** *véase coup*

FRAISE **aller aux fraises** *(hum.)* llevarse a alguien al huerto

G

GALIPETTE **faire des galipettes** darse un revolcón, dar brincos/volteretas

GENRE **les blondes, c'est pas mon genre** las rubias no me van/dicen nada

GRÂCE **être dans les bonnes grâces de qqn.** caer en gracia a alguien; gozar de los favores de alguien

faire grâce de qqch. à qqn. dispensar/eximir a alguien de algo

trouver grâce auprès/aux yeux de qqn. obtener/recibir la aprobación de alguien; contar con la aprobación de alguien

GRÉ **savoir gré à qqn. de (faire) qqch.** agradecer algo a alguien; estar agradecido por algo a alguien

GRINGUE **faire du gringue à qqn.** *véase charme*

GUILLEDOU **courir le guilledou** andar de picos pardos

H

HABITER **vous habitez chez vos parents ?** ¿estudias o trabajas?

HACHE **enterrer la hache de guerre** *véase (faire taire les) armes*

HANTER **dis-moi qui tu hantes, je te dirai qui tu es** dime con quién andas y te diré quién eres

HEUREUX **heureux au jeu, malheureux en amour** *(prov.)* afortunado en el juego, desgraciado en amores *(prov.)*; desgraciado en el juego, afortunado en amores

HOMME **un homme à femmes** un (hombre) mujeriego

I

INTELLIGENCE **vivre en bonne intelligence avec qqn.** vivir en armonía con alguien

J

JALOUX **être jaloux comme un tigre** ser muy celoso; ser un/muy moro

JAQUETTE **être de la jaquette (flottante)** ser de la acera de enfrente; ser marica

JEU **heureux au jeu, malheureux en amour** *(prov.)* *véase* **heureux**

JOUE **tendre l'autre joue** poner la otra mejilla

JUPON **être un coureur de jupons** *véase* **coureur**

JUSTE **tout juste, Auguste !** ¡eso es!; ¡equilicuá!

L

LAPIN **poser un lapin à qqn.** dar plantón a alguien

un chaud lapin un pichabrava; un cachondo; un semental

LARRON **s'entendre comme larrons en foire** *véase* **cochon**

LIER (SE) **se lier d'amitié avec qqn.** *véase* **amitié**

LONGUEUR **être sur la même longueur d'onde** estar en la misma onda

M

MAIN **avoir la main baladeuse** ser un pulpo

donner un coup de main; prêter main forte à qqn. echar una mano/un cable a alguien

faire manger qqn. dans sa main conseguir que alguien coma en tu mano; meterse a alguien en el bolsillo

mettre la main au panier à qqn. tocar el culo a alguien; meter mano a alguien en la entrepierna

MARIE **une Marie couche-toi là** una pelandusca/buscona/tía fácil

MÉNAGE **faire bon ménage avec qqn.** llevarse a las mil maravillas con alguien; hacer buena pareja

MERLE **trouver le merle blanc** encontrar un mirlo blanco/una joya

MISE **sauver la mise à qqn.** sacar a alguien de un/del atolladero; sacar a alguien las castañas del fuego

MOITIÉ **sa (douce/tendre) moitié** su media naranja; su costilla

MORAL **remonter le moral à qqn.** levantar el ánimo/la moral a alguien

---

" *être de la jaquette (flottante)* "
" *être pédé comme un phoque* "

El chaqué se abre por detrás para formar dos faldones. La alusión es por tanto elocuente. No ocurre lo mismo con las focas, que nada tienen que ver con la expresión, pues se trata de un uso modificado de la palabra foc, *es decir, el* foque, *una vela que coge el viento por detrás.*

cf. JAQUETTE, cf. PÉDALE

MORCEAU **recoller les morceaux** reconciliarse; hacer las paces; arreglar las cosas

N

NATURE **payer en nature** pagar en especie
NOM **s'appeler par son petit nom** llamarse por el nombre de pila; tutearse
NUE **porter qqn. aux nues** poner a alguien por las nubes

O

ODEUR **être en odeur de sainteté auprès de qqn.** *véase grâce*
ŒIL *véase también yeux*
    couver/observer qqn. d'un œil jaloux vigilar/controlar/marcar a alguien muy de cerca; no perder de vista a alguien
    faire de l'œil à qqn.; se faire de l'œil timarse con alguien; echar(se) miraditas; hacerse guiños
    se rincer l'œil regodearse/recrearse mirando algo/a alguien; alegrarse la vista con algo/alguien
    taper dans l'œil de qqn. hacer tilín a alguien; molar a alguien
OIGNON **soigner qqn. aux petits oignons** tratar a alguien a cuerpo de rey/a las mil maravillas
OISEAU **trouver l'oiseau rare** *véase merle*
OPINER **opiner du bonnet/chef** *véase bonnet*
OREILLER **des confidences sur l'oreiller** *véase confidence*

P

PAIRE **les deux font la paire** son tal para cual
PAPIER **être dans les petits papiers de qqn.** *véase (être dans les bonnes) grâce*
PAPOUILLE **faire des papouilles à/avec qqn.** meter(se) mano; magrear(se)
PARTIE **avoir partie liée avec qqn.** estar compinchado con alguien
    faire une partie carrée hacer cama redonda
    une partie de jambes en l'air; une partie de traversin un revolcón; un polvete
PATIN **rouler un patin à qqn.** dar un beso de tornillo a alguien; darle el pico a alguien
PAYS **être en pays de connaissance** *véase dépayser*
PEAU **avoir qqn. dans la peau** llevar a alguien metido en el cuerpo; estar pirrado/loco por alguien
PÉDALE **être de la pédale ; être pédé comme un phoque** ser más marica que un palomo cojo

PELLE rouler une pelle à qqn. *véase patin*

PENSER ne penser qu'à ça *véase bagatelle*

PERCHE tendre la perche à qqn. echar un capote a alguien

PERDRE un(e) de perdu(e), dix de retrouvé(e)s cuando una puerta se cierra, cien se abren

PERLE trouver la perle rare encontrar(se) un chollo/una joya/una perla

PEU un peu, beaucoup, passionnément, pas du tout me quiere, no me quiere

PIED faire du pied à qqn. dar pataditas a alguien por debajo de la mesa; hacer piececitos

   prendre son pied pasárselo bien; disfrutar; correrse

   sur un pied d'égalité en igualdad de condiciones

   un appel du pied *véase appel*

PINACLE porter qqn. au pinacle *véase nue*

PINCER en pincer pour qqn./être pincé *véase béguin*

PLACE se mettre à la place de qqn. ponerse en el lugar de alguien

PLAT faire du plat à qqn. *véase charme*

PLATEAU apporter qqch. à qqn. sur un plateau (d'argent) poner a uno algo en bandeja (de plata)

POCHE mettre qqn. dans sa poche *véase (faire manger qqn. dans sa) main*

POIDS ôter un poids à qqn. *véase épine*

POIRE couper la poire en deux llegar a una solución intermedia/a un compromiso

PRÊTÉ c'est un prêté pour un rendu donde las dan las toman; es pagar con la misma moneda

PROMOTION faire jouer la promotion canapé *véase canapé*

PROPOSITION faire des propositions (malhonnêtes) à une femme hacer proposiciones (deshonestas) a una mujer

PRUNELLE tenir à qqn. comme à la prunelle de ses yeux querer a alguien como a la niña de sus ojos

Q

QUATRE faire les quatre volontés de qqn. estar a merced/a los pies de alguien; hacer la santa voluntad de alguien

   j'en ferais bien mon quatre heures ! ¡(a éste/ésta,) no me importaría/importaba hacerle un favor

   se mettre en quatre pour qqn. desvivirse por alguien

R

RABIBOCHER (SE) se rabibocher (avec qqn.) hacer las paces (con alguien); reconciliarse

RACCOMMODER (SE) se raccommoder sur l'oreiller reconciliarse/hacer las paces (en la cama)

   se raccommoder (avec qqn.) *véase rabibocher*

RAGE ce n'est pas/plus de l'amour, c'est de la rage ! *véase amour*

RAIL remettre qqch./qqn. sur les/des rails poner a alguien de nuevo en el buen camino

RANCARD avoir (un) rancard avec qqn.; rancarder qqn. tener una cita con alguien; quedar con alguien

RANCUNE sans rancune ! ¡olvidémoslo!; ¡sin rencor!; ¡borrón y cuenta nueva!

RAPPEL battre le rappel (de ses amis) *véase battre*

RAYON être le rayon de soleil de qqn. ser la alegría de la vida de alguien

RÉGIME un régime de faveur *véase faveur*

REMONTER remonter le moral à qqn. *véase moral*

RENDEZ-VOUS avoir un rendez-vous galant tener una cita amorosa

RENDU c'est un prêté pour un rendu *véase prêté*

RENTRE-DEDANS faire du rentre-dedans à qqn. tirar(le) los tejos a alguien; saltarle a las plumas a alguien

REVANCHE à charge de revanche *véase charge*

ROULER rouler un patin/une pelle à qqn. *véase patin*

RUISSEAU tirer/sortir qqn. du ruisseau sacar a alguien del arroyo

S

SAINTETÉ être en odeur de sainteté auprès de qqn. *véase grâce*

SAUVER sauver la mise à qqn. *véase mise*

SECOURS voler au secours de qqn. acudir (raudo y veloz) a socorrer a alguien

SENS abonder dans le sens de qqn. *véase abonder*

SENTIMENT revenir à de meilleurs sentiments adoptar una actitud conciliadora

SOIGNER soigner qqn. aux petits oignons *véase oignon*

SOIN être aux petits soins pour/avec qqn. tener mil detalles/atenciones con alguien

SOUPIRER soupirer pour qqn. suspirar por alguien

T

TABLEAU un tableau de chasse una lista/colección de ligues/conquistas

TANTE; TANTOUZE; TATA une tante; une tantouze; une tata un maricón/sarasa; una maricona/loca

TEMPÉRAMENT avoir du tempérament irle la marcha

TERRAIN trouver un terrain d'entente encontrar elementos de acuerdo

TÊTE faire tourner la tête à qqn. volver loco (de amor) a alguien; hacer perder la cabeza a alguien

TICKET avoir un ticket avec qqn. tener a alguien colgado de uno; tener a alguien en el bote

TIGRE être jaloux comme un tigre *véase jaloux*

TOUCHE   faire/avoir une touche avec qqn.   *véase ticket*
TOUCHER   jouer à touche-pipi *véase docteur*
TRAITEMENT   un traitement de faveur   *véase faveur*
TRAVERSIN   une partie de traversin   *véase partie de jambes en l'air*
TU   être à tu et à toi avec qqn.   tratarse de tú a tú

U

UN   un pour tous, tous pour un   todos para uno y uno para todos

V

VIVRE   vivre d'amour et d'eau fraîche   *véase amour*
VOIE   mettre qqn. sur la voie   encarrilar/encaminar a alguien
VOILE   être à voile et à vapeur   ser carne y pescado; ser bisexual
VOLER   voler au secours de qqn.   *véase secours*
VOLONTÉ   faire les quatre volontés de qqn.   *véase quatre*
VUE   avoir des vues sur qqn.   echar el ojo a alguien; fijarse en alguien

Y

YEUX   entre quat-z-yeux   cara a cara
   faire des yeux de merlan frit à qqn   mirar a alguien con cara de cordero degollado
   faire les yeux doux/les yeux de velours à qqn.   mirar a alguien con ternura/cariño
   faire qqch. pour les beaux yeux de qqn.   *véase beau*
   loin des yeux, loin du cœur *(prov.)*   ojos que no ven, corazón que no siente *(prov.)*

" un pour tous, tous pour un ! "

Lema creado por Alexandre Davy de la Pailletterie, alias Alejandro Dumas padre. Este juramento y grito de guerra de los tres mosqueteros, que en realidad eran cuatro, fue empleado más tarde por muchos grupos, partidos y regimientos. Destaquemos también que Paul Féval, otro escritor de capa y espada, creó por su parte el famoso: « Si tu ne viens pas a Lagardère, Lagardère ira à toi ! »

cf. UN

4

LOS ENEMIGOS, LOS CONFLICTOS, EL DESACUERDO

A

ACCROCHER **tu peux toujours te l'accrocher** espera/espérate sentado; vas fresco; y un jamón; de eso nada, monada

AFFAIRE **faire son affaire à qqn.** ajustarle a alguien las cuentas; cargarse a alguien

AILE **couper/rogner les ailes à qqn.** cortar las alas/parar los pies a alguien

AMOUR **ce n'est pas le grand amour/l'amour fou (entre eux)** no se entienden nada bien

ÂNE **c'est le coup de pied de l'âne** es hacer leña del tronco caído

APPELER (S') **montrer à qqn. comment on s'appelle** enseñar a alguien como se las gasta uno/lo que vale un peine

ARME **se battre/lutter à armes égales** luchar en igualdad de condiciones/en un pie de igualdad

   faire parler les armes sacar las armas; abrir la hostilidades; desenterrar el hacha de guerra

   passer qqn. par les armes pasar a alguien por las armas; fusilar a alguien

ASCENSEUR **renvoyer l'ascenseur à qqn.** pagar a alguien con la misma moneda; devolver la pelota a alguien

ASSEOIR (S') **tu peux toujours t'asseoir dessus** *véase* *accrocher*

B

BAFFE **flanquer une baffe à qqn.** pegar un tortazo/bofetón a alguien

   se ramasser des baffes llevarse una paliza

BAGARRE **chercher la bagarre** buscar camorra/bronca/pelea

BALLE **une balle perdue** una bala perdida; una bala rasa

BARBE **rire à la barbe/au nez de qqn.** reírse de alguien en sus narices/barbas

BARDER **ça va barder !** se va a armar/montar la gorda

BAROUD **un baroud d'honneur** un último esfuerzo/combate; una traca final

BAS **mettre qqn. plus bas que terre** poner/dejar a alguien a la altura del betún; poner a alguien por los suelos

BASKET **lâcher les baskets de qqn.** dejar a alguien tranquilo/en paz

BATAILLE **une bataille rangée** una batalla campal

BÂTON **mettre des bâtons dans les roues à qqn.** poner trabas a alguien; poner la zancadilla a alguien

BEC **avoir une prise de bec avec qqn.** tener una agarrada/riña/bronca con alguien

se défendre bec et ongles defenderse con uñas y dientes

BÊTE **la bête noire de qqn.** la pesadilla/la bestia negra de alguien

BIEN **grand bien lui fasse** con su pan se lo coma; que le aproveche

ne pas penser que du bien de qqn. tener a alguien en poca estima

BLAIRER **ne pas (pouvoir) blairer qqn.** no (poder) tragar a alguien; tener a alguien atragantado/atravesado; no poder ver a alguien (ni en pintura)

BLOC **faire bloc contre qqn.** hacer piña contra alguien

BOIS **montrer à qqn. de quel bois on se chauffe** *véase appeler*

BONBON **casser les bonbons à qqn.** dar la lata/la tabarra/la vara/la murga a alguien

BOND **faire faux bond à qqn.** dejar colgado a alguien; faltar a una cita con alguien; dejar a alguien con el culo al aire

BOUC **un bouc émissaire** un chivo expiatorio; una cabeza de turco

BOUCHÉE **ne faire qu'une bouchée de qqn.** no tener ni para empezar con alguien; comerse/merendarse a alguien en dos bocados

BOUE **traîner qqn. dans la boue** llenar/cubrir de fango a alguien

BOULET **tirer à boulets rouges sur qqn.** hacer una guerra sin cuartel a alguien; tirar a matar

BOURRIQUE **faire tourner qqn. en bourrique** volver tarumba a alguien; poner frito a alguien

BOUT **pousser qqn. à bout** sacar de quicio a alguien; poner a alguien en el disparadero

BRANCARD **ruer dans les brancards** rebelarse

BRANLE-BAS **sonner le branle-bas de combat** ordenar/tocar zafarrancho de combate

BRAS **saisir qqn. à bras-le-corps** levantar a alguien al peso; agarrar con fuerza a alguien

se livrer à une partie de bras de fer/à un bras de fer echar/mantener un pulso

tomber sur qqn. à bras raccourcis arremeter contra alguien

BRETELLE **remonter les bretelles à qqn.** apretar las tuercas/los machos a alguien

BRISER **il me les brise** me tiene hasta las pelotas/los huevos/los cojones; éste me está tocando las pelotas/los huevos/los cojones

---

" un baroud d'honneur "

Para los bereberes del sur de Marruecos, el baroud es la pólvora explosiva. Por extensión, la palabra designa la idea de una explosión final que remata un último combate simbólico. Hay que destacar que la lengua francesa no menudea en palabras «exóticas» procedentes del antiguo Imperio, como baraka (cf. capítulo 5), fissa (cf. capítulo 14) y bled (cf. capítulo 16).

cf. BAROUD

BROSSER (SE) tu peux toujours te brosser *véase accrocher*

BROUILLER être brouillé (avec qqn.) estar enfadado/mosqueado con alguien

BRUIT un bruit de bottes un ruido de sables

C

CADEAU ne pas faire de cadeau à qqn. no pasar ni una a alguien

CAMOUFLET recevoir un camouflet de qqn. sufrir/recibir un desaire/feo/ afrenta por parte de alguien

CARMAGNOLE faire danser la carmagnole à qqn. derrotar a alguien; matar a alguien

CARTE rayer qqch./qqn. de la carte borrar algo/a alguien del mapa

CARTON faire un carton tirar al blanco; hacer tiro al blanco

CASSE-PIPES aller au casse-pipes ir al matadero; ir a la guerra

CAUSE mettre qqn. en cause implicar a alguien; acusar a alguien

CAUSER cause toujours, tu m'intéresses ! *(irón.)* lo que tú digas; faltaría más

CENDRE couver sous la cendre estar latente; estar a punto de estallar

CHAIR de la chair à canon carne de cañón

CHAR arrête ton char (Ben Hur) ! ¡para el carro!; ¡quieto para(d)o!

CHAT à bon chat bon rat donde las dan, las toman

CHAUFFER ça va chauffer ! *véase barder*

CHAUSSETTE laisser tomber qqn. comme une vieille chaussette dejar a alguien tirado/colgado; pasar (por completo) de alguien

CHERCHER quand on me cherche, on me trouve ! el que me busca, me encuentra

CHIEN garder/réserver un chien de sa chienne à qqn. esperar a alguien en la esquina; guardársela a alguien; tenérsela a alguien bien guardada

ils sont comme chien et chat son/se llevan como el perro y el gato; se llevan a matar

traiter qqn. comme un chien *véase bas*

CHIER ça va chier (dur)/(des bulles [carrées]) ! se va a ir todo a tomar por culo

envoyer qqn. chier mandar a alguien a tomar por el culo

faire chier qqn. dar el coñazo a alguien; jorobar/joder; tocar las pelotas a alguien

CHIFFONNIER se battre comme des chiffonniers cascarse; zurrarse la badana

CHIGNON se crêper le chignon agarrarse/tirarse del moño/de los pelos

CHOU rentrer dans le chou de qqn. arremeter contra alguien; agredir a alguien

CINÉ(MA) arrête ton ciné(ma)/ton cinoche ! ¡corta el rollo!; ¡no me vengas con/déjate de historias!

CIRQUE arrête ton cirque ! *véase ciné(ma)*

CLAQUE flanquer une claque à qqn. *véase (flanquer une) baffe*

CLOCHE se faire sonner les cloches recibir un rapapolvo/una (buena) bronca

CLOU des clous ! ¡ni hablar (del peluquín)! *(= pas question)*; ¡de eso nada, monada! *(= rien du tout)*; ¡nanai!; ¡nasti de plasti!; ¡un jamón!

COCHON on n'a/nous n'avons pas gardé les cochons ensemble ! ¿nos conocemos de algo?

CŒUR ne pas porter qqn. dans son cœur no ser santo de la devoción de alguien

COLLER ça ne colle pas entre eux no se llevan (nada) bien

COLLET sauter au collet de qqn.; saisir qqn. au collet tirársele a alguien al cuello; agarrar a alguien por el cuello

COMPTE avoir un (petit) compte à régler avec qqn. tener un asunto/ una cuenta pendiente con alguien

    régler son compte à qqn. *véase* **affaire**

    son compte est bon ya verá lo que le espera/es bueno; ¡se va a enterar!

CONFIANCE la confiance règne ! ¡viva la confianza!

COSTARD se faire tailler un costard recibir una paliza

COUILLE il me casse les couilles; il me les casse *véase* **briser**

COULEUR en faire voir de toutes les couleurs à qqn. hacérselas pasar a alguien moradas/canutas/de todos los colores

COULEUVRE avaler des couleuvres tragar sapos y culebras; tragar quina; aguantar mecha

COUP c'est le coup de pied de l'âne *véase* **âne**

    donner/porter le coup de grâce dar el golpe de gracia

    prendre un coup dans les gencives recibir/llevarse un puñetazo en la boca/los piños

    prendre un coup de pied au cul/au derrière llevarse/recibir una patada en el culo/trasero

    rendre coup pour coup devolverlas una por una

    rouer qqn. de coups moler a alguien a palos; dar una paliza (soberana) a alguien

    se ramasser un coup sur la cafetière *véase* **baffe**

COUPE être sous la coupe de qqn. estar bajo la autoridad/férula/bota de alguien

---

" chercher des crosses "

Repasando las distintas acepciones de crosse, *podrían proponerse varias explicaciones muy imaginativas para esta expresión. Sin embargo, esta* crosse *no se refiere ni al báculo de un obispo que azota pecadores, ni a la culata de un fusil que se abate sobre una cabeza, ni a una sesión de cross-country entre agresor y agredido. ¿De dónde procede en realidad esta curiosa palabra? De un deverbal:* crosser *significaba antiguamente 'gemir', 'quejarse', y derivaba de la palabra latina* glocire, *que ha dado también* glousser, *término dialectal que quiere decir 'refunfuñar'. Reconozco que es un poco confuso, pero no es una razón para buscarme las cosquillas.*

cf. CROSSE

COURBER courber l'échine/le dos/la tête (devant qqn.) doblegarse (a la voluntad de alguien); agachar las orejas (ante alguien)

COURIR tu peux toujours courir *véase accrocher*

COUTEAU remuer/retourner le couteau dans la plaie hurgar en la herida
ils sont à couteaux tirés *véase (ils sont comme) chien et chat*

COUVER couver sous la cendre *véase cendre*

CROC-EN-JAMBE faire un croc-en-jambe à qqn. poner la zancadilla a alguien

CROSSE chercher des crosses à qqn. buscarle a alguien las vueltas/cosquillas/pulgas

CRU manger/avaler qqn. tout cru comerse crudo/con patatas (fritas) a alguien

CUL cause/parle à mon cul, ma tête est malade cuéntaselo a tu madre; ¿y a mí qué (coño) me importa?
tu peux te le/la/les foutre/mettre au cul/où je pense puedes metértelo/la/los/las por el culo/donde te quepa(n)

D

DANSE donner/filer une danse à qqn. dar una somanta a alguien

DATTE des dattes ! *véase clou*

DÉCOUDRE vouloir en découdre avec qqn. tener ganas de pelearse/currarse con alguien

DENT armé jusqu'aux dents armado hasta los dientes
avoir une dent contre qqn. tener a alguien cruzado/atravesado; tener manía a alguien

DESCENDRE descendre qqn. cargarse a alguien

DIABLE envoyer qqn. au diable mandar a alguien al diablo

DISQUE change(z) de disque ! ¡cambia/cambie el disco/de rollo!

DIVISER diviser pour (mieux) régner divide y vencerás *(prov.)*

DOIGT se faire taper sur les doigts *véase cloche*

DOS se mettre qqn. à dos enemistarse con alguien

DRAGÉE tenir la dragée haute à qqn. demostrar a alguien quién manda; pasar factura

DRAPEAU sortir le drapeau blanc sacar bandera blanca

" tenir la dragée haute "

La dragée es un compuesto de granos que se da a los animales y constituye para ellos una suculenta golosina. Por este motivo, tenir la dragée haute consiste en una especie de suplicio de Tántalo modernizado: «si quieres comer, tendrás que pasar por el aro». Es una actitud muy fea, despreciable, pero muchas veces funciona.

cf. DRAGÉE

E

ÉCRASER   écrase ! ¡calla!; ¡cállate!; ¡basta!; ¡corta (ya)!; ¡piérdete!; ¡compra un bosque y piérdete!

EFFET   couper/enlever ses effets à qqn. cortar el rollo/las alas a alguien

ÉLECTRICITÉ   il y a de l'électricité dans l'air hay mucha/se nota tensión en el ambiente; el ambiente está muy caldeado/cargado

EMPOISONNER   empoisonner l'existence de qqn. amargar la vida/existencia a alguien

ENCADRER   ne pas pouvoir encadrer qqn. *véase* blairer

ENGUEULER   engueuler qqn. comme du poisson pourri poner a alguien como un trapo; poner a caldo a alguien/poner a caer/bajar de un burro

ÉPONGE   jeter l'éponge tirar la toalla

ERGOT   se dresser/monter sur ses ergots ponerse chulo

ESTOCADE   porter l'estocade à qqn. dar la estocada/puntilla a alguien

F

FAÇADE   démolir la façade à qqn. partir la cara a alguien

FACE   face de crabe/d'œuf/de rat cara (de) tonto/pijo/bobo/culo

FARCIR(SE)   il faut se le/la farcir es un plasta/plomo

FAUX   s'inscrire en faux contre qqch. negar rotundamente algo

FER   croiser/engager le fer batirse (a espada)

FERMER   ferme-la; la ferme ! *véase* écraser

FÉRULE   être sous la férule de qqn. *véase* coupe

FESSE   occupe-toi de tes fesses y a ti ¿quién te ha dado vela en este entierro?; no te metas donde no te llaman

FÊTE   faire sa fête à qqn. *véase* façade

FEU   mettre une ville à feu et à sang pasar una ciudad a sangre y fuego

FIGURE   casser la figure à qqn. *véase* façade

FIL   passer qqn. au fil de l'épée pasar a alguien a cuchillo

FIN   une fin de non-recevoir la desestimación/recusación de una demanda

FLAMME   descendre qqn./qqch. en flammes dejar algo/a alguien a la altura del betún

FOUDRE   être un foudre de guerre ser un guerrero temible

s'attirer les foudres de qqn. ganarse/atraer la ira de alguien

FOUTRE (SE)   se foutre (de la gueule) de qqn. tomar el pelo a alguien; pitorrearse/descojonarse de alguien

FROID   être en froid avec qqn. *véase* brouiller

battre qqn. froid; battre froid à qqn. tratar a alguien con frialdad

FROTTER (SE)   qui s'y frotte s'y pique *(prov.)* el que juega con fuego se quema

se frotter à qqn. pelearse/meterse con alguien

G

GARE envoyer qqn. à la gare   mandar a alguien a la porra
GÉMONIE vouer qqn. aux gémonies *(lit.)*   poner a alguien en la picota
traîner qqn aux gémonies   vilipendiar/deshonrar a alguien en público
GENOU mettre qqn. à genoux   poner a alguien de rodillas
GOND faire sortir qqn. de ses gonds   sacar a alguien de sus casillas/de quicio
GONFLER (les) gonfler (à) qqn.   *véase (faire) chier*
GORGE sauter à la gorge de qqn.   *véase collet*
GOÛT faire passer le goût du pain à qqn.   dar una paliza a alguien
GRABUGE il va y avoir du grabuge   se va a armar la de San Quintín/la de
Dios (es Cristo)/la gorda
GRADE en prendre pour son grade   recibir uno su merecido
GRAPPE lâcher la grappe de qqn.   *véase basket*
GRAPPIN jeter/mettre le grappin sur qqn./qqch.   echar el guante a al-
guien/algo
GRATTER (SE) tu peux toujours te gratter   *véase accrocher*
GREC envoyer qqn. se faire voir chez les Grecs   mandar a alguien a ha-
cer puñetas/gárgaras
GRIFFE sortir/montrer les griffes   enseñar las uñas/los dientes
GRIPPE prendre qqn. en grippe   coger manía a alguien
GUERRE c'est de bonne guerre   en buena lid
une guerre d'usure   una guerra de desgaste
GUEULE (ferme) ta gueule !   *véase écraser*
casser/péter la gueule à qqn.   *véase façade*

H

HACHE déterrer la hache de guerre   *véase (faire parler les) armes*
HARICOT courir sur le haricot à qqn.   fastidiar/incordiar a alguien; dar la
lata/la tabarra a alguien
HARO crier haro sur qqn.   protestar públicamente contra alguien; indig-
narse públicamente con alguien
HERBE couper l'herbe sous le pied de qqn.   minarle a uno el terreno
HEURE on ne te demande pas l'heure qu'il est   *véase fesse*
HISTOIRE faire des histoires à qqn.   poner dificultades/pegas a alguien
faire des histories   montar una escena
HOMME l'homme est un loup pour l'homme   el hombre es un lobo para
el hombre; (homo homini lupus)
HOSTILITÉ ouvrir les hostilités   *véase (faire parler les) armes*

I

IMPORTER n'importe quoi !   ¡qué/menuda tontería/chorrada!
INDEX mettre qqn./qqch. à l'index   poner algo/a alguien en la lista negra

INFIDÉLITÉ **faire des infidélités à qqn.** pasar de un amigo o una relación; ser desleal con alguien

L

LARD **rentrer dans le lard de qqn.** *véase chou*

LEÇON **c'est une (bonne) leçon; que ça lui serve de leçon; ça lui servira de leçon** que le sirva de lección/escarmiento; así aprenderá

LETTRE **rester lettre morte** ser papel mojado/letra muerta

LION **se battre/se défendre comme un lion** pelear/defenderse como un león

LISTE **être sur la liste noire de qqn.** estar en la lista negra de alguien

LOI **la loi du talion** la ley del talión; ojo por ojo, diente por diente

M

MAILLE **avoir maille à partir avec qqn.** tener diferencias con alguien

MAIN **en venir aux mains** llegar a las manos

lever la main sur qqn. poner la mano encima a alguien

péter dans la main à/de qqn. no cumplir lo prometido; dejar a alguien en la estacada/tirado/colgado

MAIS **il y a un mais** hay un pero/una pega

MATRICULE **en prendre pour son matricule** *véase grade*

MÉNAGE **faire mauvais ménage avec qqn.** llevarse mal con alguien; no hacer buenas migas con alguien

MERDE **laisser tomber qqn. comme une merde** *véase chaussette*

traiter qqn. comme une merde *véase bas*

METTRE **tu peux toujours te le/la mettre où je pense !; tu sais où tu peux te le/la mettre ?** *véase accrocher*

MISÈRE **faire des misères à qqn.** hacer rabiar a alguien; fastidiar a alguien

MONNAIE **rendre à qqn. la monnaie de sa pièce** pagar a alguien con su misma moneda

MOU **rentrer dans le mou de qqn.** *véase chou*

MOUCHOIR **mets-le dans ta poche avec ton mouchoir par-dessus !** ¡olvídalo!; apúntalo en la barra de hielo

N

NÈFLE **des nèfles !** *véase clou*

NERF **taper/porter sur les nerfs de qqn.** poner nervioso a alguien; ponerle a uno los nervios de punta

NEZ **avoir qqn. dans le nez** *véase dent*

mettre à qqn. le nez dans son caca/sa merde hacérsela envainar a alguien; recordar a alguien lo que vale un peine

rire au nez de qqn. *véase barbe*

se bouffer le nez *véase chignon*

NICHE   faire des niches à qqn.   gastar una broma a alguien

NIQUE   faire la nique à qqn.   hacer burla a alguien

NOISE   chercher (des) noise(s) à qqn.   *véase crosse*

NOM   donner à qqn. des noms d'oiseaux ; traiter qqn. de tous les noms   poner a alguien a parir/verde/a caldo/a bajar de un burro/de vuelta y media

O

ŒIL   œil pour œil (dent pour dent)   *véase loi*

ŒUF   envoyer qqn. se faire cuire un œuf   mandar alguien a freír espárragos/monas

OIGNON   occupe-toi de tes oignons; ce ne sont pas tes oignons   *véase fesse*

OMBRAGE   porter ombrage à qqn.   hacer sombra a alguien

ORAGE   il y a de l'orage dans l'air   *véase électricité*

OREILLE   faire la sourde oreille   hacerse el sueco/longuis/el sordo; hacer oídos sordos

   frotter les oreilles à qqn.; tirer l'oreille à qqn.   tirar a alguien de las orejas

ÔTER (S')   ôte-toi de là (que je m'y mette) !   ¡quítate de ahí! (para ponerme yo); ¡ábrete!

   ôte-toi de mon soleil !   ¡no me tapes el sol!

OUI   se disputer pour un oui, pour un non   reñir por una tontería/un quítame allá esas pajas

P

PAIN   coller/flanquer/foutre/mettre un pain (sur la gueule) à qqn.   *véase façade*

   faire passer le goût du pain à qqn.   *véase goût*

PAÎTRE   envoyer qqn. paître   *véase gare*

PAIX   ficher/foutre la paix à qqn.   dejar a alguien en paz/tranquilo

   si tu veux la paix, prépare la guerre *(prov.)*   si quieres la paz, prepara la guerra *(prov.)*

PANIER   c'est un panier de crabes   es un nido de víboras; es un avispero

PAREILLE   rendre la pareille à qqn.   *véase monnaie*

PATTE   tirer dans les pattes de qqn.   hacerle putadas a alguien

PÂTURE   donner/jeter qqn. en pâture (aux fauves)   mandar/echar a alguien a las fieras/los leones

PAVILLON   baisser pavillon (devant qqn.)   *véase drapeau*

PAYER   il (me) le paiera !   ¡me las pagará (todas juntas)!

PAYS   faire voir du pays à qqn.   hacérselas pasar canutas a alguien

PEAU   avoir/trouer la peau de qqn.   cargarse a alguien

   attraper qqn. par la peau des fesses/du dos/du cul   coger/agarrar a alguien por las orejas

PENDRE **dire pis que pendre de qqn.** decir/hablar pestes de alguien; poner a parir a alguien

envoyer qqn. se faire pendre ailleurs mandar a alguien al cuerno

PENSER **tu peux te le/la/les foutre où je pense** *véase (foutre au) cul*

PERDRE **il ne perd rien pour attendre** ya verá lo que es bueno

PESTE **fuir qqn./qqch. comme la peste** huir de alguien/algo como de la peste

PÉTARD **être en pétard contre qqn.** estar enfadado/cabreado/mosqueado con alguien

PEUR **faire une peur bleue à qqn.** dar pánico/mucho miedo a alguien

PIED **ça lui fera les pieds** así aprenderá (la lección); lo tiene bien merecido; que le sirva de escarmiento/lección

casser les pieds à qqn. *véase bonbon*

être sur le pied de guerre estar en pie de guerra

faire un pied de nez à qqn. *véase nique*

PIERRE **c'est une pierre dans son jardin** es una pulla/una indirecta contra él/ella

jeter la pierre à qqn. acusar a alguien

jeter la première pierre tirar la primera piedra

PILORI **mettre/clouer qqn. au pilori** poner a alguien en la picota; ridiculizar a alguien; pitorrearse/burlarse de alguien (*véase también gémonie*)

PION **damer le pion à qqn.** ganarle a alguien por la mano; ganar la partida a alguien

PLACE **remettre qqn. à sa place** poner a alguien en su sitio

PLAIE **ne chercher/demander/rêver que plaies et bosses** estar siempre buscando camorra/pelea; soñar con pelea; imaginar mil hazañas/lances

quelle plaie ! ¡qué lata/coñazo!

PLAN **laisser qqn. en plan** dejar a alguien plantado/en la estacada; dejar a alguien compuesto/compuesta y sin novia/novio

PLÂTRE **battre qqn. comme plâtre** *véase (rouer qqn. de) coups*

PLIER **plier l'échine (devant qqn.)** *véase courber*

PLUME **voler dans les plumes de/à qqn.** saltar a las plumas a alguien; arremeter contra alguien

POCHE **mets-le dans ta poche avec ton mouchoir par-dessus !** *véase mouchoir*

POING **mettre/foutre son poing sur/dans la gueule de qqn.** *véase façade*

POINT **toucher le/un point sensible** dar en el punto flaco; dar donde más duele; poner el dedo en la llaga

POISSON **engueuler qqn. comme du poisson pourri** *véase engueuler*

POMME **la pomme de discorde** la manzana de la discordia

POMPER **pomper l'air à qqn.** traer frito a alguien; calentar la cabeza a alguien; poner a cien a alguien

PONT **couper les ponts avec qqn.** romper las relaciones con alguien; terminar con alguien

PORTE **fermer la porte au nez de qqn.** dar a alguien con la puerta en las narices

PORTRAIT abîmer/esquinter/arranger/refaire le portrait à qqn. *véase façade*

POU chercher des/les poux (dans la tête) à/de qqn. *véase crosse*

POUDRE faire parler la poudre dejar hablar a las armas

PRENDRE tel est pris qui croyait prendre ir por lana y volver trasquilado

PRÊTÉ c'est un prêté pour un rendu donde las dan las toman; es pagar con la misma moneda

PRISE être/se trouver aux prises avec qqch./qqn. enfrentarse a/con alguien/algo

PRIX c'est le même prix (que tu sois d'accord ou pas) o lo tomas o lo dejas (como las lentejas)

PROMENER envoyer qqn. promener mandar a alguien a paseo *(véase también [envoyer qqn. se faire] pendre ailleurs)*

PRUNIER secouer qqn. comme un prunier dar unos buenos meneos a alguien

PUCE secouer les puces à qqn. ajustar las cuentas a alguien; echar un rapapolvo/una bronca a alguien

Q

QUARANTAINE (mis) en quarantaine (puesto) en cuarentena

QUARTIER ne pas faire de quartier(s) ser inclemente; mantener una lucha sin cuartel

QUERELLE chercher querelle à qqn. *véase crosse*

QUITTE être quitte (avec qqn.) estar en paz con alguien; no deberse nada

R

RÂBLE sauter/tomber sur le râble de qqn. saltar a la chepa/a las plumas a alguien

RACLÉE flanquer/foutre/mettre une raclée à qqn. *véase façade*

RAISON avoir raison de qqch./qqn. vencer la resistencia de algo/alguien

REBROUSSE-POIL prendre qqn. à rebrousse-poil coger a alguien a contrapelo

REFUS essuyer un refus recibir/encajar una negativa

REGARD fusiller/foudroyer qqn. du regard fulminar a alguien con la mirada

jeter un regard noir à qqn. echar a alguien una mirada de odio

REGARDER mêle-toi de ce qui te regarde *véase heure*

RENDU c'est un prêté pour un rendu *véase prêté*

RESPECT tenir qqn. en respect (avec une arme) (man)tener a alguien a raya; contener a alguien (con un arma)

RETRANCHEMENT pousser/forcer qqn. dans ses (derniers) retranchements acorralar a alguien

RIGUEUR tenir rigueur à qqn. guardar rencor a alguien; no perdonar a alguien

RIRE rire au nez de qqn. *véase barbe*

rira bien qui rira le dernier *(prov.)* quien ríe último, reirá mejor *(prov.)*

ROSE envoyer qqn. sur les roses mandar a alguien a tomar viento *(véase también [envoyer qqn. se faire] pendre ailleurs)*

S

SAQUER ne pas pouvoir saquer qqn. *véase blairer*

SAVON passer un savon à qqn. *véase puce*

SENTIR ne pas pouvoir sentir qqn. *véase blairer*

SNOBER snober qqn. desdeñar/menospreciar a alguien; mirar a alguien por encima del hombro

SŒUR et ta sœur ? ¡tu tía!; ¡tu padre!

SOLEIL ôte-toi de mon soleil ! *véase ôter*

SONNER on ne t'a pas sonné ! *véase heure*

SORT abandonner qqn. à son (triste) sort abandonar a alguien a su (triste) suerte

SPORT va y avoir du sport ! ¡parece que va a haber marcha!

SUEUR donner des sueurs froides à qqn. dar/producir sudores fríos a alguien

SYSTÈME taper/porter sur le système de qqn. *véase nerf*

T

TABAC passer qqn. à tabac; tabasser qqn. sacudir el polvo a alguien; dar una paliza/tunda a alguien

TABLETTE rayé des tablettes de qqn. en la lista negra de alguien

TALOCHE se ramasser des taloches sur le coin de la gueule *véase baffe*

TAPIS envoyer qqn. au tapis derribar a alguien

TAS tirer dans le tas disparar a bulto

TÊTE casser/péter la tête à qqn. *véase façade*

une tête de Turc *véase bouc émissaire*

faire une tête au carré à qqn. *véase façade*

" une tête de Turc "

Anatolia ha proporcionado al francés muchos términos: fort comme un Turc, café turc, toilettes à la turque o bains turcs. En cuanto a los famosos croissants del desayuno, se crearon para conmemorar el final del sitio de Viena por parte de los otomanos. La «cabeza de turco» es una atracción de feria: se trata de una cabeza (¡falsa!) coronada con un turbante que se debe golpear con todas las fuerzas.

cf. TÊTE

il a une tête qui ne me revient pas no me cae simpático; me cae gordo

prendre la tête de/à qqn. traerle a uno negro/frito; parecerle a uno un coñazo/una lata

se payer la tête de qqn. *véase (se) foutre de la gueule*

tenir tête à qqn. aguantar el tipo frente a alguien; plantar cara a alguien

TOMBER laisse tomber ! *véase béton*

TORCHON le torchon brûle entre eux *véase (ils sont comme) chien et chat*

TOURNANT attendre qqn. au tournant *véase (garder/réserver un) chien de sa chienne*

TRAVERS regarder qqn. de travers mirar a alguien de lado/con recelo

TRIPOTÉE donner/flanquer une tripotée à qqn. *véase façade*

TROU il me sort par les trous de nez me tiene hasta las narices

V

VENGEANCE la vengeance est un plat qui se mange froid la venganza es un plato que se saborea frío

VERT en faire voir des vertes et des pas mûres à qqn. *véase couleur*

VIE mener la vie dure à qqn. dar mala vida a alguien; hacerle a alguien la vida imposible

VILAIN (il) va y avoir du vilain *véase grabuge*

VIS serrer la vis à qqn. apretar las clavijas/tuercas a alguien

VIVRE apprendre à vivre à qqn. darle una lección a alguien; ponerle a alguien las peras a cuarto

VOIR envoyer qqn. voir là-bas si on y est; envoyer qqn. se faire voir (chez les Grecs) mandar a alguien a pastar por ahí *(véase también [envoyer qqn. se faire] pendre ailleurs)*

ne pas pouvoir voir qqn. (en peinture) no poder ver a alguien ni en pintura

VOLÉE donner à qqn. une volée de bois vert echarle a alguien un broncazo de aúpa

Y

YEUX il me sort par les yeux *véase trou*

regarder qqn. dans le blanc des yeux mirar a alguien fijamente a los ojos

5

LA FELICIDAD, EL ÉXITO, LA SUERTE

A

ACTION ses actions sont en hausse le va cada vez mejor; está pasando una buena racha

ADVENIR advienne que pourra que sea lo que Dios quiera

AILE avoir des ailes; se sentir pousser des ailes tener alas; sentirse ligero como una pluma

ANGE être aux anges estar en la gloria (bendita)/en el séptimo cielo
un ange gardien un ángel de la guarda/custodio (rel.); un guardaespaldas; un vigilante

ARRIVER y arriver conseguirlo; lograrlo

ATOUT avoir/mettre tous les atouts dans son jeu; avoir tous les atouts en main tener todos los triunfos/todas las bazas (en la mano)

B

BAIGNER ça baigne; tout baigne (dans l'huile) esto marcha; todo va como la seda

BALLON un ballon d'oxygène un balón de oxígeno; un respiro

BARAKA avoir la baraka tener baraca; gozar de la protección divina

BARAQUE casser la baraque tener un gran éxito; echar la casa abajo

BEAU c'est trop beau pour être vrai es demasiado bonito/bueno para ser cierto

BIEN on n'a que le bien qu'on se donne cada uno tiene lo que se merece
tout est bien qui finit bien aquí, paz y después, gloria; bien está lo que bien acaba

---

" avoir la baraka "

Baraka es una palabra de origen árabe que significa literalmente 'el favor, la protección divina'. El rey Hussein de Jordania estaba considerado como uno de los personajes que más protección de Alá había recibido, ya que consiguió escapar a múltiples atentados e intentos de asesinato a lo largo de su vida. El nombre del general de Gaulle también se ha solido asociar a esta bendición del cielo.

cf. BARAKA

BOIS **toucher du bois** tocar madera

BOL **avoir du bol** tener suerte/potra

    un coup de bol un golpe de suerte; pura suerte/potra/chiripa

BON **c'est toujours bon à prendre** algo es algo; es mejor que nada

BONHEUR **ne pas connaître son bonheur** no saber la suerte/lo que se tiene

BOUFFÉE **une bouffée d'oxygène** *véase ballon*

BOUT **tenir le bon bout** ir bien encaminado/por buen camino; tener la sartén por el mango

    voir le bout du tunnel; être/arriver au bout du tunnel verse casi a salvo; vislumbrar el final/una solución; ver una salida/solución

C

CARTE **avoir toutes les cartes en mains** *véase atout*

CENDRE **renaître de ses cendres** renacer/resucitar (de sus cenizas) como el ave fénix

CERISE **c'est la cerise sur le gâteau** es la guinda del pastel

CHAMPIGNON **pousser/venir comme un/des/les champignon(s) (en une nuit)** crecer como la espuma

CHANCE **avoir une chance/veine de cocu/pendu** tener una suerte loca; tener mucha potra

    la chance sourit aux audacieux la suerte ayuda a los audaces

    mettre toutes les chances de son côté no arriesgarse en absoluto

    ne pas connaître sa chance *véase bonheur*

    un coup de chance *véase (un coup de) bol*

CHANSON **tout finit par des chansons** siempre hay un final feliz

CIEL **au septième ciel** en el séptimo cielo

    tomber du ciel llover/caer del cielo

COCAGNE **le pays de cocagne** Jauja

COCORICO **faire cocorico; pousser des cocoricos** cantar victoria; celebrar la victoria (si la victoria es francesa)

COCU **avoir une chance/veine de cocu** *véase chance*

COIFFER **être né coiffé** haber nacido de pie/con una flor en el culo

---

" avoir une veine de cocu/de pendu "

«¡Esta sí que es buena! ¿Desde cuándo los cornudos o los ahorcados tienen suerte? ¿A quién le haría gracia pasearse por ahí con una cornamenta de alce en la azotea, o jugar a dar brincos con una enorme cuerda de cáñamo alrededor del cuello?» Entiendo sus reservas, pero cómo iba usted a saber que, en aquellos no tan lejanos tiempos en que el espectáculo del cadalso hacía las veces de serial de televisión, se consideraba que las sogas de ahorcado traían suerte.

cf. COCU

CONTE **je vis un (véritable) conte de fée(s)** vivo un (auténtico) cuento de hadas

COQ **vivre comme un coq en pâte** vivir de maravill/ a cuerpo de rey

CÔTÉ **prendre les choses/la vie du bon côté; voir le bon côté des choses** ver el lado bueno/lo bueno de las cosas/de la vida

COUP **faire d'une pierre deux coups; faire coup double** matar dos pájaros de un tiro

il faut marquer le coup ¡esto hay que celebrarlo!

un coup de chance/bol/pot/veine *véase (un coup de) bol*

un coup de maître un golpe maestro

CUL **avoir du cul** tener suerte/potra

avoir le cul bordé de nouilles *véase (avoir une) chance de cocu*

avoir le cul sorti des ronces estar fuera de peligro; tener el culo a salvo

D

DÉ **les dés sont jetés** la suerte está echada

DÉBUT **c'est un (bon) début** por algo se empieza; no está mal para empezar

DÉCROCHER **décrocher le cocotier/la timbale/le gros lot** ganar el premio; llevarse la palma; tocarle a uno/ganar el gordo

DÉFENDRE (SE) **se défendre en qqch.** defenderse en algo; no dársele mal algo a uno

DÉGAGER (SE) **se dégager d'un mauvais pas** salir de un apuro/un mal paso

DÉJÀ **c'est déjà pas mal; c'est déjà ça** algo es algo; menos da una piedra; menos es nada

DÉPÊTRER (SE) **se dépêtrer d'un mauvais pas** *véase dégager*

DÉSESPÉRER **il ne faut jamais désespérer** no hay que desesperar; no hay que perder nunca la esperanza

DOIGT **croiser les doigts** cruzar los dedos

E

ENVIE **mieux vaut faire envie que pitié** más vale ser envidiado que compadecido/envidioso

ÉPINGLE **tirer son épingle du jeu** salir del apuro; salir bien parado

ESPOIR **l'espoir fait vivre** de ilusión también se vive

tant qu'il y a de la vie, il y a de l'espoir *(prov.)* mientras hay vida hay esperanza *(prov.)*

ÉTOILE **né sous une bonne étoile** nacido con buena estrella

F

FACE **jouer/décider à pile ou face** echar/jugarse algo a cara o cruz

FORTUNE **la roue de la fortune** la rueda de la fortuna

G

GAGNER **gagner haut la main** ganar con facilidad/de calle
gagner par forfait ganar por abandono del adversario
GALÈRE **vogue la galère !** ¡ruede la bola!; ¡que sea lo que Dios quiera!
GÂTEAU **c'est la cerise sur le gâteau** *véase cerise*

H

HONNEUR **s'en tirer avec les honneurs** salir airoso
HORIZON **ouvrir des horizons (nouveaux)/de nouveaux horizons** abrir (nuevos) horizontes

I

INNOCENT **aux innocents les mains pleines; la fortune sourit aux innocents** Dios bendice/premia la inocencia

J

JEU **les jeux sont faits** *véase dé*
JOUR **(il y a) les/des jours avec et les/des jours sans** hay días con suerte y días sin suerte

L

LAIT **boire du petit lait** deleitarse; regodearse
LÉZARD **il n'y a pas de lézard !** ¡no hay problema/ninguna pega!
LIBRE **libre comme l'air** libre como el viento/un pájaro
LONGUEUR **avoir une/plusieurs longueur(s) d'avance sur qqn.** dar mil vueltas a alguien; estar mucho más adelantado que alguien
LOT **décrocher le gros lot** *véase décrocher*
LOTERIE **la vie est une loterie** la vida es una tómbola
LOTIR **être bien loti** estar favorecido (por la fortuna); tener buena posición
être mieux loti que qqn. disfrutar de/tener mejor posición (económica) que alguien; estar en mejor posición que alguien

M

MAIN **avoir la main heureuse** tener acierto en las empresas; tener buena mano/suerte
gagner haut la main *véase gagner*

MALHEUR   le malheur des uns fait le bonheur des autres *(prov.)*   no hay mal que por bien no venga *(prov.)*

MARIÉE   se plaindre/trouver que la mariée est trop belle   quejarse de puro vicio; no saber la suerte que uno tiene

MARQUE   mener à la marque   ir por delante en el marcador

MARQUER   il faut marquer le coup   *véase coup*

MILLE   en plein dans le mille   en el clavo

mettre dans le mille   dar en el clavo/blanco

MOUCHE   faire mouche   *véase (mettre dans le) mille*

N

NAÎTRE   né coiffé   *véase coiffer*

né sous une bonne étoile   *véase étoile*

NUMÉRO   tirer le bon numéro   apostar al caballo ganador

O

OREILLE   ne pas tomber dans l'oreille d'un sourd   no caer en saco roto

P

PAILLE   tirer à la courte paille   echar pajas; echar algo a suertes

PAIN   c'est pain bénit   es un regalo del cielo/una bendición del cielo

PALME   avoir/remporter la palme   llevarse la palma

PARADIS   le paradis sur terre   el paraíso terrenal

PAS   se dégager/se dépêtrer/se tirer/se sortir d'un mauvais pas   *véase dégager*

PÂTE   vivre comme un coq en pâte   *véase coq*

PATTE   retomber sur ses pattes (comme les chats)   caer de pie

PAYS   le pays de cocagne   *véase cocagne*

PELOTON   dans le peloton de tête   en el pelotón de cabeza; entre los primeros

PENDU   avoir une chance/veine de pendu   *véase chance de cocu*

PENTE   remonter la pente   remontar la pendiente

PERDRE   ce n'est pas perdu pour tout le monde   alguien habrá a quien le aproveche/sirva

PIERRE   faire d'une pierre deux coups   *véase coup*

PILE   jouer/décider à pile ou face   *véase face*

PLAISIR   il faut varier les plaisirs   en la variedad está el gusto

pour varier les plaisirs   para cambiar/variar (un poco)

PLEIN   battre son plein   estar en pleno apogeo

PLUIE   après la pluie, le beau temps *(prov.)*   después de la tempestad, viene la calma *(prov.)*

POIL **reprendre du poil de la bête** echar el mal pelo fuera; remontar la pendiente

c'est au poil es genial/fenomenal

POISSON **comme un poisson dans l'eau** como el pez en el agua; en su salsa

POMPON **avoir/remporter le pompon** *véase palme*

POSER (SE) **se poser un peu là** no haber quien le gane a (hacer) algo

POT **avoir du pot** *véase (avoir du) bol*

un coup de pot *véase (un coup de) bol*

PRENDRE **c'est toujours ça de pris (sur l'ennemi)** menos da una piedra; algo es algo; que me quiten lo baila(d)o

R

R.A.S. **R.A.S. (rien à signaler)** sin novedad (en el frente)

REMONTER **remonter la pente** *véase pente*

RENAÎTRE **renaître de ses cendres** *véase cendre*

RETOMBER **retomber sur ses pattes (comme les chats)** *véase patte*

RETOUR **par un juste retour des choses** en justa compensación

RONCE **avoir le cul sorti des ronces** *véase cul*

ROSE **voir la vie/voir tout en rose** verlo todo/ver la vida (de) color de rosa

ROUE **la roue de la fortune** *véase fortune*

la roue tourne se ha vuelto la tortilla; (se) han vuelto las tornas

S

SAUVER **être sauvé (des eaux)** salir bien parado; librarse de algo

SELLE **se remettre en selle** volver a tomar/retomar las riendas

SOLEIL **le soleil luit/brille pour tout le monde** *(prov.)* el sol sale para todo el mundo; para todos sale el sol *(prov.)*

SORT **le sort en est jeté** *véase dé*

SOUFFLE **trouver un second souffle** recobrar las esperanzas/fuerzas; quedar como nuevo

T

TIMBALE **décrocher la timbale** *véase décrocher*

TIRER **s'en tirer bien** no salir tan mal parado

se tirer d'un mauvais pas *véase dégager*

TONNERRE **ça marche du tonnerre (de Dieu)** ¡(esto) va de miedo/de puta madre!

TOUJOURS **c'est toujours ça de pris (sur l'ennemi)** *véase prendre*

TOURNER **tourner rond** ir/marchar algo bien/sin problemas

TRAVERS **passer à/au travers** escaparse/librarse de algo

bout

V

VEINE avoir de la veine *véase (avoir du) bol*
    avoir une veine de pendu/cocu *véase chance de cocu*
    un coup de veine *véase (un coup de) bol*
VENT avoir le vent en poupe ir viento en popa
VERNI être verni *véase chance de cocu*
VICTOIRE crier/chanter victoire cantar victoria

6

LA DESGRACIA, EL FRACASO, EL PELIGRO

A

ABOIS **être (comme une biche) aux abois** estar acorralado; estar con el agua al cuello

ACCIDENT **un accident de parcours** un contratiempo; un imprevisto; un percance

ACHILLE **le talon d'Achille** el talón de Aquiles

ACTION **ses actions sont en baisse** no le van muy bien las cosas; está pasando una mala racha

AFFAIRE **se tirer d'affaire** salir de un mal paso; salir de apuros

AIDER (s') **aide-toi, le ciel t'aidera** *(prov.)* a Dios rogando y con el mazo dando *(prov.)*

AIGRE **tourner à l'aigre** torcerse las cosas; ponerse las cosas feas

AILE **avoir du plomb dans l'aile** estar herido de muerte; estar en las últimas
battre de l'aile andar/ir de capa caída; estar alicaído/hecho polvo
se brûler les ailes pillarse los dedos

AMBULANCE **il ne faut pas tirer/on ne tire pas sur une/l'ambulance** no hay que hacer leña del árbol caído

ARRÊT **signer son arrêt de mort** firmar su (propia) sentencia de muerte

ATHÉNIEN **c'est ici que les Athéniens s'atteignirent** esto se está poniendo feo/chungo

AUBERGE **nous ne sommes/on n'est pas sortis de l'auberge** lo tenemos/llevamos claro; aún no hemos salido del atolladero

AVANCER **nous voilà bien avancés !** ¡estamos arreglados!; ¡vamos listos!

AVOIR **on ne peut pas tout avoir** no se puede tener todo

" le talon d'Achille "

Mucho antes de Obélix y su poción mágica, Aquiles, guerrero griego, fue bañado en el río Éstige y se convirtió en un ser cuasi invencible: cuasi porque uno de sus talones no se sumergió en las aguas del río. Durante la guerra de Troya, derrotó a muchos enemigos, pero murió por una flecha que lo alcanzó en su famoso talón. Algunos graciosos sin gracia añaden que los troyanos exclamaron: «hoy se ha levantado con mal pie». Esto último es sin duda menos auténtico.

cf. ACHILLE

B

BAISSE **avoir une baisse de régime** andar/estar de capa caída

BALLE **il y a de quoi/c'est à se tirer une balle (dans la tête)** es para pegarse un tiro/volverse loco

BARRER **on est/c'est mal barré(s)** la cosa está muy mal/chunga/fea

BÂT **c'est là que le bât blesse** ahí le duele; ahí es donde le aprieta el zapato

BATEAU **être (embarqué) sur le même bateau** estar en el mismo barco
le bateau prend l'eau/fait eau de toutes parts ¡esto se hunde!; ¡esto hace agua!

BÂTON **un retour de bâton** un tiro por la culata

BÉBÉ **jeter le bébé avec l'eau du bain** tirar las frutas frescas con las pochas

BEC **être/rester le bec dans l'eau** quedarse plantado/con dos palmos de narices
tomber sur un bec dar en hueso; tropezar con un hueso

BELLE **l'échapper belle** librarse/escaparse de (una) buena

BÉRÉZINA **c'est la Bérézina** es el acabose

BOIRE **boire le calice/la coupe jusqu'à la lie** apurar el cáliz hasta las heces

BOL **manque de bol; pas de bol** mala pata/suerte

BONHEUR **le malheur des uns fait le bonheur des autres** lo que a uno cura, a otro mata

BOUDIN **finir en eau de boudin** volverse/quedar en agua de borrajas; irse al agua/a pique; acabar como el rosario de la aurora

BOUILLON **prendre/boire un/le bouillon** arruinarse, hacer un mal negocio

BOULETTE **faire une boulette** meter la pata/gamba; tirarse una plancha

BOURDE **faire une bourde** véase *boulette*

BRANCHE **scier la branche sur laquelle on est assis** cavar su propia tumba

BRAS **baisser les bras** bajar los brazos; echar la soga tras el caldero; tirar la toalla; darse por vencido
se retrouver avec qqch./qqn. sur les bras encontrarse con un paquete

BREDOUILLE **rentrer bredouille** volver con las manos vacías

BRELOQUE **battre la breloque** funcionar de manera irregular/mal

BRICOLE **il va lui arriver des bricoles** se está metiendo en camisa de once varas

BRÛLÉ **ça sent le brûlé** esto huele a chamusquina

BRÛLER (SE) **se brûler les ailes** véase *aile*

BUTTE **être en butte à qqch.** estar expuesto a algo; ser el blanco de algo

C

CACA **être/se mettre/se fourrer/se foutre dans le caca (jusqu'au cou)** estar/meterse en un lío; estar de mierda hasta el cuello

CALICE boire le calice jusqu'à la lie *véase boire*

CALVAIRE c'est un (vrai/véritable) calvaire es un auténtico calvario

CANAL il y a de quoi/c'est à se jeter dans le canal *véase balle*

CARAFE rester en carafe *véase (rester le) bec dans l'eau*

CAROTTE les carottes sont cuites se acabó lo que se daba; la suerte está echada

CARREAU rester sur le carreau quedarse en el sitio/en la estacada

CASSANDRE jouer les Cassandre ser un agorero

CASSER ça passe ou ça casse *(aprox.)* o cuela o nos la cargamos; si cuela, cuela (si no, la cagamos)

qui casse les verres les paie *(prov.)* quien rompe, paga *(prov.)*; el que la hace, la paga *(prov.)*

CHANCE c'est la faute à pas de chance no es culpa de nadie

la chance a tourné ha cambiado la suerte

CHAPEAU porter le chapeau pagar el pato; cargar con el mochuelo/muerto

CHARME le charme est rompu se rompió el hechizo/encanto

CHARYBDE tomber de Charybde en Scylla salir de Guatemala para meterse/y entrar en Guatepeor; ir de Herodes a Pilatos

CHÂTEAU s'écrouler comme un château de cartes desplomarse/derrumbarse (como un castillo de naipes)

CHERCHER l'avoir cherché habérselo buscado; tenerlo bien merecido; estarle bien empleado

CHEVAL miser sur le mauvais cheval apostar por el caballo perdedor

CHIENNE (quelle) chienne de vie ! ¡qué vida más perra!

CHOU être dans les choux estar entre los últimos

faire chou blanc errar el tiro; fracasar; quedarse con un palmo de narices

CIEL aide-toi, le ciel t'aidera *véase aide*

CLAQUE (se) prendre une claque estrellarse

CLOCHER il y a quelque chose qui cloche hay algo que no encaja/que falla; hay un pero/una pega

COCHE manquer/louper/rater le coche perder la oportunidad/ocasión; perder el tren

COINCER coincé acorralado; sin salida

CONSOLATION une piètre/maigre consolation un pobre consuelo

CORDE être/marcher/danser sur la corde raide bailar en la cuerda floja

tirer sur la corde tirar (demasiado) de la cuerda

CORPS être perdu corps et biens perderse bienes y personas

CORSER (SE) (c'est ici que) ça se corse *véase Athéniens*

COTE (atteindre) la cote d'alerte (llegar a/alcanzar un) nivel de alerta /nivel alarmante

COTON filer un mauvais coton andar por mal camino

COUILLE partir/tourner en couilles irse a pique/al garete; ir hacia el abismo/la ruina; irse a tomar viento/por culo

COULEUR en avoir vu de toutes les couleurs haberlas pasado negras/moradas; haber pasado las de Caín

COUP **accuser le coup** acusar el golpe

ça m'a fichu un coup se me encogió el corazón; me impresionó mucho

c'est mieux qu'un coup de pied au cul menos da una piedra; algo es algo

donner des coups d'épée dans l'eau echar lanzas/agua en el mar; martillar en hierro frío

rater/louper/manquer son coup errar el golpe; fallar

tenir le coup aguantar (mecha)

un coup de Trafalgar un desastre; un descalabro

un coup dur una desgracia

COUPE **boire la coupe jusqu'à la lie** *véase* **boire**

CREUX **être dans le creux de la vague** estar en horas bajas; no estar en su mejor momento

CROIX **chacun (a/porte) sa croix** cada uno lleva su cruz

on peut faire une croix sur... ya podemos despedirnos de/decir adiós a…

CUIRASSE **le défaut de la cuirasse** *véase* **Achille**

CULBUTE **au bout du fossé, la culbute** de perdidos, al río

D

DÉ **les dés sont jetés** la suerte está echada

DÉBANDADE **finir en débandade** acabar en desbandada

DÉCLIN **être sur le/son déclin** ir cuesta abajo; estar en el ocaso (de la vida/carrera)

DÉFAUT **le défaut de la cuirasse** *véase* **Achille**

y a comme un défaut *véase* **cloche**

DÉGÂT **limiter les dégâts** limitar los daños; evitar lo peor

DENT **se casser les dents (sur)** romperse las narices con; estrellarse (en)

DÉSERT **connaître une traversée du désert** pasar por un mal momento/una mala racha

DESSOUS **être/tomber dans le 3e/36e dessous** hundirse por completo

DEUIL **faire son deuil de qqch.** decir adiós a algo; despedirse de algo

DEUX **jamais deux sans trois** no hay dos sin tres

DIEU **avoir les dieux contre soi** tener el santo de espaldas; tener mala suerte; tener la negra

---

" un coup de Trafalgar "

En ocasiones las derrotas son inesperadas, pero la de Trafalgar no lo fue en absoluto. Napoleón, genio incontestable de las batallas terrestres, nada podía hacer contra la vieja Inglaterra cuando la combatía sobre las aguas. Su flota se fue a pique, aunque si hubiera hecho caso al ingeniero Fulton, que le proponía construir submarinos, quizá no hubiese acabado sus días en Santa Elena.

cf. COUP

DOIGT mettre le doigt dans l'engrenage entrar en una dinámica/mecánica

DOS avoir le dos au mur; être dos au mur estar entre la espada y la pared

DOUCHE la douche écossaise una de cal y una de arena

DRAP être/se mettre dans de beaux/sales/vilains draps estar/ir avia-dos/frescos; estar/meterse en un aprieto/en apuros

E

EAU finir en eau de boudin *véase boudin*

(il) y a de l'eau dans le gaz se va a armar un lío

tomber à l'eau *véase boudin*

ÉCHEC tenir qqn. en échec tener a alguien en jaque; mantener a alguien a raya; empatar con alguien; igualar a alguien *(deportes)*

ÉCRIT c'était écrit estaba escrito

ÉCROULER (S') s'écrouler comme un château de cartes *véase château*

ENFER l'enfer est pavé de bonnes intentions *(prov.)* el infierno está lleno de buenas intenciones; de buenas intenciones está empedrado el cami-no del infierno *(prov.)*

ENSEIGNE être logé à la même enseigne *véase bateau*

ENVIER n'avoir rien à envier à qqn./qqch. no tener nada que envidiar a al-guien/algo

ÉPÉE donner des coups d'épée dans l'eau *véase coup*

ÉPONGE jeter l'éponge *véase (baisser les) bras*

ESPOIR il n'y a plus d'espoir mi gozo en un pozo

ÉTOILE né sous une mauvaise étoile nacido con mala estrella

son étoile pâlit/blanchit *véase action*

F

FACE jouer/décider à pile ou face jugárselo a cara o cruz

FAIRE (il) faut faire avec ce qu'on a hay que conformarse con lo que hay

FAUX avoir tout faux entender todo al revés

FEU être pris entre deux feux estar entre dos fuegos

jouer avec le feu jugar con fuego

mettre le feu aux poudres hacer saltar el polvorín; provocar una crisis

FICELLE tirer sur la ficelle *véase corde*

FICHER c'est fichu *véase espoir*

FIGURE en prendre plein la figure (pour pas un rond) lloverle/caerle a uno palos de todos lados

se casser la figure *véase bouillon*

FILER filer un mauvais coton *véase coton*

FLINGUER (SE) il y a de quoi/c'est à se flinguer *véase balle*

FOND toucher le fond tocar fondo

FORFAIT déclarer forfait retirarse; abandonar

FORTUNE faire contre mauvaise fortune bon cœur poner a mal tiempo buena cara

FOSSÉ au bout du fossé, la culbute *véase culbute*

FOUTRE c'est foutu *véase espoir*

FRAIS arrêter les frais retirarse de algo (antes de salir perdiendo aún más)
   faire les frais de qqch. pagar el pato; pagar los platos rotos

FRAIS être frais *véase drap*

FUMÉE s'envoler/partir/disparaître en fumée *véase boudin*

G

GADIN (se) prendre/se ramasser un gadin *véase claque*

GAFFE faire une gaffe *véase boulette*

GALÈRE c'est (la) galère ¡esto es un infierno!
   être (embarqué) dans la même galère *véase bateau*
   vogue la galère ! ¡y ruede la bola!

GAMELLE (se) prendre/se ramasser une gamelle *véase claque*

GÂTER (SE) (c'est ici que) ça se gâte *véase Athénien*

GENCIVE prendre plein les gencives recibir un chaparrón/una bronca

GIFLE (se) prendre une gifle *véase claque*

GOUFFRE être au bord du gouffre estar al borde de la ruina/del abismo

GOUTTE c'est la goutte (d'eau) qui fait déborder le vase la gota que colma el vaso

GRAIN il y a un/c'est le grain de sable dans la mécanique es la pega/el problema que desbarata los planes

GRIVE faute de grives, on mange des merles *(prov.)* a falta de pan, buenas son tortas *(prov.)*

GROS-JEAN être/se retrouver Gros-Jean comme devant para este/ese viaje no hacían falta alforjas

GUÊPIER être/se mettre/se fourrer/se foutre dans un guêpier *véase drap*

GUERRE à la guerre comme à la guerre *(prov.)* cual el tiempo tal el tiento

GUEULE en prendre plein la gueule (pour pas un rond) lloverle a uno hostias por todos lados
   se casser la gueule *véase bouillon*
   se jeter/se mettre dans la gueule du loup meterse en la boca del lobo

GUIGNE avoir la guigne tener mala suerte/pata/sombra; tener la negra; tocarle a uno la china; ser un gafe/un cenizo
   porter la guigne à qqn. ser gafe/cenizo para alguien

H

HARICOT c'est la fin des haricots esto es el acabose; esto es el colmo; se acabó lo que se daba

HAUT **tomber de haut** caer de las nubes; quedarse atónito; caerse de la parra/higuera

HIC **il y a un hic** *véase* *clocher*

I

IDÉE **avoir des/les idées noires** tener ideas negras

INCIDENT **un incident de parcours** *véase* *accident*

J

JAMBE **cela/ça me fait une belle jambe !** valiente negocio; para ese viaje no hacían falta alforjas

ça vaut mieux que de se casser la/une jambe; ça vaut mieux qu'une jambe cassée podía haber sido peor

JETER **il y a de quoi/c'est à se jeter dans le canal/sous un train** *véase* *balle*

jeter le bébé avec l'eau du bain *véase* *bébé*

JEU **les jeux sont faits** *véase* *dé*

JOUR **c'est un jour sans** hoy es un día de esos en que más valdría no haberse levantado (de la cama)

(il y a) les/des jours avec et les/des jours sans hay días con suerte y días sin suerte

L

LANTERNE **être (la) lanterne rouge** ser el farolillo rojo

LARGE **ne pas en mener large** no llegarle a uno la camisa al cuerpo; no tenerlas todas consigo

LARGUER **être largué** estar completamente perdido/confundido

LÉZARD **(il) y a un lézard** *véase* *clocher*

LIÈVRE **c'est là que gît le lièvre** *véase* *bât*

LOGER **être logé à la même enseigne** *véase* *bateau*

LOIN **revenir de loin** escaparse /librarse de (una) buena; volver a nacer

LOTIR **être bien loti** estar favorecido (por la fortuna); tener una buena posición

---

" il y a un hic "

En latín, hic *significa 'aquí, he aquí', Hic est quaestio (ésta es la cuestión) constituye una fórmula utilizada cuando existe una condición, un obstáculo. El hic expresa por tanto un escollo al que hay que enfrentarse.*

cf. HIC

être mieux loti que qqn. disfrutar de/tener mejor posición (económica) que alguien; estar en mejor posición que alguien

LOUP **se jeter/se mettre dans la gueule du loup** *véase gueule*

M

MAIN **rentrer les mains vides** *véase bredouille*

MAL **de deux maux, il faut choisir le moindre** *(prov.)* del mal, el menos *(prov.)*
   le mal est fait el daño ya está hecho
   un mal nécessaire un mal necesario

MALCHANCE **jouer de malchance** *véase dieu*

MALHEUR **à quelque chose malheur est bon** *(prov.)* no hay mal que por bien no venga *(prov.)*
   jouer de malheur *véase dieu*
   le malheur des uns fait le bonheur des autres *(prov.)* *véase bonheur*
   pour comble de malheur para colmo de males
   un malheur n'arrive/ne vient jamais seul *(prov.)* las desgracias nunca vienen solas *(prov.)*; siempre llueve sobre mojado
   un oiseau de malheur un pájaro de mal agüero

MANCHE **jeter le manche après la cognée** *véase (baisser les) bras*

MANIVELLE **un retour de manivelle** *véase bâton*

MANQUER **il ne manquait plus que ça !** ¡lo que faltaba!

MARCHER **marche ou crève !** ¡camina o revienta!; ¡remar o morir!

MARÉE **contre vents et marées** contra viento y marea
   une marée noire una marea negra

MARQUISE **tout va très bien, Madame la Marquise** *(irón.)* por supuesto que todo va sobre ruedas/a las mil maravillas; España va bien *(irón.)*

MAUVAIS **ça sent mauvais** *véase brûlé*

MAYONNAISE **la mayonnaise n'a pas pris** no ha cuajado la cosa

MÉDAILLE **le revers de la médaille** la otra cara de la moneda

MÉLASSE **être/se mettre/se fourrer/se foutre dans la mélasse** *véase caca*

MENER **ne pas en mener large** *véase large*

MERDE **être/se mettre/se fourrer/se foutre dans la merde** *véase caca*
   on est dans la merde ! ¡estamos de mierda hasta el cuello!

MERLE **faute de grives, on mange des merles** *(prov.)* *véase grive*

MESSE **la messe est dite** *véase carotte*

MEUBLE **sauver les meubles** salvar algo del naufragio/del desastre

MIEUX **faute de mieux** a falta de otra cosa/de algo mejor

MISER **miser sur le mauvais cheval** *véase cheval*

MISÈRE **s'abattre/tomber sur qqn. comme la misère sur le (pauvre) monde** caérsele/venírsele encima algo a alguien (sin comerlo ni beberlo)

N

NAÎTRE né sous une mauvaise étoile *véase* *étoile*

NAVIRE **les rats quittent le navire** *(prov.)* las ratas abandonan el barco antes de que se hunda

NEZ **ça lui pend au nez (comme un sifflet de deux ronds)** es una espada de Damocles para él

ça va retomber sur (le [coin du] nez de) qqn. alguien cargará con el muerto/mochuelo; alguien pagará el pato

passer/filer sous le nez pasar por debajo de las narices

se casser le nez *véase* *(tomber sur un) bec*

O

OISEAU **un oiseau de malheur/de mauvais augure** *véase* *malheur*

OMBRE **il y a une ombre au tableau** en este asunto, hay un punto oscuro/negro

OS **il y a un os** *véase* *clocher*

tomber sur un os *véase* *(tomber sur un) bec*

P

PAILLE **tirer à la courte paille** echar pajas; echar a suertes; jugarse algo a los chinos

PANADE **être/se mettre/se fourrer/se foutre dans la panade** *véase* *caca*

PARTERRE **prendre/ramasser un billet de parterre** coger/agarrar una liebre; dar con los huesos en el suelo

PAS **céder le pas à qqn.** ceder el paso a alguien

faire un faux pas dar un paso en falso; dar un tropezón/traspiés

PASSAGE **connaître/avoir un passage à vide** *véase* *désert*

PASSE **être dans/traverser une mauvaise passe** *véase* *désert*

PASSER **ça passe ou ça casse** *véase* *casser*

PAUVRE **pauvre de moi/de nous/de toi/de vous !** ¡pobre de mí/ti/él/ella!; ¡pobres de nosotros/vosotros/ellos!

PAUVRETÉ **s'abattre/tomber sur qqn. comme la pauvreté sur le monde** *véase* *misère*

PEINE **à chaque jour suffit sa peine** *(prov.)* a cada día su afán; cada día trae su afán *(prov.)*

c'est peine perdue es una pérdida de tiempo (y esfuerzo); es trabajo inútil/perdido

ne pas être au bout de ses peines no haberse acabado (aún) las fatigas de uno

PELLE **(se) prendre/(se) ramasser une pelle** *véase* *bouillon*

PENTE **être sur la/une mauvaise pente** andar por mal camino

être sur une pente glissante/dangereuse/savonneuse andar por/estar en terreno resbaladizo

PÉPIN **avoir un pépin** tener un problema; estar en apuros/en un lío

PERDRE **être perdu corps et biens** *véase corps*

PERTE **courir à sa perte** correr hacia su perdición/ruina

être en perte de vitesse perder el dinamismo o el prestigio o la popularidad

PÉTRIN **être/se mettre/se fourrer/se foutre dans le pétrin** *véase caca*

PIED **perdre pied** perder pie

PIERRE **une pierre d'achoppement** un escollo; una traba

PILE **jouer/décider à pile ou face** *véase face*

PILER **se faire piler** sufrir un fracaso estrepitoso/una derrota aplastante

PILULE **une pilule dure à avaler** una píldora amarga; un trago difícil

PLAN **rester en plan** *véase (rester le) bec dans l'eau*

PLANCHE **c'est ma planche de salut** es mi tabla de salvación

PLANTER (SE) **se planter** meter la pata; perder la olla

PLOMB **avoir du plomb dans l'aile** *véase aile*

PLUME **y laisser/y perdre des plumes** salir desplumado/trasquilado

POINT **être au point mort** estar en un punto muerto

POISSE **avoir la poisse** *véase (avoir la) guigne*

porter la poisse à qqn. *véase (porter la) guigne*

POISSON **finir en queue de poisson** *véase boudin*

PORTE **trouver porte close** darse un porrazo/con la puerta en las narices; fracasar por completo

POSTURE **être en mauvaise posture** hallarse/encontrarse uno en una mala posición/situación; estar en una situación delicada

POT **c'est le pot de terre contre le pot de fer** es una batalla desigual

manque de pot *véase bol*

payer les pots cassés pagar los platos rotos

POUCE **mettre les pouces** *véase (baisser les) bras*

POUSSIÈRE **mordre la poussière** morder el polvo

PRÉCIPICE **être au bord du précipice** *véase gouffre*

PRENDRE **(merci [bien],) je sors d'en prendre !** no gracias, creo que ya me llegó (con lo mío)

PROIE **être la proie des flammes** ser pasto de las llamas

PROPHÈTE **un prophète de malheur** un pájaro de mal agüero

PURÉE **être/se mettre/se fourrer/se foutre dans la purée/dans une purée noire** *véase caca*

Q

QUART **passer un mauvais/sale quart d'heure** pasar un mal rato

QUEUE **finir en queue de poisson** *véase boudin*

revenir la queue entre les pattes/jambes; revenir la queue basse volver/salir con el rabo entre las piernas

RADE   rester en rade   *véase (rester le) bec dans l'eau*

RAMASSER (SE)   se ramasser   *véase bouillon*

RÂPER   c'est râpé (pour ce soir)   se fastidió/jodió (por esta noche)

RAT   les rats quittent le navire *(prov.)*   *véase navire*

RÉCOLTER/RECUEILLIR   on (ne) récolte/recueille (que) ce qu'on a semé   manos que no dais ¿qué esperais?; se cosecha lo que se siembra

RÉGIME   avoir une baisse de régime   *véase baisse*

RESTER   rester en carafe/en plan/en rade   *véase (rester le) bec dans l'eau*   rester sur le carreau   *véase carreau*

RETOUR   par un juste retour des choses   en justa compensación   un retour de bâton   *véase bâton*

REVERS   le revers de la médaille   *véase médaille*

RISQUE   c'est à tes/vos risques et périls   por tu/su cuenta y riesgo

ROSE   il n'y a pas de rose sans épines   no hay rosa sin espinas

ROUE   la roue tourne   *véase chance*

ROUSSI   ça sent le roussi   *véase brûlé*

S

SABLE   il y a un/c'est le grain de sable dans la mécanique   *véase grain*

SAINT   ne plus/ne pas savoir à quel saint se vouer   no saber a qué santo encomendarse

SAUCE   se demander à quelle sauce on va être mangé   preguntarse qué le deparará a uno el destino

SCARLATINE   ça vaut mieux que d'attraper la scarlatine   *véase (ça vaut mieux que de se casser une) jambe*

SCIER   scier la branche sur laquelle on est assis   *véase branche*

SCYLLA   tomber de Charybde en Scylla   *véase Charybde*

SEMER   qui sème le vent récolte la tempête *(prov.)*   quien siembra vientos, recoge tempestades *(prov.)*

SENTIR   ça sent le brûlé/mauvais/le roussi   *véase brûlé*

SIGNER   signer son arrêt de mort   *véase arrêt*

SORT   le sort en est jeté   *véase dé*

SOURIRE   garder le sourire   poner a mal tiempo buena cara

T

TALON   le talon d'Achille   *véase Achille*

TERRE   tomber plus bas que terre   *véase fond*

TÊTE   garder la tête hors de l'eau   mantenerse a flote

TINTIN   (faire) tintin   tener que pasar sin algo; quedarse sin algo; ¡ni hablar del peluquín!; ¡ajo y agua!

TIRER   il y a de quoi/c'est à se tirer une balle (dans la tête)   *véase balle*

TOMBE creuser sa propre tombe *véase branche*

ton père se retournerait dans sa tombe ¡si tu padre levantara (la) cabeza!

TOUCHE rester/être sur la touche quedarse/estar al margen; quedarse a verlas venir

TOURNER mal tourner echarse a perder; tomar mal sesgo/mal cariz; acabar como el rosario de la aurora

tourner court *véase boudin*

TOURNURE prendre mauvaise tournure *véase (mal) tourner*

TOUT on ne peut pas tout avoir *véase avoir*

TRAFALGAR un coup de Trafalgar *véase coup*

TRAIN il y a de quoi/c'est à se jeter sous un train *véase balle*

TUILE quelle tuile ! ¡qué desatre!; ¡qué follón!; ¡qué movida!; ¡qué putada!; ¡qué chasco!

V

VACHE manger/bouffer de la vache enragée pasar las de Caín; pasar hambre/privaciones

VAU-L'EAU (s'en) aller/partir à vau-l'eau salir mal; irse a pique; irse a tomar viento

VENT contre vents et marées *véase marée*

VÉROLE ça m'est tombé dessus comme la vérole sur le bas clergé me vino fatal/de (puta) pena

VERT en avoir vu des vertes et des pas mûres *véase couleur*

VESTE prendre/ramasser une veste *ser derrotado, perder*

VINAIGRE tourner (au) vinaigre *véase aigre*

VOLCAN danser/être/se tenir sur un volcan estar sentado sobre un barril de pólvora/volcán

VOLER ne pas l'avoir volé *véase chercher*

7

LA SALUD,
LA MUERTE

A

ACHARNEMENT l'acharnement thérapeutique prolongar la vida/mantener a alguien con vida artificialmente

ÂME avoir l'âme chevillée au corps tener siete vidas/más vidas que un gato

rendre l'âme entregar el alma; exhalar el último suspiro

AMOUR à tes/vos amours ! ¡Jesús!; ¡salud!

ARME passer l'arme à gauche irse al otro barrio/mundo; estirar la pata

ARTICLE à l'article de la mort en el artículo de la muerte; *in articulo mortis*; en su lecho de muerte

ASSIETTE ne pas être dans son assiette no encontrarse bien; estar chungo; estar hecho un desastre

ATTAQUE être/se sentir d'attaque estar/sentirse en forma

B

BERLUE avoir la berlue tener telarañas en los ojos

BILLARD passer sur le billard pasar por el quirófano

BŒUF fort comme un bœuf fuerte como un toro; más fuerte que un roble

BOIRE en perdre le boire et le manger perder el sueño por algo; olvidarse hasta de comer y de beber por culpa de algo

BOTTE en avoir plein les bottes estar derrengado/molido/hecho polvo

BOUCHE-À-BOUCHE le bouche-à-bouche el boca a boca

BOULE avoir les nerfs en boule tener los nervios de punta

BOUT être à bout de forces estar agotado

" paser l'arme à gauche "

Nada que ver con la política: en esgrima, passer l'arme à gauche significa 'quedarse desarmado'. De aquí viene esta expresión de origen militar que designa la pérdida de ese bastión tan frágil y al mismo tiempo tan preciado: la vida.

cf. ARME

être au bout du/de son rouleau   no poder más/con el alma; estar en las últimas

BRELOQUE   **son cœur bat la breloque**   su corazón bate/funciona de manera irregular

BULLETIN   **avaler son bulletin de naissance**   *véase* *arme*

C

CABRIOLE   **faire la cabriole** *(anticuado)*   *véase* *arme*

CADAVRE   **être un cadavre ambulant**   ser un cadáver ambulante

CAISSON   **se faire sauter le caisson**   levantarse/saltarse la tapa de los sesos

CARABINER   **un rhume carabiné**   un resfriado/catarro/constipado de aúpa/de aquí te espero/de no te menees
une migraine carabinée   un dolor de cabeza/una jaqueca/una migraña de aúpa

CARREAU   **rester sur le carreau**   quedar en el sitio

CERVELLE   **se faire sauter la cervelle**   *véase* *caisson*

CHANDELLE   **voir 36 chandelles**   ver las estrellas

CHAPELLE   **une chapelle ardente**   una capilla ardiente

CHARCUTER   **charcuter un malade**   hacer una carnicería (con un paciente)

CHARME   **se porter comme un charme**   estar más sano que una manzana/pera limonera

CHAT   **avoir un chat dans la gorge**   tener carraspera

CHÊNE   **se porter comme un chêne**   *véase* *charme*

CHEVAL   **avoir une fièvre de cheval**   tener un calenturón; tener una fiebre de caballo
un remède de cheval   un remedio de caballo

CHEVEU   **avoir un cheveu sur la langue**   ser zopas/zazo

CHIEN   **faire un mal de chien**   doler muchísimo; hacer un daño horrible
malade comme un chien   enfermísimo; (medio) moribundo

CHOSE   **se sentir/être tout chose**   sentirse raro; no sentirse bien

CI   **comme ci, comme ça**   así así; regular

CIRAGE   **dans le cirage**   estar atontolinado/aturullado

CLAMECER/CLAMSER   **clamecer; clamser**   *véase* *arme*

" avoir la berlue "

La memoria de una lengua se pierde enseguida y esta expresión es una prueba palpable de ello. Al igual que ocurrió con el verbo challoir (del que sólo se conserva la expresión peu me chaut [poco me importa]), berluer/belluer ha desaparecido del vocabulario francés. Significaba 'deslumbrar' y dio origen también a otra palabra, éberluer (asombrar). La berlue es por tanto la acción de engañar la vista, de quedar deslumbrado.

cf. BERLUE

CLAQUER claquer *véase* *arme*

> **être claqué** no poder (uno) con su alma/con sus huesos

CŒUR **avoir le cœur bien accroché** tener un estómago a prueba de bombas

> **avoir le cœur qui bat la chamade** tener el corazón que le sale a uno del pecho

> **son cœur bat la breloque** *véase* *breloque*

COMPAS **avoir un/le compas dans l'œil** tener (muy) buen ojo

COMPOTE **avoir les jambes en compote** tener las piernas molidas/hechas papilla/hechas puré

COMPTE **avoir son compte** no poder más (con el alma de uno)

COQUETTERIE **avoir une coquetterie dans l'œil** tener un ojo a babor y otro a estribor; ser bizco/bisojo

COSTUME **se faire tailler un costume en bois (de sapin)** encargarse un pijama/traje de madera

COTON **avoir les jambes en coton** flaquearle a uno las piernas

COUP **avoir le coup du lapin** desnucarse

> **avoir un coup de pompe/barre** tener un bajón; tener la pájara

> **mourir sur le coup** morir en el acto

> **recevoir un coup de pied de Vénus** agarrarse/pillarse una enfermedad venérea

CRÈVE **attraper/choper la crève** coger/agarrar/pillar un catarro de muerte

CREVER **crevé** estar reventado (de cansancio); estar hecho cisco/polvo/puré/papilla

> **crever** *véase* *arme*

> **crever la gueule ouverte** morir como un perro

CUILLER **à ramasser à la petite cuiller** *véase* *crever*

D

DANSE **avoir la danse de Saint-Guy** tener el baile de San Vito

DEBOUT **ne plus tenir debout** no tenerse en pie

DÉGUEULER **dégueuler tripes et boyaux** echar las tripas/hasta la primera papilla

---

" avoir la danse de Saint-Guy "

No se trata de un baile pasado de moda o de época, sino de una expresión que nos sumerge en pleno corazón de la Edad Media. Antiguamente, para curar la corea, enfermedad nerviosa caracterizada por unos movimientos desordenados, se rezaba a Saint-Guy o Saint-Witt (san Vito). Desde entonces, la medicina ha premiado con un justo descanso a estos santos benefactores.

cf. DANSE

E

ENTERRER il nous enterrera tous éste nos entierra a todos
ÉTEINDRE (s') s'éteindre doucement/lentement irse apagando lentamente

F

FEU mourir à petit feu *véase éteindre*
    péter le feu/du feu/des flammes estar desbordante de vitalidad/como una moto
FEUILLE être dur de la feuille ser duro de oído
    trembler comme une feuille temblar como una hoja
FICHU être mal fichu estar pocho/pachucho
FLANELLE avoir les jambes en flanelle *véase coton*
FLEUR avoir les nerfs à fleur de peau tener los nervios a flor de piel/de punta
FORCE une force de la nature una fuerza de la naturaleza
FORME au mieux de sa forme en su mejor momento
    en pleine/grande forme en muy buena forma
    ne pas être en forme no estar en forma
FORT fort comme un bœuf/un Turc *véase bœuf*
FOSSE avoir un/le pied dans la fosse estar con un pie en la tumba
FOURMI avoir des fourmis dans les jambes tener las piernas dormidas; sentir hormigueo en las piernas
FRAIS frais comme une rose/comme un gardon/comme l'œil estar (fresco) como una lechuga/rosa
FRAISE sucrer les fraises estar tembloroso
FRITE avoir la frite tener marcha; estar en forma
FUMER fumer comme un Turc/une locomotive/une cheminée/un pompier/un sapeur fumar como un carretero/una chimenea

G

GARDON frais comme un gardon *véase frais*
GAZ dans le gaz *véase cirage*
GENOU sur les genoux *véase crever*
GODASSE être à côté de ses godasses *véase chaussure*
GOUTTE n'y voir goutte; n'y entendre goutte (*anticuado*) no ver/oír ni gota
GRIPPE se payer une bonne grippe haber agarrado/pillado una buena gripe
GROLLE être à côté de ses grolles *véase chaussure*
GUÉRIR mieux vaut prévenir que guérir (*prov.*) mas vale prevenir que curar (*prov.*)
GUILLERET être tout guilleret bailarle/brillarle a uno los ojos de alegría

HANNETON **(un rhume) pas piqué des hannetons** (un catarro) de aúpa
HAUT-LE-CŒUR **avoir un haut-le-cœur** tener náuseas; darle a uno arcadas
HEURE **attendre que son heure sonne** esperar a que llegue su hora

J

JAMBE **avoir les jambes en compote** *véase compote*
  avoir les jambes en coton/flanelle *véase coton*
  ne plus avoir ses jambes de vingt ans ya no tener veinte años; ya no ser ningún niño
  se dérouiller les jambes estirar/desentumecer las piernas
JOUR **mettre fin/attenter à ses jours** atentar contra la vida de uno; poner fin a la vida de uno
  ses jours sont comptés tiene los días contados
JUIF **le petit Juif** el hueso del codo; el punto sensible

L

LESSIVER **(complètement) lessivé** *véase crever*
LION **avoir mangé/bouffé du lion** estar hecho un jabato/Sansón
LOCOMOTIVE **fumer comme une locomotive** *véase fumer*
LYNX **avoir des yeux de lynx** tener vista de lince/águila

M

MAIN **avoir deux mains gauches** ser un manazas
MAL **être au plus mal** estar muy enfermo; estar (muy) grave
  faire un mal de chien *véase chien*
MALADE **le malade imaginaire** el enfermo imaginario
  malade comme un chien *véase chien*
MANCHOT **ne pas être manchot** no ser manco
MANGER **en perdre le boire et le manger** *véase boire*
MARTYRE **souffrir le martyre** sufrir atrozmente; pasar por un martirio/calvario
MERDE **avoir un œil qui dit merde à l'autre** *véase coquetterie*
MERVEILLE **se porter à merveille** estar a las mil maravillas
MINE **avoir une mine de papier mâché** tener cara de acelga
  avoir une petite mine no tener (muy) buena cara
MONDE **envoyer/expédier qqn. dans l'autre monde** mandar a alguien al otro barrio/mundo
  ne plus être de ce monde ya no estar entre los vivos

MORT à l'article de la mort *véase* *article*

    entre la vie et la mort entre la vida y la muerte

    je suis mort estoy muerto *(véase también* **crever***)*

    mort et enterré más que muerto; muerto y enterrado

    mourir de sa belle mort morir de muerte natural

    souffrir mille morts pasar un calvario/las de Caín

    tomber raide mort quedarse tieso/en el sitio

    tout ce qu'il y a de plus mort muerto y bien muerto

    voir la mort de près ver la muerte de cerca; ver las orejas al lobo

MOURIR **mourir à petit feu** *véase* *éteindre*

    mourir comme des mouches caer como moscas/chinches

    mourir de sa belle mort *véase* *mort*

    on ne meurt qu'une fois *(prov.)* sólo se muere una vez

    on meurt comme on a vécu *(prov.)* como se vive se muere

MOYEN **perdre (tous) ses moyens** venirse abajo; desmoronarse

N

NAGE **en nage** sudando a mares/a chorros

NATURE **une petite nature** un debilucho/una debilucha

NAZE **naze** *véase* *crever*

NERF **avoir les nerfs à fleur de peau** *véase* *fleur*

    avoir les nerfs en boule/pelote *véase* *boule*

NEZ **piquer du nez** caerse de sueño

O

ŒIL **avoir (encore/toujours) bon pied bon œil** estar viv(it)o y coleando

    avoir un/le compas dans l'œil *véase* *compas*

    avoir le coup d'œil tener buena vista/buen ojo/ojo clínico

    avoir un œil qui dit merde/zut à l'autre *véase* *coquetterie*

    frais comme l'œil *véase* *frais*

    tourner de l'œil darle a uno un patatús/soponcio

OR **avoir de l'or dans les mains** *véase* *doigt*

OS **ne pas faire de vieux os** no llegar a viejo

P

PÂLE **se faire porter pâle** *(argot mil.)* darse de baja; hacer que te rebajen *(mil.)*

PAPIER **avoir une figure/mine de papier mâché** *véase* *mine*

PATATE **avoir la patate** *véase* *frite*

PATRAQUE **être patraque** *véase* *assiette*

PATTE **traîner la patte** tener una pata chula

PEAU   risquer sa peau   jugarse el pellejo/tipo
 sauver sa peau   salvar el pellejo
 vendre cher/chèrement sa peau   vender cara su vida/piel
 y laisser sa peau   dejarse el pellejo
PÊCHE   avoir la pêche; avoir une pêche d'enfer   *véase frite*
PELOTE   avoir les nerfs en pelote   *véase boule*
PIED   à six pieds sous terre   comiendo/mascando tierra
 avoir (encore/toujours) bon pied bon œil   *véase œil*
 avoir un pied dans la fosse/la tombe/le trou   *véase fosse*
 être remis sur pieds   haberse recuperado
 partir les pieds devant   salir con los pies por delante
PILE   être une vraie pile électrique   andar/estar como una moto
PIPE   casser sa pipe   *véase arme*
PISSENLIT   manger/bouffer les pissenlits par la racine   estar criando malvas
PLANCHE   entre quatre planches   *véase mort et enterré y (à six) pieds sous terre*
PLAT   à plat   *véase crever*
POIL   reprendre du poil de la bête   echar el mal pelo fuera
POMME   tomber dans les pommes   *véase (tourner de l')œil*
POMPE   marcher/être à côté de ses pompes   *véase chaussure*
POMPIER   fumer comme un pompier   *véase fumer*
PONT   se porter comme le Pont Neuf   *véase charme*
PORTUGAISE   avoir les portugaises ensablées   estar más sordo que una tapia
POT   sourd comme un pot   más sordo que una tapia
POUDRE   de la poudre de perlimpinpin   polvos de la madre Celestina
POUMON   cracher ses poumons   echar pedazos de pulmón
POUVOIR   n'en plus pouvoir   no poder más
PRÉVENIR   mieux vaut prévenir que guérir *(prov.)*   *véase guérir*

Q

QUILLE   je ne tiens plus sur mes quilles   mis piernas ya no me sostienen/aguantan

R

RADAR   marcher/fonctionner au radar   ir con el piloto automático; andar zumbado/como un zombi
RA-PLA-PLA   ra-pla-pla   *véase crever*
REIN   avoir les reins solides   ser muy resistente
REMÈDE   un remède de bonne femme   un remedio casero
 un remède de cheval   *véase cheval*
 un remède miracle   un remedio milagroso
RESTER   y rester   quedarse (en el sitio)

RETOUR le retour d'âge la menopausia; la pitopausia

    être sur le retour envejecer; estar entrado en años

REVENIR revenir de loin haber estado a punto de morir

ROSE frais comme une rose *véase frais*

ROTULE être sur les rotules *véase genou*

ROULEAU être au bout du/de son rouleau *véase bout*

S

SAINT-GUY avoir la danse de Saint-Guy *véase danse*

SANTÉ avoir une petite santé tener una salud delicada

    avoir une santé de fer tener una salud de hierro

    se refaire une santé recuperar la salud

    y laisser la/sa santé costarle a uno la salud

SAPEUR fumer comme un sapeur *véase fumer*

SAPIN ça sent le sapin ya huele a difunto/muerto

SAUT faire le grand saut estirar la pata

SOLIDE solide comme un roc/un chêne fuerte como una roca/como un roble

SOMMEIL le sommeil éternel; le dernier sommeil el sueño eterno; la muerte

SOUFFLE rendre son dernier souffle *véase âme*

SOUFFLER souffler comme un bœuf/phoque resoplar como un buey

SOUFFRIR souffrir le martyre *véase martyre*

    souffrir mille morts *véase mort*

SOUHAIT à tes/vos souhaits *véase amour*

T

TAUPE aller au royaume des taupes *véase arme*

    être myope comme une taupe no ver tres en un burro

TOMBE avoir un pied dans la tombe *véase fosse*

TOMBER tomber comme des mouches *véase mourir comme des mouches*

    tomber de fatigue/de sommeil caerse de cansancio/sueño

TREMBLER trembler comme une feuille *véase feuille*

TRENTE-TROIS dites trente-trois ! ¡diga treinte y tres!

TRÉPAS passer de vie à trépas pasar a mejor vida

TRIBUT payer son tribut à la nature fallecer; morir

TRIPE rendre tripes et boyaux *véase dégueuler*

TROU avoir un pied dans le trou *véase fosse*

TURC être fort comme un Turc *véase bœuf*

VAPE   (complètement) dans les vapes   *véase cirage*
VÉNUS   recevoir un coup de pied de Vénus   *véase coup*
VER   rongé par les vers; rongé aux vers   comido por los gusanos
    (un rhume) pas piqué des vers   *véase hanneton*
VIE   entre la vie et la mort   *véase mort*
    passer de vie à trépas   *véase trépas*
    tant qu'il y a de la vie, il y a de l'espoir *(prov.)*   mientras hay vida, hay es-
    peranza *(prov.)*
    vendre cher/chèrement sa vie   *véase (vendre cher/chèrement sa) peau*
VIEUX   se faire vieux   hacerse viejo
VOMIR   vomir tripes et boyaux   *véase dégueuler*

Y

YEUX   avoir les yeux qui se croisent les bras   *véase coquetterie*
    ne pas avoir les yeux en face des trous   estar medio dormido

Z

ZUT   avoir un œil qui dit zut à l'autre   *véase coquetterie*

8

EL TRABAJO, LOS NEGOCIOS

A

ACTION **dans le feu de l'action** en plena acción

AFFAIRE **c'est une affaire entendue** trato hecho; asunto concluido

c'est une (bonne) affaire es una ganga/un chollo

être à son affaire estar en su elemento

faire affaire avec qqn. hacer negocios con alguien

faire des affaires hacer negocios

faire marcher/faire tourner l'affaire hacer funcionar el negocio

l'affaire est dans le sac el negocio es cosa hecha/está en el bote

les affaires sont les affaires los negocios son los negocios

mener une affaire rondement llevar un asunto/negocio muy bien

parler affaires hablar de negocios

sur une affaire estar pendiente de/a punto de concluir/haciendo un buen negocio

une affaire louche un asunto turbio/poco claro

une affaire en or un negocio redondo/magnífico

ALOUETTE **attendre que les alouettes vous tombent toutes rôties dans la bouche** esperar que le den a uno todo servido/hecho

APPAREIL **M. Dupont à l'appareil** el sr. García al aparato; le habla el sr. García

APPELER **(il y a) beaucoup d'appelés, (mais) peu d'élus** muchos son los llamados y pocos los elegidos *(prov.)*

ARÈNE **descendre dans l'arène** bajar al ruedo; saltar a la palestra

ARME **faire ses premières armes** hacer sus pinitos; dar sus primeros pasos

---

" *attendre que les alouettes vous tombent toutes rôties dans la bouche* "

Las alondras se comen. Aunque la costumbre ha caído un poco en desuso, antaño estos bellos pajaritos y muchos otros constituían un plato muy apreciado. Algunas canciones tradicionales (Alouette, gentille alouette, alouette, je te plumerai) y ciertas expresiones (faute de grives, on mange des merles, 'a falta de pan, buenas son tortas') son una prueba inequívoca de esta vieja tradición gastronómica de altos vuelos.

cf. ALOUETTE

ARRACHE-PIED **travailler d'arrache-pied** trabajar como un condenado/negro/burro; trabajar de un tirón/sin parar; dar el callo

ARRIÈRE **assurer/protéger ses arrières** cubrirse/guardarse las espaldas

ARRIVER **y arriver** lograrlo

ART **avoir l'art et la manière** tener genio y figura; saber arreglárselas

AUTORITÉ **faire autorité dans qqch.** ser una autoridad (en algo)

AVENIR **avoir de l'avenir** tener porvenir/futuro

B

BAGUETTE **mener qqn. à la baguette** tratar a alguien a la baqueta

BAIN **se mettre dans le bain** meterse en harina; cogerle el tranquillo/el punto al trabajo

BALLE **la balle est dans votre camp** la pelota está en su tejado
renvoyer la balle à qqn. devolver la pelota a alguien

BARQUE **bien mener sa barque** llevar/manejar bien sus asuntos/negocios

BARRE **placer la barre haut** poner/dejar el listón alto
tenir la barre llevar el timón

BATEAU **nous sommes tous dans le même bateau** estamos en el mismo barco

BÂTON **ce poste est son bâton de maréchal** nunca podrá picar más alto; este puesto es lo máximo a lo que puede aspirar

BAVER **en baver (des ronds de chapeau); en baver comme un Russe** pasarlas negras/canutas/putas; sudar tinta

BAYER **bayer aux corneilles** pensar en las musarañas; papar moscas

BÉBÉ **jeter le bébé avec l'eau du bain** tirar las frutas frescas con las pochas
(se) repasser/(se) refiler le bébé largar a otro el mochuelo

BÉNÉDICTIN **un travail de bénédictin** un trabajo de chinos

BESOGNE **mâcher la besogne à qqn.** darle el trabajo a alguien mascado

BÊTE **travailler comme une bête (de somme)** *véase arrache-pied*

BIFTECK **défendre son bifteck** defender lo de uno/su parcela/su territorio

BILAN **déposer son bilan** declararse en quiebra

BILLE **reprendre ses billes** echarse atrás (en un trato)

BLASON **redorer son blason** recuperar la reputación perdida/el prestigio perdido

BLEU **un bleu** un quinto/un recluta (mil.); un novato
un bleu de travail; des bleus (de chauffe) un mono (de trabajo)

BONNE **la bonne à tout faire** la chica para todo

BONNET **un gros bonnet** un pez gordo; un jefazo

BOSSER **bosser (comme un dingue)** *véase arrache-pied*

BOTTE **être à la botte de qqn.** estar bajo la bota/el mando de alguien
une botte secrète un arma secreta; una estocada secreta

BOUCHE **les bouches inutiles** bocas que alimentar

BOUCHÉE **mettre les bouchées doubles** echar el resto; darse un tute

BOUILLON   boire un/le bouillon   hacer un mal negocio; pasar un mal trago

BOULOT   au boulot !   ¡a trabajar!; ¡manos a la obra!

    être un dingue du boulot; être boulot boulot   ser una fiera para/en el trabajo; ser un burro de carga

    faire des petits boulots; vivre de petits boulots   hacer/vivir de chapuzas

    faire du bon boulot   hacer un buen trabajo

    métro, boulot, dodo   de casa al curro y del curro a casa

    parler boulot   *véase (parler) affaires*

BOUM   une affaire en plein boom   un negocio en pleno boom/en plena expansión

    être en plein boum   estar hasta arriba/el cuello de trabajo

BOURREAU   être un bourreau de travail   *véase (dingue du) boulot*

BOUTIQUE   fermer (la) boutique   cerrar la tienda/el negocio

    parler boutique   *véase (parler) affaires*

BRANCARD   ruer dans les brancards   negarse a hacer un trabajo

BRAS   avoir le bras long   tener (mucha) vara alta; tener mucha influencia

    être le bras droit de qqn.   ser el brazo derecho de alguien

    faire qqch. à tour de bras   hacer algo con todas las fuerzas

    rester les bras croisés   quedarse de brazos cruzados

    vivre de/ne vivre que de ses bras   vivir de un trabajo manual

BRÈCHE   être (toujours) sur la brèche   estar (siempre) en la brecha

BRIDE   lâcher la bride à qqn.   aflojar/soltar las riendas a alguien

    laisser la bride sur le cou à qqn.   dar rienda suelta a alguien

BROSSE   passer la brosse à reluire à qqn.   dar jabón/coba a alguien; hacer la pelota/dorar la píldora a alguien

BRUIT   des bruits de couloir(s)   rumores (de pasillo)

BRUTE   travailler comme une brute   *véase arrache-pied*

BÛCHEUR   être un bûcheur   *véase (dingue du) boulot*

C

CADRE   un jeune cadre dynamique   un ejecutivo agresivo

CAISSE   passer à la caisse   pasar por caja

CAMPAGNE   se mettre en campagne pour faire qqch.   hacer gestiones/campaña para hacer algo

CANAPÉ   faire jouer la promotion canapé   *(aprox.)* abrirse camino/trepar/hacer carrera a base de acostarse con personas influyentes

CANARD   un canard boiteux   una empresa con mala gestión/con escaso porvenir; una persona inadaptada; un petardo *(persona)*

CARPETTE   s'aplatir comme une carpette   dejar que le pisoteen a uno

CARRIÈRE   faire carrière   hacer carrera

CARTE   connaître le dessous des cartes   estar al tanto/al cabo de la calle

    donner carte blanche à qqn.   dar carta blanca a alguien

    jouer cartes sur table   poner las cartas boca arriba; jugar limpio

CASQUETTE   avoir plusieurs casquettes   tener varias responsabilidades/funciones

CAVALIER faire cavalier seul hacer rancho aparte; actuar por su cuenta; ir a lo suyo

CHANTIER mettre qqch. en chantier poner algo en marcha

CHARBON aller au charbon ir al tajo/al curro

CHARRETTE se mettre en/être (en) charrette trabajar a marchas forzadas

CHASSE c'est chasse gardée ! (es) coto reservado; terreno vedado

se mettre en chasse ir a la caza de algo

CHAT acheter chat en poche comprar a ciegas/a tontas y a locas

avoir d'autres chats à fouetter tener otra(s) cosa(s) más importante(s) que hacer

quand le chat n'est pas là, les souris dansent *(prov.)* cuando el gato no está, los ratones bailan

CHEF se débrouiller/s'en sortir comme un chef arreglárselas como un mayor/campeón

CHEMIN faire du chemin llegar a algo en la vida

faire son chemin abrirse camino/paso

CHEVAL changer/troquer son/un cheval borgne pour un aveugle salir de Guatemala y meterse en Guatepeor

miser sur le bon/mauvais cheval apostar a caballo ganador/perdedor

travailler comme un cheval trabajar como un mulo

un cheval de bataille un caballo de batalla

un cheval de retour un reincidente

CHEVILLE être la cheville ouvrière d'un projet/travail ser el cerebro/el alma (mater) de un proyecto/trabajo

CHIEN faire le chien couchant auprès de qqn. rendir pleitesía; inclinarse ante alguien

faire les chiens écrasés; tenir la rubrique des chiens écrasés ocuparse de los artículos de relleno

CHÔMEDU être au chômedu estar en (el) paro

CHOSE voilà une bonne chose de faite una cosa menos (por hacer)

CIRER cirer les pompes de qqn. *véase* *brosse*

CITRON presser le citron darle julepe a alguien; explotar a alguien como a un esclavo

CLASSEMENT classement vertical ! ¡a la papelera!; ¡al cesto de los papeles!

CLÉ être la clé de voûte d'un projet ser la clave/piedra angular de un proyecto

clés en main llave en mano

mettre la clé sous le paillasson/la porte *véase (fermer [la]) boutique*

COCOTIER secouer le cocotier quitarse de encima a los mantas; deshacerse de la rémoras

CŒUR avoir le/mettre du cœur à l'ouvrage trabajar con ganas/poniendo el corazón en ello

COIFFER coiffer qqn. au/sur le poteau ganar a alguien por la mano

COL un col blanc un trabajador de oficina/no manual

un col bleu un trabajador manual; un obrero

COLLIER reprendre le collier volver al tajo/a la rutina

COMMANDE être aux commandes *véase (tenir la) barre*

COMPTE s'installer/travailler à son compte instalarse/trabajar por cuenta propia

CONNAÎTRE ça me connaît ¡esto es lo mío!

CONTRIBUTION mettre qqn. à contribution echar mano de alguien

CORDE avoir plus d'une corde/plusieurs cordes à son arc ser hombre de recursos

    c'est dans mes cordes *véase connaître*

CORDONNIER les cordonniers sont (toujours) les plus mal chaussés *(prov.)* en casa del herrero, cuchillo de palo *(prov.)*

CORVÉABLE être taillable et corvéable à merci estar para cumplir los antojos/caprichos de su amo

COUDE au coude à coude codo a codo

    avoir/garder qqch. sous le coude tener/guardar algo a mano

    jouer des coudes abrirse paso a codazos

    mettre de l'huile de coude darle a algo con fuerza

COUDÉE avoir les coudées franches tener margen de maniobra/libertad de acción

COULER (SE) se la couler douce *véase (rester les) bras croisés*

COUP donner un coup de balai hacer limpieza general

    donner un coup de collier *véase bouchée*

    donner un coup de fouet à qqch. dar impulso/empuje a algo

    donner un coup de main à qqn. echar una mano/un cable a alguien

    donner un coup de pouce à qqn. dar un empujoncito a alguien

    en mettre un coup *véase bouchée*

    être sur un coup *véase (être sur une) affaire*

    un coup fourré *véase affaire louche*

COUR jouer dans la cour des grands jugar con los mayores/grandes

COURANT au courant al tanto/al corriente

COUVERTURE tirer la couverture à soi arrimar el ascua a su sardina; barrer para casa/dentro

CREVER (SE) se crever au travail/boulot matarse trabajando

CUL avoir le cul vissé (sur sa chaise) tener el culo pegado a la poltrona/silla

    se casser le cul partirse el culo (trabajando)

CULBUTE faire la culbute 1) *véase bilan*, 2) vender algo al doble de su precio de compra

D

DANSE mener la danse llevar la batuta, llevar la voz cantante; cortar el bacalao

DÉBORDER être débordé (de travail) estar desbordado (de trabajo)

DÉBROUSSAILLER débroussailler le terrain preparar el terreno

DÉBUT faire ses débuts *véase arme*

DÉCONFITURE en déconfiture arruinado/hundido

DENT avoir les dents longues/qui rayent le parquet picar muy alto

prendre le mors aux dents partirse el pecho

être sur les dents andar de cabeza; estar reventado de trabajo

une carrière en dents de scie una carrera con altibajos

DESSOUS **donner un dessous de table à qqn.** darle un sobre a alguien; untar a alguien

DESSUS **avoir/prendre le dessus** llevarse el gato al agua; sobrepujar

DEVOIR **le devoir m'appelle !** ¡el deber me llama!

DIEU **il vaut mieux avoir affaire à Dieu qu'à ses saints** donde hay patrón, no manda marinero; cuando Dios no quiere, el santo no puede

DINGUE **travailler comme un dingue** *véase arrache-pied*

DISTANCE **tenir la distance** ser resistente; resistir

DODO **métro, boulot, dodo** *véase boulot*

DOIGT **avoir des doigts de fée** tener manos/manitas de plata/oro

mener qqn. au doigt et à l'œil *véase baguette*

ne pas remuer/ne pas bouger/ne pas lever le petit doigt no dar golpe; no dar palo al aire/agua

ne rien faire de ses dix doigts *véase (rester les) bras croisés*

obéir au doigt et à l'œil obedecer sin (re)chistar

E

ÉCHELLE **commencer au bas de l'échelle** comenzar desde cero/de la nada; partir de cero

ENTORSE **faire une entorse au règlement** hacer una excepción; hacer trampa(s)

ENTREGENT **avoir de l'entregent** tener don de gentes

ESQUINTER (S') **s'esquinter à faire qqch.** dejarse las uñas/la piel en hacer algo

EXPÉDIENT **vivre d'expédients** vivir del cuento

F

FERRER **ferrer le goujon/le poisson** concretar/asegurarse un buen negocio

FEU **donner le feu vert à qqn./qqch.** dar luz verde a alguien/algo

FICELLE **connaître les ficelles du métier** saberse/conocer los trucos del oficio

tirer les ficelles manejar el tinglado; mover los hilos

FILET **travailler sans filet** trabajar a pelo/sin red

FILON **trouver le (bon) filon** encontrar el filón/chollo

FLAMBEAU **passer le flambeau à qqn.** pasar la antorcha a alguien

FLANC **tirer au flanc** escurrir el bulto; hacerse el remolón/longuis

FOIRE **c'est la foire d'empoigne** es el puerto de arrebatacapas

FOND **se donner à fond** darle duro; echar el resto

FORGER **c'est en forgeant qu'on devient forgeron** *(prov.)* se hace camino al andar; practicar hace maestro (, que no leer en el cuaderno) *(prov.)*

FOULER (SE) ne pas se fouler (la rate) no matarse exactamente a trabajar

FOUR on ne peut pas être au four et au moulin *(prov.)* no se puede repicar y andar en la procesión *(prov.)*

FOURMI un travail de fourmi *véase bénédictin*

FRIGIDAIRE mettre un projet au frigidaire/au frigo aparcar un proyecto

FRONT à la sueur de son front con el sudor de su frente

FRUIT porter ses fruits producir/dar sus frutos

G

GALÈRE c'est (la) galère ¡esto es un infierno!

GALÉRER galérer sudar tinta china; trabajar como una mula/un cabrón; pasarlas canutas/putas

GALON prendre du galon ascender de categoría/grado

GALOP un galop d'essai un test de prueba

GANT relever le gant recoger el guante; aceptar el desafío

GLOIRE travailler pour la gloire trabajar por amor al arte

GOBER gober les mouches *véase bayer*

GOMME mettre (toute) la gomme darse prisa; ir a todo gas/a toda pastilla

GOUFFRE au bord du gouffre al borde del abismo/de la ruina

GOUVERNAIL tenir le gouvernail *véase (tenir la) barre*

GRADE en prendre pour son grade recibir una bronca (merecida)

monter en grade *véase galon*

GRAND voir (les choses en) grand ver las cosas/pensar a lo grande

GRÈVE faire la grève du zèle hacer huelga de celo

faire une grève perlée hacer una huelga intermitente/una obstrucción concertada de la producción

une grève sur le tas una huelga de brazos caídos

GUEULE se casser la gueule estrellarse; pegarse un porrazo

H

HALEINE un travail de longue haleine un trabajo de larga duración; una labor de mucho trabajo

HAUTEUR à la hauteur a la altura (para una determinada situación)

HOMME l'homme de la situation el hombre perfecto; la persona ideal/más indicada

---

" tirer au flanc "

Hace un siglo y más, la expresión tirer au flanc significaba; 'ir hacia un flanco' y, luego, 'ocultarse'. Aplicada a los soldados, la frase adquirió un matiz diferente: escaquearse.

cf. FLANC

un homme à tout faire un chico para todo
un homme de paille un hombre de paja
HUILE **une huile** *véase* *bonnet*

I

INDÉBOULONNABLE **être indéboulonnable** estar amarrado a la poltrona; tener el culo pegado a la poltrona

J

JALON **poser des jalons** *véase* *débroussailler*
JOUR **donner ses huit jours à qqn.** dar el pasaporte a alguien; poner a alguien (de patitas) en la calle
JUNGLE **la jungle** la (ley de la) selva

L

LAMPISTE **s'en prendre au/faire payer le lampiste** cargarle el muerto/mochuelo a un subordinado
LANGUE **tirer la langue** *véase* *baver*
LAURIER **être couvert de lauriers** ser cubierto de alabanzas
s'endormir/se reposer sur ses lauriers dormirse en los laureles
LÈCHE-BOTTE **être lèche-botte/-cul** ser un pelota/lameculos
LÉGUME **une grosse légume** *véase* *bonnet*
LETTRE **acquérir/gagner ses lettres de noblesse** *(aprox.)* adquirir/ganar prestigio
LICE **entrer en lice** entrar en liza; salir a la palestra
LIEU **en haut lieu** en las altas esferas
LIEUTENANT **être le lieutenant de qqn.** *véase* *bras droit*
LIÈVRE **courir/chasser deux lièvres à la fois** perseguir dos objetivos al mismo tiempo
LION **se tailler la part du lion** llevarse la mejor parte/la parte del león

---

" une grosse legúme "

Ateniéndonos a esta expresión, la sociedad de los hombres sería comparable a una especie de huerta en donde coexisten los pequeños y los grandes, los esmirriados y los orondos. Una grosse légume domina las otras y extrae más sustancia del suelo que sus congéneres. He aquí una sutil metáfora muy acertada. El origen de la forma femenina hay que buscarlo en una tendencia típica de los giros del argot.

cf. LÉGUME

LOI **la loi de la jungle** la ley de la selva
la loi du plus fort la ley del más fuerte
LOUP **les loups ne se mangent pas entre eux** *(prov.)* un lobo a otro no se muerden *(prov.)*
un jeune loup un joven arribista; un trepas

M

MAIN **agir en sous-main** actuar bajo mano/bajo cuerda/en secreto
avoir deux mains gauches ser un manazas/un patoso
avoir la haute main sur qqch. tener vara alta en algo; mandar en algo
avoir la main lourde castigar severamente; ser demasiado generoso; pasarse con las cantidades
avoir les mains liées (par un contrat) estar atado de pies y manos; tener las manos atadas (por un contrato)
avoir/prendre le tour de main coger el truco/tranquillo
de main de maître con/de mano maestra
diriger d'une main de fer dirigir con mano de hierro
mettre la dernière main à qqch. dar la última mano/el último toque a algo
mettre la main à la pâte ponerse manos en la obra
passer la main pasar el testigo/relevo a alguien
perdre la main perder la práctica/el puntillo
se faire la main ejercitarse; entrenarse
une main de fer dans un gant de velours una mano de hierro en guante de seda
MAÎTRE **passer maître en/dans qqch.** ser maestro en algo; llegar a dominar algo
régner en maître sur qqch. ser el amo y señor de algo
MAL **se donner un mal de chien à faire qqch.** *véase* *esquinter*
MANCHE **avoir qqn. dans sa manche** tener a alguien en el bolsillo
mettre qqn. dans sa manche poner a alguien del lado de uno/de parte de uno
retrousser ses manches arremangarse
MANCHOT **ne pas être manchot** no ser manco
MANITOU **être le grand manitou** *véase* *danse*

" *mettre quelqu'un dans sa manche* "

Antiguamente, las mangas se usaban a menudo como bolsillos (cuando no se empleaban como pañuelos, motivo por el cual el ejército les añadió unos botones de... ¡hierro!). Mettre quelqu'un dans sa manche significaba que no se le olvidaba, que se le tenía en mente. Hoy en día, la expresión quiere decir que se han obtenido las simpatías de alguien.

cf. MANCHE

MARCHAND **c'est un vrai marchand de tapis** es un (auténtico) regatón/regatero

MARCHÉ **marché conclu !** ¡trato hecho!

un marché de dupe un mal negocio; un contrato leonino; una engañifa

MARGE **avoir de la marge** tener margen

MARRON **tirer les marrons du feu pour qqn.** sacar las castañas del fuego (a alguien)

(un médecin, un avocat, etc.) marron un farsante; (un médico/abogado, etc.) de pacotilla/pega

MATRICULE **en prendre pour son matricule** *véase* *grade*

MERLE **trouver le merle blanc** dar con el mirlo blanco/la joya/la perla

MÉTIER **avoir du métier** tener mucho oficio/muchas tablas/mucha mili

chacun son métier, les vaches seront bien gardées *(prov.)* zapatero, a tus zapatos *(prov.)*

gâcher/gâter le métier echar a perder el oficio; *(aprox.)* arruinar el oficio (vendiendo demasiado barato)

il est du métier es del oficio

il n'y a point de sot métier (, il n'y a que de sottes gens) *(prov.)* no hay oficio malo *(prov.)*

le plus vieux métier du monde la profesión más antigua del mundo

MÉTRO **métro, boulot, dodo** *véase* *boulot*

MEUBLE **faire partie des meubles** formar parte del mobiliario

MOUCHE **faire/jouer la mouche du coche** *(aprox.)* hacer/ser como la mosca de la fábula

MUSIQUE **connaître la musique** conocer el paño/percal

N

NEZ **avoir du nez; avoir le nez creux/le nez fin** tener (buen) olfato; ser un lince

mener qqn. par le bout du nez llevar a alguien agarrado por las narices; manejar a alguien a su antojo

NOIR **le travail au noir** el trabajo clandestino/en negro

travailler au noir trabajar en negro

NOM **se faire un nom** hacerse un nombre

" travailler au noir "

Lo que es tenebroso suele considerarse misterioso, oculto, secreto o clandestino por motivos negativos. Es así como debe entenderse la palabra noir en esta expresión. No se trata por tanto, como afirman muchos, de un trabajo hecho en la más absoluta oscuridad. ¡Basta con echar una ojeada a nuestro alrededor para convencerse!

cf. NOIR

O

ŒUF **mettre tous ses œufs dans le même panier** jugárselo todo a una carta/baza

OISEAU **trouver l'oiseau rare** *véase merle*

OISIVETÉ **l'oisiveté est (la) mère de tous les vices** *(prov.)* la ociosidad es madre de todos los vicios *(prov.)*

OMBRE **faire de l'ombre à qqn.** hacer sombra a alguien
   travailler/rester dans l'ombre trabajar/mantenerse en la sombra

OR **une affaire en or** un negocio redondo/magnífico

ORFÈVRE **c'est un orfèvre en la matière** es muy ducho en la materia; es un artista

OS **donner un os à ronger à qqn.** darle un trabajo a alguien para distraerlo/tenerlo ocupado

P

PAIN **avoir du pain sur la planche** tener mucha tela que cortar; tener trabajo para rato
   manger son pain blanc (le premier) dejar el rabo por desollar
   retirer le pain de la bouche à qqn. quitarle a alguien el pan de la boca
   se vendre comme des petits pains venderse como rosquillas/churros

PAQUET **(y) mettre le paquet** *véase fond*

PAROLE **joindre le geste à la parole** unir la acción a la palabra
   prendre/demander la parole hacer uso de/tomar la palabra; pedir la palabra

PARTIR **partir de rien** partir/empezar de cero

PAS **faire ses premiers pas** *véase arme*
   mettre qqn. au pas meter a alguien en cintura/vereda

PATTE **graisser la patte à qqn.** *véase dessous de table*

PAUSE-CAFÉ **la pause-café** el café/cafelito de las once

PEINE **à chaque jour suffit sa peine** *(prov.)* a cada día su afán *(prov.)*
   on n'a rien sans peine *(prov.)* no hay atajo sin trabajo *(prov.)*; al que algo quiere, algo le cuesta *(prov.)*
   toute peine mérite salaire *(prov.)* todo esfuerzo merece recompensa *(prov.)*
   un homme de peine un peón; un mozo; un azacán

PENCHER (SE) **se pencher sur un cas/dossier** estudiar/examinar un caso/asunto/expediente

PENDRE **être (toujours) pendu au téléphone** estar (siempre)/pasarse la vida colgado al teléfono

PERLE **enfiler des perles** perder el tiempo (en tonterías)

PERTE **vendre à perte** vender con pérdida

PHYSIQUE **avoir le physique de l'emploi** irle a uno muy bien un oficio/papel; encajar muy bien en un papel

PIED **avoir le pied à l'étrier** tener el pie en el estribo

avoir un pied dans la firme/boîte tener ya un pie en la empresa

être à pied d'œuvre estar a pie de obra

marcher sur les pieds de qqn. pisotear/apabullar a alguien

mettre le pied à l'étrier à qqn. echar una mano a alguien

mettre qqch. sur pied(s) poner algo en pie

mettre qqn. à pied véase *jour*

ne pas avoir les deux pieds dans le même sabot no dejarse enredar, encontrar siempre una salida

pieds et poings liés estar atado de pies y manos

traiter qqn. sur un pied d'égalité tratar a alguien en un pie de igualdad/de tú a tú

PIERRE **apporter sa pierre à l'édifice** aportar su granito de arena

poser la première pierre de qqch. poner la primera piedra de algo

PIGNON **avoir pignon sur rue** ser acaudalado/propietario; tener casa propia

PISTE **entrer en piste** entrar en pista

PISTON **avoir du piston** tener enchufe; estar enchufado; tener buenas aldabas/agarraderas

PLACE **se faire sa/une place au soleil** abrirse camino

PLATE-BANDE **marcher sur les plates-bandes de qqn.** meterse en/invadir el terreno de alguien

PLUIE **faire la pluie et le beau temps** véase *danse*

PLUME **y laisser/y perdre des plumes** salir desplumado/trasquilado

POCHE **c'est dans la poche** véase *(l')affaire est dans le sac*

mettre qqn. dans sa poche meterse a alguien en el bolsillo

POIGNET **à la force du poignet** véase *front*

POIL **avoir un poil dans la main** ser más vago que la chaqueta de un guardia; ser un vago de siete suelas

POISSON **les gros poissons mangent les petits** el pez grande se come al chico

POMMADE **passer/mettre de la pommade à qqn.** véase *brosse*

PONT **faire le pont** hacer puente

faire un pont d'or à qqn. ofrecer el oro y el moro a alguien por un trabajo

---

" faire le pont "

Como todo el mundo sabe, un puente es una construcción que une dos orillas. Del mismo modo, en su sentido figurado y desde finales del siglo XIX, el puente es un período de días de fiesta entre dos períodos de trabajo. No se debe confundir esta expresión con su homónima faire le pont (hacer el puente), que es un ejercicio gimnástico, o faire un pont d'or que significa 'ofrecer unas condiciones muy ventajosas a alguien', es decir, ofrecerle el oro y el moro.

cf. PONT

PORTE   entrer par la petite/par la grande porte   entrar por la puerta trasera/grande
　　frapper/sonner à la bonne porte   llamar al sitio adecuado
　　mettre qqn. à la porte   véase *jour*
　　recevoir qqn. entre deux portes   recibir a alguien un minuto
POT   verser un pot de vin à qqn.   véase *dessous de table*
POUCE   se tourner les pouces   véase *(rester les) bras croisés*
POULE   une poule de luxe   una prostituta/puta de lujo
PRENDRE   c'est à prendre ou à laisser   lo toma(s) o lo deja(s), (como las lentejas)
PROFESSIONNEL   déformation professionnelle   deformación profesional
PROIE   il ne faut pas lâcher la proie pour l'ombre *(prov.)*   no hay que dejar lo seguro por lo incierto

R

RAIL   sur les rails   en camino
RAISON   la raison du plus fort est toujours la meilleure *(prov.)*   allá van leyes donde quieren reyes *(prov.)*
RAMASSER (SE)   se ramasser   véase *(se casser la) gueule*
RAMER   ramer   véase *galérer*
RARE   se faire rare   escasear
RÂTELIER   manger à tous les râteliers   servir a Dios y al diablo; sacar partido/tajada de todas partes
RAYON   c'est mon rayon   véase *connaître*
　　en connaître un rayon   saber un rato (largo) de eso
RÉGLO   réglo   legal; serio; irreprochable
REIN   avoir les reins solides   tener el riñon bien cubierto
　　casser les reins à qqn.   cargarse/arruinar (a alguien)
　　mettre l'épée dans les reins de qqn.   apretar a alguien las tuercas/las clavijas
REMERCIER   remercier qqn.   véase *jour*
RENOMMÉE   bonne renommée vaut mieux que ceinture dorée *(prov.)*   más vale buena fama que cintura dorada *(prov.)*
RÉPUTATION   asseoir sa réputation sur qqch.   basar su reputación sobre algo
REQUIN   un (véritable) requin en affaires   un (auténtico) tiburón para los negocios
RESSORT   ce n'est pas de mon ressort   no es de mi incumbencia/competencia
RETRAITE   prendre sa retraite   jubilarse; retirarse
RIEN   partir de rien   véase *partir*
ROI   travailler pour le roi de Prusse   véase *gloire*
ROMPU   être rompu aux affaires   ser hábil para los negocios
ROND-DE-CUIR   un rond-de-cuir   un chupatintas

ROSSIGNOL **vendre un rossignol** vender una mercancía invendible/una cosa pasada de moda

ROULER **ça roule !** ¡hecho!; la cosa va bien

S

SABLE **être sur le sable** *véase chômedu*

SABOT **ne pas avoir les deux pieds dans le même sabot** *véase pied*

SALADE **vendre sa salade** vender la moto

SAQUER **se faire saquer** ser puesto de patitas en la calle

SAUCE **on peut le mettre à toutes les sauces** es un comodín ideal; sirve para todo

SAUVETTE **vendre à la sauvette** vender en la calle sin licencia/ilegalmente

SECRET **être dans le secret des dieux** conocer los secretos de los poderosos

SELLE **(re)mettre qqn. en selle** *véase (mettre le) pied à l'étrier*

SEMAINE **vivre à la petite semaine** *véase expédient*

SINGE **le singe** el jefe/patrón

SITUATION **avoir une belle/bonne situation** tener un buen puesto/empleo

SOUFFLER **souffler un brin** tener/darse un respiro

SOUFFRANCE **en souffrance** en suspenso

SUER **suer sang et eau** sudar tinta china/sangre

SUEUR **à la sueur de son front** *véase front*

" vendre un rossignol "

El origen de este sentido del término rossignol no está claramente establecido. La mayoría de los etimólogos coinciden en considerar que rossignol es una forma gráfica de designar un libro que descansa en una estantería muy alta y no hay manera de vender. Es así como lo entendía Balzac. El periodista Sarcey extendió el sentido a cualquier objeto a finales del siglo XIX: « ils ressemblent aux marchands de nouveautés qui comptent sur les visiteurs de l'exposition pour écouler leurs vieux rossignols ».

" se faire saquer "

En francés, antiguo, sachier o saquer significaba 'retirar violentamente' e incluso 'desenvainar la espada'. Más tarde, quiso decir también 'agitar por sacudidas'. Por tanto, el individuo que se hace saquer es expulsado con brusquedad y, si su cuerpo se convulsiona, suele ser de ira ante el terrible atropello que se está cometiendo contra él.

cf. ROSSIGNOL y cf. SAQUER

TABLE donner un dessous de table à qqn. *véase* **dessous**
  faire table rase (de) hacer tabla rasa (de)
TABLIER rendre son tablier devolver los trastos; tomar el portante; renunciar
TACHE une carrière sans tache una carrera intachable/irreprochable
TAILLABLE être taillable et corvéable à merci *véase* **corvéable**
TAS apprendre sur le tas formarse en el puesto de trabajo; aprender trabajando
TENIR mieux vaut tenir que courir *véase* **proie**
  un tiens vaut mieux que deux tu l'auras *véase* **proie**
TERRAIN débroussailler le terrain *véase* **débroussailler**
TÊTE avoir ses têtes tener sus favoritos
  des têtes vont tomber ! ¡van a rodar cabezas!
  la tête pensante de qqch. el cerebro/la cabeza pensante de algo
  ne plus savoir où donner de la tête no saber por dónde empezar; no saber qué hacer
  prendre la tête (de qqch.) encabezar (algo); ponerse a la cabeza de algo
  une femme/un homme de tête una mujer muy entera/un hombre muy entero
TIRE-AU-FLANC/TIRE-AU-CUL un tire-au-flanc; un tire-au-cul un vago (de siete suelas); un holgazán
TITAN un travail de titan un trabajo titánico/de titán
TOPER toper chocar los cinco
  tope-là ! chócala; choca esos cinco
TOUCHE-À-TOUT un touche-à-tout el perejil de todas las salsas; un metomentodo; un entrometido
TRACE marcher sur/suivre les traces de qqn. seguir las huellas/los pasos de alguien
TRAIN prendre le train en marche coger el tren en marcha; subirse a un tren en marcha
TRAIN-TRAIN le train-train quotidien la rutina diaria
TRAVAIL et voilà le travail ! bueno, ¡una cosa menos!
  le travail c'est la santé el trabajo es salud
  le travail au noir *véase* **noir**
TRAVERSÉE connaître/vivre une traversée du désert vivir/pasar un período/una racha difícil
TREMPLIN servir de tremplin servir de trampolín
TRIMER trimer *véase* **arrache-pied**
TROU faire son trou hacerse un hueco; colocarse bien; establecerse
TRUC avoir le truc tener cogido el tranquillo/el puntillo
  c'est mon truc *véase* **connaître**
  connaître les trucs du métier *véase* **ficelle**
TUER (SE) se tuer au travail/boulot *véase* **crever**
TURBIN aller au turbin *véase* **charbon**

TURBINER turbiner *véase arrache-pied*
   un turbineur *véase (dingue du) boulot*
TUYAU **avoir un (bon) tuyau** tener un soplo/chivatazo
   un tuyau crevé un buen soplo/consejo que no lo es tanto

U

UTILE **joindre l'utile à l'agréable** unir lo útil con lo agradable

V

VENDRE **il ne faut pas vendre la peau de l'ours avant de l'avoir tué** *(prov.)*
   no hay que vender la piel del oso antes de haberlo matado *(prov.)*; no hay
   que cantar victoria antes de tiempo
   se vendre comme des petits pains *véase pain*
VENTRE **être/se mettre à plat ventre devant qqn.** *véase carpette*
VIRER **se faire virer** *véase saquer*
VOIE **mettre qqn. sur une voie de garage** aparcar a alguien
VOLÉE **un expert de haute volée** un experto/perito de alto rango/copete
VOLET **des candidats triés sur le volet** candidatos muy escogidos/cuida-
   dosamente seleccionados

Z

ZÈLE **faire la grève du zèle** *véase grève*
ZÉRO **repartir à zéro** volver a empezar (de cero)

" il ne faut pas vendre la peau de l'ours avant de l'avoir tué "

Inspirándose en *la antigua fórmula* (marchander la peau de l'ours jusques
ad la beste fut morte, *siglo XVI*) y *en ciertos cuentos que rodeaban dicha expresión*, La Fontaine *escribió esta fábula* (V. 20):

        « Deux compagnons pressés d'argent.
        À leur voisin fourreur vendirent
        La peau d'un ours encore vivant
        Mais qu'ils tueraient bientôt,
        Du moins á ce qu'il dirent. »

                         cf. VENDRE

9

EL LADO BUENO DE LA GENTE

A

ADMIRATION **forcer l'admiration** provocar/suscitar la admiración/el respeto

ÂME **en son âme et conscience** en conciencia

B

B.A. **faire sa B.A. (= bonne action)** hacer su buena acción

BLANC **être blanc (comme neige)** ser puro como un ángel; no tener antecedentes

BOIS **être du bois dont on fait les héros** tener madera de héroe

BON **bon comme le/du bon pain** ser más bueno que el pan; ser (bueno como) un pedazo de pan

BOUTE-EN-TRAIN **un boute-en-train** un cachondo (mental); un marchoso

C

CARACTÈRE **un caractère bien trempé** un carácter vigoroso/bien templado

CARREAU **se tenir à carreau** tener mucho cuidado

CARTE **jouer cartes sur table** poner las cartas boca arriba

CAUSE **c'est pour la/une bonne cause** es por/para una buena causa

CHAT **appeler un chat un chat** llamar al pan, pan, y al vino, vino; llamar a las cosas por su nombre

CHEVAL **être (très) à cheval sur les principes** ser inflexible/muy estricto respecto a los principios

CHIC **un chic type** un tipo decente; una buena persona

CHIEN **chien qui aboie ne mord pas; tous les chiens qui aboient ne mordent pas** *(prov.)* perro ladrador, poco mordedor *(prov.)*

CHOSE **chose promise, chose due** lo prometido es deuda

CŒUR **avoir bon cœur** tener buen corazón

avoir du cœur tener corazón

avoir le cœur sur la main ser muy generoso

avoir un cœur d'or; avoir un cœur gros comme ça   tener un corazón de oro

un homme/une femme de cœur   un hombre/una mujer de corazón

COMPOSITION   **être de bonne composition**   tener buen conformar; ser dócil/manejable

COMPTER   **c'est le geste/intention qui compte**   la intención es lo que cuenta

CONSCIENCE   **en son âme et conscience**   *véase* **âme**

avoir la conscience tranquille; avoir bonne conscience   tener la conciencia tranquila/limpia

COUILLE   **avoir des couilles au cul**   tenerlos (los cojones) bien puestos

COULEUR   **annoncer la couleur**   *véase* **carte**

COUP   **un coup d'éclat**   una hazaña; una proeza

CRAN   **avoir du cran**   tener agallas/valor

CROIX   **croix de bois, croix de fer, si je mens je vais en enfer**   ¡que me muera ahora mismo/que me parta un rayo si no es verdad!

D

DOS   **avoir bon dos**   tener correa/aguante; tener anchas las espaldas

DOUX   **doux comme un agneau**   manso como un cordero

DRILLE   **un joyeux drille**   un chico gracioso

DUR   **être un(e) dur(e) (à cuire)**   ser (un) duro de pelar

E

ÉGAL   **rester égal à soi-même**   permanecer fiel a uno mismo

ESPRIT   **être large d'esprit; avoir les idées larges**   tener una mentalidad abierta; ser tolerante

ÉTOFFE   **avoir l'étoffe d'un héros**   *véase* **bois**

F

FACILE   **être facile à vivre**   ser de convivencia fácil

FAUTE   **faute avouée est à moitié/demi pardonnée** *(prov.)*   la mitad del perdón está en la confesión

FIDÈLE   **être fidèle au poste**   ser muy cumplidor

FLEUR   **faire une fleur à qqn.**   hacer un favor a alguien

FROID   **ne pas avoir froid aux yeux**   tener agallas

G

GAGNER   **gagner à être connu**   ganar con el trato

GESTE   **avoir un beau geste**   tener un buen detalle

c'est le geste/l'intention qui compte   la intención es lo que cuenta

HÉROS   avoir l'étoffe d'un héros   *véase bois*
HONNEUR   c'est tout à son honneur   esto le honra
   mettre un/son point d'honneur à faire qqch.   hacer de algo una cuestión de honor

I

IDÉE   avoir les idées larges   *véase (être large d') esprit*
IMAGE   être sage comme une image   ser bueno como un santo/ángel

J

JEU   jouer franc jeu   *véase carte*
JOYEUX   un joyeux drille   *véase drille*

L

LARGE   être large d'esprit; avoir les idées larges   *véase (être large d') esprit*
LURON   un gai luron   *véase drille*

M

MAL   il ne ferait pas de mal à une mouche   no mataría/no haría daño ni una mosca
MERLE   un merle blanc   un mirlo blanco; una joya; una perla
MORAL   avoir un moral d'acier   tener una moral a prueba de bomba; tener más moral que el Alcoyano
MOURIR   plus (gentil, beau…) que ça tu meurs   ¡más (bueno/guapo…), imposible!
MOUTON   le mouton à cinq pattes   *véase merle*

" mettre son point d'honneur à faire quelque chose "

¡Ay, el honor! Por esta tradición, la gente moría tanto en España como en Francia. Perder el honor era peor que la propia muerte. Aldous Huxley dijo de él: «se parece a las faldas de las mujeres. Se lleva largo, se lleva corto, se lleva amplio, se lleva recto, se lleva con enaguas, se lleva sin bragas». Descocado o no, el honor es la esencia de la dignidad. Por tanto, hay que demostrarlo en toda ocasión.

cf. HONNEUR

N

NOM appeler les choses par leur nom *véase* *chat*

O

ORPHELIN défendre la veuve et l'orphelin ser un paladín de las viudas y (de) los huerfanitos/de los pobres y los oprimidos

P

PAIN comme le/du bon pain *véase* *bon*
    je ne mange pas de ce pain-là ! ¡yo por ahí/eso no paso!
PAROLE donner sa parole (d'honneur) à qqn. dar su palabra de honor a alguien
    être homme/femme de parole ser (un) hombre/(una) mujer de palabra
    n'avoir qu'une parole no tener más que una palabra
    la parole est d'argent, (mais) le silence est d'or *(prov.)* al buen callar llaman Sancho
    tenir parole cumplir (con) su palabra
PÂTE une bonne pâte una buena persona; un hombre de buena pasta
PATIENCE avoir une patience d'ange tener la paciencia del santo Job
PATTE montrer patte blanche enseñar la patita
PERSONNE payer de sa personne dar la cara; darse por entero
POINT mettre un/son point d'honneur à faire qqch. *véase* *honneur*
PRENDRE prendre (qqch.) sur soi tomar sobre sí la responsabilidad de algo
PRINCE être bon prince ser magnánimo/generoso

R

RAPPORT être bien sous tous rapports estar bien en todos los aspectos/desde cualquier punto de vista
REDRESSEUR un redresseur de torts un desfacedor de entuertos
RESPECT forcer le respect *véase* *admiration*

S

SAGE être sage comme une image *véase* *image*
SAIGNER se saigner aux quatre veines quitarse el pan de la boca; dar cuanto se tiene

SAMARITAIN **jouer les bons Samaritains** hacer de buen samaritano

SEIGNEUR **se montrer grand seigneur avec qqn.** portarse/quedar como un señor con alguien

T

TYPE **un chic type** *véase chic*

V

VENTRE **avoir qqch./en avoir dans le ventre** tenerlos bien puestos; ser ''echao p'alante''

VEUVE **défendre la veuve et l'orphelin** *véase orphelin*

10

EL LADO MALO
DE LA GENTE

A

AIMABLE être aimable comme une porte de prison ser un borde (de cuidado); tener un humor de perros

AIR ne pas manquer d'air ser un fresco/caradura
prendre/se donner de grands airs darse aires de grandeza

AMEN dire amen à tout decir amén a todo

AMI un ami des beaux jours un amigo de cuando las cosas iban bien; un oportunista

ÂNE être comme l'âne de Buridan parecer el asno de Buridán; no saber si tomar criada o ponerse a servir

ARRACHEUR mentir comme un arracheur de dents mentir como un sacamuelas; mentir más de lo que uno habla

ASCENDANT subir l'ascendant de qqn. estar bajo la influencia de alguien

AVEUGLE c'est l'union de l'aveugle et du paralytique es juntar el hambre con las ganas de comer

B

BALANCER balancer (la cavalerie) denunciar a un cómplice

BEAU un ami des beaux jours *véase* ami

BÉNI-OUI-OUI un béni-oui-oui de los que dicen amén a todo

BÊTE chercher la petite bête ser muy puntilloso/meticuloso, buscar los tres pies al gato
bête et méchant un bicho (de cuidado)

BLOUSON un blouson doré un delincuente de buena familia
un blouson noir un gamberro; un macarra; un motero

" être comme l'âne de Buridan "

Debido a que no se decidía entre el agua y la comida, este asno torturado por la duda acabó muriendo de inanición. Su historia fue evocada por Buridán, un filósofo medieval. Aunque sea probablemente apócrifo, este cuento revela una verdad que todos hemos experimentado alguna vez en la vida.

cf. ÂNE

BOND **faire faux bond à qqn.** faltar a un compromiso/una cita con alguien; dejar colgado a alguien

BORD **être (menteur, etc...) sur les bords** ser un pelín (mentiroso/embustero)

BORDEL **foutre le bordel** ponerlo/dejarlo todo patas arriba

BORNE **dépasser les bornes** pasarse de la raya

BOUCHE **avoir/faire la bouche en cœur** poner hociquito; sonreír como un tonto

 faire la bouche en cul de poule fruncir la boca; poner morros; hacer mohínes

 faire la fine/petite bouche arrugar la nariz; hacerse el remilgado

BOUCHON **pousser le bouchon un peu loin** pasarse un pelo/mogollón

BOUE **remuer la boue** remover la mierda; sacar a relucir los trapos sucios

BRAS **jouer les gros bras** portarse de manera arrogante

BURIDAN **être comme l'âne de Buridan** *véase âne*

C

CARACTÈRE **avoir un caractère de cochon/un fichu caractère/un foutu caractère** tener mal carácter; tener un carácter insoportable

CASSER **casser le morceau** cantar de plano; desembuchar

CAVALIER **c'est un peu cavalier de sa part (de faire cela)** es un poco insolente/brusco por su parte (el hacer eso)

CEINTURE **un humour en dessous de la ceinture** un humor grosero/chabacano; sal gorda

CENTRE **se croire le centre du monde** creerse el centro del mundo; creerse el ombligo del mundo

CHARITÉ **c'est l'hôpital qui se moque de la charité** dijo la sartén a la caldera (: «Quítate allá, culinegra.») [*prov.*]

CHARRIER **(il ne) faut pas charrier** no hay que exagerar/pasarse de la raya

CHERCHER **chercher la petite bête** *véase bête*

CHEVALIER **le Chevalier à la Triste Figure** el caballero de la triste figura

CHEVEU **couper les cheveux en quatre** *véase (chercher la petite) bête*

CHEVILLE **avoir les chevilles qui enflent** *véase centre*

 ne pas arriver à la cheville de qqn. no llegarle a alguien a la suela del zapato

CHICHI **faire des chichis; faire du chichi** hacer aspavientos; ponerse cursi

CHIER **chier dans la colle** pasarse de la raya

CHIFFE **une chiffe molle** un Juan Lanas; un pelele

CHOPER **choper la grosse tête** subírsele a uno los humos (a la cabeza)

CLOCHER **l'esprit de clocher** la mentalidad pueblerina; el espíritu localista/cerrado

COCHON **avoir une tête de cochon** ser terco como una mula

COCO **un drôle de coco** un pájaro de cuenta; un bicho raro

CŒUR **avoir un cœur de pierre** tener un corazón de piedra

COINCER **coincé** acomplejado/reprimido/estrecho

COLLET **collet monté** estirado/acartonado/carca

COLOSSE **un colosse aux pieds d'argile** un gigante con los pies de barro

COMÉDIE **jouer la comédie** hacer teatro

CONCIERGE **une vraie concierge** una (auténtica) portera

CORDE **il ne faut pas parler de corde dans la maison d'un pendu** *(prov.)* no hay que mentar la soga en casa del ahorcado *(prov.)*

COUCHEUR **un mauvais coucheur** una persona con malas pulgas; un borde

COUDE **ne pas se moucher du coude** *véase centre*

COULEUVRE **être paresseux comme une couleuvre** ser más vago que la chaqueta de un guardia; ser un vago de siete suelas

COUTEAU **remuer/retourner le couteau dans la plaie** hurgar en la herida

CRACHER **cracher dans la soupe** morder la mano que te da de comer

cracher le morceau *véase casser*

CRÊPE **s'aplatir comme une crêpe** dejarse comer la moral; agachar las orejas

CROIRE (SE) **se croire sorti de la cuisse de Jupiter** *véase centre*

se croire tout permis creerse que todo el monte es orégano; creerse que todo le está permitido a uno

s'y croire creérselo; tenérselo creído

CROQUEUSE **une croqueuse de diamants** una cazafortunas

CRUCHE **tant va la cruche à l'eau qu'à la fin elle se brise/casse** *(prov.)* tanto va el cántaro a la fuente, que al final se rompe *(prov.)*

CUCUL **cucul (la praline)** chiflado/majara/colga(d)o

CUISSE **se croire sorti de la cuisse de Jupiter** *véase centre*

CUL **péter plus haut que son cul** tener los pedos muy altos

un faux cul un hipócrita/falso; un mátalas (callando); un traidor

CULOT **avoir du culot** *véase (ne pas manquer d') air*

CURIOSITÉ **la curiosité est un vilain défaut** por querer saber, la zorra perdió la cola

D

DÉGOÛTER **faire le dégoûté** hacerse el delicado/difícil; poner cara de asco

DÉPASSER **dépasser les bornes** *véase borne*

DIEU **on lui donnerait le Bon Dieu sans confession** parece que no ha roto un plato en su vida; parece una hermanita de la caridad

se prendre pour Dieu le père *véase centre*

DINDE **une petite dinde** una pava; una mujer tonta

DOIGT **avoir le petit doigt en l'air** ser amanerado/afectado

DOS **faire qqch. dans le dos de qqn.** actuar a espaldas de alguien

DRÔLE **un drôle d'oiseau/de coco/de lascar** *véase coco*

DUR **jouer les durs** hacerse el duro

un dur à cuire un duro de pelar

E

EAU **il n'est pire eau que l'eau qui dort** *(prov.)* de agua mansa me libre Dios, que de la brava me guardaré yo *(prov.)*

ÉCOUTER (S') **s'écouter parler** gustarle a uno el sonido de su propia voz; encantarle a uno oírse hablar

EFFORT **un partisan (de la loi) du moindre effort** un partidario (de la ley) del mínimo esfuerzo

ÉLÉPHANT **être comme un éléphant dans un magasin de porcelaine** ser como un elefante en una cacharrería

EMPÊCHEUR **un empêcheur de tourner/de danser/etc. en rond** un aguafiestas

ENFANT **faire l'enfant** hacer chiquilladas

ne pas être un enfant de chœur no ser ningún angelito

un enfant terrible un niño terrible

ÉPATE **faire de l'épate** farolear; dar el golpe; tirarse pegotes

ESBROUF(F)E **faire de l'esbrouf(f)e** *véase épate*

ESPRIT **avoir l'esprit mal tourné** ser mal pensado

ÉTAGE **de bas étage** de baja estofa

ÉTALAGE **faire étalage de qqch.** hacer alarde de algo

ÉTOUFFER **ce n'est pas la (générosité) qui l'étouffe** no peca de (generosidad)

F

FAÇON **faire des façons** andarse con cumplidos/remilgos

FAUTE **rejeter la faute sur qqn.** achacar/echar la culpa a alguien

FAUTEUR **un fauteur de troubles** un enredador; un (arma) broncas; un provocador

FER **remuer le fer dans la plaie** *véase couteau*

FIER **être fier comme Artaban/comme un bar-tabac** ser más orgulloso que Don Rodrigo en la horca; ser más chulo que un ocho

FIER-À-BRAS **un fier-à-bras** un fierabrás; un matasiete

FIN **fin de siècle** decadente

FLEUR **s'envoyer/se lancer des fleurs** darse autobombo; echarse flores a uno mismo

FRASQUE **faire des frasques** hacer travesuras

FRIME **c'est de la frime** es para vacilar/fardar

FRIMEUR **un frimeur** un bacilón; un vacilón

G

GALERIE **dire/faire qqch. pour (épater) la galerie** decir/hacer algo para la galería/para impresionar

GASCON **des promesses de Gascon** promesas vanas/de boca para fuera
GLORIOLE **faire qqch. par gloriole** hacer algo por vanidad
GONFLER **être gonflé** tener un morro que se lo pisa
GRABUGE **faire du grabuge** armar cisco; montar bronca
GUEULE **être/avoir (une) grande gueule** ser un bocazas

H

HAUT **le prendre de haut** mirar (a alguien) por encima del hombro; mostrarse condescendiente/perdonavidas
HÔPITAL **c'est l'hôpital qui se moque de la charité** *véase charité*
HUILE **jeter de l'huile sur le feu** echar leña al fuego

I

ILLUSION **se faire des/se bercer/se nourrir d'illusions** vivir de ilusiones; ilusionarse; forjarse ilusiones
IMPORTANT **faire l'important** dárselas/presumir de importante
IVROGNE **des promesses d'ivrogne** *véase Gascon*

J

JE-M'EN-FOUTISTE **un je-m'en-foutiste** un viva la Virgen; un pasota
JETON **un faux jeton** *véase cul*
JOJO **un affreux jojo** un monstruo/una fiera de niño
JUPITER **se croire sorti de la cuisse de Jupiter** *véase centre*

L

LÂCHER **lâcher le morceau** *véase casser*
LANGUE **avoir une langue de serpent/de vipère/de pute** tener una lengua viperina
être (une) mauvaise langue tener mala lengua

" des promesses de Gascon "

Al igual que los italianos, el personaje del gascón (cf. Alejandro Dumas padre) es famoso por su capacidad de fanfarronear y de prometer la luna. Sin embargo, en ocasiones es capaz de cumplir con todas sus bravuconadas, lo que nos proporciona un héroe sublime como Cyrano de Bergerac.

cf. GASCON

LANTERNE **prendre des vessies pour des lanternes** confundir Roma con Santiago; confundir la gimnasia con la magnesia

LASCAR **un drôle de lascar** *véase coco*

LAVETTE **une lavette** *véase chiffe*

LÉZARD/LOCHE/LOIR **paresseux come un lézard/une loche/un loir** *véase couleuvre*

M

M'AS-TU VU **un m'as-tu vu** un presumido/fanfarrón
faire le m'as-tu-vu fardar/chulear/fanfarronear

MAIN **elles/ils peuvent se donner la main** son tal para cual; están cortados por/con el mismo patrón
tu lui donnes la main et il te prend le bras le das la mano y te coge el brazo

MALIN **jouer au plus malin** pasarse de listo

MANGER **manger le morceau** *véase casser*

MANIÈRE **faire des manières** andar con remilgos

MARIE-CHANTAL **c'est une Marie-Chantal** es una pija (mental/de cuidado)

MARIOLE **faire le mariole** hacerse el interesante; dárselas de listo

MATAMORE **faire le matamore** hacerse el matamoros/bravucón

MAUVAIS **être mauvais comme une teigne** ser un bicho malo; ser un bicharraco

MÉCANIQUE **rouler les/des mécaniques** *véase bras*

MÉCHANT **être méchant comme une teigne** *véase mauvais*

MÈCHE **vendre la mèche** revelar un secreto; irse de lengua

MENSONGE **un mensonge gros comme une maison** una mentira grande como una casa

MENTIR **mentir comme un arracheur de dents; mentir comme on respire** *véase arracheur*

MERDE **foutre/semer la merde** armar/montar un lío tremendo/del copón
ne pas se prendre pour de la/une merde *véase centre*
remuer la merde *véase boue*

MESURE **dépasser la mesure** pasarse de la raya; salirse de madre

MIDI **chercher midi à quatorze heures** buscarle tres/cinco pies al gato
chacun voit midi à sa porte *(prov.)* cada cual habla de la fiesta según le va en ella *(prov.)*

MIJAURÉE **faire la/sa mijaurée** *véase façon*

MISÈRE **faire des misères à qqn.** causar dificultades a alguien; hacer rabiar a alguien; contrariar a alguien

MORCEAU **manger/lâcher/cracher/casser le morceau** *véase casser*

MORVEUX **qui se sent morveux (qu'il) se mouche** *(prov.)* el que/quien se pica, ajos come *(prov.)*

MOUCHE **enculer les mouches** *véase (chercher la petite) bête*

MOUCHER (SE) **ne pas se moucher du pied** *véase centre*

MOULE   une moule   *véase chiffe*
MOUSSER   se faire mousser   *véase fleur*

N

NATUREL   chassez le naturel, il revient au galop *(prov.)*   genio y figura hasta la sepultura *(prov.)*; la cabra siempre tira al monte *(prov.)*
NÉCESSITÉ   faire de nécessité vertu   hacer de la necesidad virtud
NERF   un paquet de nerfs   un manojo de nervios
NEZ   fourrer son nez partout   meter las narices en todo; ser un metomentado/entrometido
NOMBRIL   se prendre pour le nombril du monde   *véase centre*
   se regarder/se contempler le nombril   mirarse el ombligo
NORMAND   donner/faire une réponse de Normand   no decir ni sí ni no
NUMÉRO   un drôle de numéro   *véase coco*

O

OIE   une oie blanche   una pavitonta; una pava
OIGNON   ce ne sont pas tes oignons   no es asunto tuyo (así que no te metas)
OISEAU   un drôle d'oiseau   *véase coco*
OISIVETÉ   l'oisiveté est (la) mère de tous les vices *(prov.)*   la ociosidad es madre de todos los vicios *(prov.)*
OLÉ OLÉ   olé olé   ligero; atrevido
OURS   un ours mal léché   un oso; un hurón

P

PAGAILLE   foutre la pagaille   *véase bordel*
PAIRE   les deux font la paire   son tal para cual; Dios los cría y ellos se juntan
PANIER   ils sont (tous) à mettre dans le même panier   *véase (ils/elles peuvent se donner la) main*
PAON   être fier comme un paon   hincharse como un pavo; pavonearse
PAPE   être sérieux comme un pape   ser muy serio
PARESSEUX   paresseux comme une couleuvre/un loir/un lézard/une loche   *véase couleuvre*
PARFAIT   nul/personne n'est parfait *(prov.)*   nadie es perfecto; quien no cojea, renquea *(prov.)*
PAROLE   manquer à sa/de parole   faltar a su palabra
PARTISAN   un partisan du moindre effort   *véase effort*
PAYS   se comporter comme en pays conquis   tratar a los demás como si se fuera su dueño y señor
PEAU   être une (vraie) peau de vache   ser un hueso/una arpía

PERMIS se croire tout permis *véase croire*

PERSONNAGE grossier personnage ! ¡qué tipo más grosero!; ¡menudo grosero!

PÉTER péter plus haut que son cul *véase cul*

PIED ne pas se moucher du pied *véase centre*

PIERRE pierre qui roule n'amasse pas mousse *(prov.)* piedra movediza nunca moho cobija *(prov.)*

PINCE-SANS-RIRE un pince-sans-rire una persona graciosa/chistosa de aspecto serio

PISSER il ne se sent plus pisser está que no mea

PLAIRE il a tout pour plaire *(irón.)* al pobre, ¡es que no le falta (de) nada!

PLAISANT un mauvais plaisant un bromista pesado; una persona con mala sombra

PLUME se parer des plumes du paon colgarse las medallas de otros

POIDS ne pas faire le poids (face à qqn./qqch.) no dar la talla

POIL avoir un poil dans la main *véase couleuvre*

POSE prendre des poses adoptar una actitud afectada/estudiada/una pose

POT un pot de colle un pelmazo/plomo/plasta

POUDRE jeter de la poudre aux yeux de qqn. levantar una cortina de humo

POULE une poule mouillée un gallina

POUSSER (il ne) faut pas pousser grand-mère dans les orties *véase charrier*

PRÊCHER prêcher pour sa paroisse/son saint barrer para casa/para dentro; alabar a su santo

PRIX ne pas être un prix de vertu *véase enfant de chœur*

PRODIGE d'après lui, tout ce qu'il fait tient du prodige según él, todo lo que hace es pura maravilla

PROMESSE des promesses d'ivrogne/de Gascon *véase Gascon*

Q

QUART démarrer au quart de tour/de poil ser un picajoso

R

RABAT-JOIE un rabat-joie *véase empêcheur*

RAMENER la ramener creerse el rey del mambo/darse postín

" avoir un poil dans la main "

Expresión acuñada en 1808 pero cuyo origen no deja de ser curioso. Sin duda proviene de que una mano trabajadora debe estar sino rugosa (muchos aristócratas franceses y luego rusos pagaron esta ausencia de rugosidad) al menos libre de vellosidades, lo que demuestra su actividad.

cf. POIL

RATER ne pas en rater une   meter siempre la pata/gamba

REFAIRE (SE) on ne se refait pas   uno es como Dios le hizo (, y a veces aún peor); uno muere como nace

RESPIRER mentir comme on respire   *véase arracheur*

RIEN un bon à rien; un propre à rien   una nulidad; un inútil/negado

ROI le roi n'est pas son cousin   *véase centre*

ROUE faire la roue   *véase paon*

ROULER rouler les/des mécaniques   *véase mécanique*

S

SAC ils/elles sont (tous/toutes) à mettre dans le même sac   *véase panier*

SAINT ne pas être un saint   *véase enfant de chœur*

SAINTE-NITOUCHE c'est une sainte-nitouche   es una mosquita muerta

SÉRIEUX être sérieux comme un pape   *véase pape*

SIENNE faire des siennes   hacer de las suyas

SIMAGRÉE faire des simagrées   *véase façon*

SIRE un triste/pauvre sire   un pobre diablo

SOUPE cracher dans la soupe   *véase cracher*

   être soupe au lait   ser un polvorilla

SOURD il n'est pire sourd que celui qui ne veut pas entendre *(prov.)*   no hay peor sordo que el que no quiere oír *(prov.)*

SPECTACLE se donner en spectacle   dar el/un espectáculo

SUPPÔT un suppôt de Satan   un mal bicho; un enviado de Satán

T

TABLE se mettre à/passer à table   *véase casser*

TEIGNE être méchant/mauvais comme une teigne   *véase mauvais*

TEMPÊTE qui sème le vent récolte la tempête *(prov.)*   quien siembra vientos recoge tempestades *(prov.)*

TÊTE attraper/choper la grosse tête   *véase choper*

   avoir/être une tête à claques   tener cara de torta

   une tête brûlée   una cabeza loca; un calavera

TOUPET avoir du toupet   *véase (ne pas manquer d') air*

TRAVERS faire tout de travers   no hacer nada/una a derechas; no dar pie con bola

TROUBLE-FÊTE jouer les trouble-fête   dedicarse a aguar la fiesta

V

VENT qui sème le vent récolte la tempête   *véase tempête*

VERRE se noyer dans un verre d'eau   ahogarse en un vaso de agua

VERTU ne pas être un prix de vertu *véase **enfant de chœur***
une femme de petite vertu una mujer de escasa virtud/de mal vivir

VESSIE prendre des vessies pour des lanternes *véase **lanterne***

VIE une femme de mauvais vie *véase (une femme de petite) vertu*

VIVRE être difficile à vivre ser una persona (de convivencia) difícil

VUE en mettre plein la vue à qqn. dar en las narices a alguien con algo;
deslumbrar a alguien con algo

Z

ZIZANIE semer la zizanie sembrar cizaña

LA CONVERSACIÓN

A

ABONNÉ   se mettre aux abonnés absents   desconectar (de la conversación); desconectarse del mundo

ACCRO   être accro aux jeux vidéos   estar enganchado/ser adicto a los juegos de video

AMBAGE   parler sans ambages   hablar sin ambages/sin rodeos; hablar abiertamente

AMENDE   faire amende honorable   pedir perdón

AMUSE-GUEULE   un amuse-gueule *(fig.)*   un aperitivo

ÂNE   beugler comme un âne   gritar como un loco

ANGE   un ange passe/passa   ha pasado un ángel

B

BALIVERNE   assez de balivernes !   ¡basta de pamplinas!; ¡se acabaron las tonterías!

raconter des balivernes   contar sandeces/tonterías

BÂTON   parler à bâtons rompus   hablar sin ton ni son; hablar sin orden ni concierto

BAVE   la bave du crapaud n'atteint pas la blanche colombe/les étoiles   patadas de burro no llegan al cielo/no ofenden a nadie

BAVETTE   tailler une bavette avec qqn.   pegar la hebra con alguien; estar de palique con alguien

BEC   clouer le bec à qqn.   cerrar el pico a alguien; bajarle los humos a alguien

être/rester le bec dans l'eau   quedarse con dos palmos de narices

BERGER   c'est la réponse du berger à la bergère   habló Blas (punto redondo)

BEUGLER   beugler comme un âne   *véase* âne

BLABLA   moins de blabla   menos blablá/cuentos chinos

BLAGUE   blague à part   bromas aparte

BLANC   dire tantôt blanc, tantôt noir   decir ahora blanco y después negro

BONNET   parler à son bonnet   hablar para su capote; hablar al/para el cuello de la camisa

BOUCHE   de bouche à oreille   de boca en boca; al oído

le bouche à oreille   la transmisión de la noticias de boca en boca; radio macuto

aller/passer de bouche en bouche   ir de boca en boca; correrse la voz; rumorearse

BROSSER **brosser un tableau très noir (d'une situation)** pintar un cuadro muy negro (de una situación)

BRUIT **beaucoup de bruit pour rien** mucho ruido y pocas nueces

ça va faire du bruit ! esto va a traer cola/va a dar que hablar

le bruit court que corre el rumor de que

BRÛLER **brûler la politesse à qqn.** despedirse (de alguien) a la francesa; marcharse bruscamente; faltar a una cita

C

CANTONADE **parler à la cantonade** hablar al foro/para el foro/para todo el mundo

CAQUET **rabattre/rabaisser le caquet à qqn.** *véase (clouer le) bec*

CARPE **être/rester muet comme une carpe** ser/quedarse más callado que un muerto

CASSER **ne pas en casser une** no decir esta boca es mía; no decir ni pío

CAUSETTE **faire la causette/un brin de causette à qqn.** estar de palique con alguien

CHANSON **connaître la chanson** conocer (muy bien/de sobra) el percal/paño

CHANTER **que me chantez-vous/chantes-tu là ?** ¿qué me cuenta usted?; pero ¿qué me dices?

CHAPELET **un chapelet d'injures** un rosario/una sarta de improperios/injurias

CHARRETIER **parler/jurer comme un charretier** hablar/jurar como un carretero

CHAT **appeler un chat un chat** llamar al pan, pan, y al vino, vino; llamar a las cosas por su nombre

donner sa langue au chat rendirse; darse por vencido

CHECKER **checker sa boîte mail** consultar/comprobar el correo electrónico

CHEMIN **ne pas y aller par quatre chemins** no andarse con rodeos; no andarse por las ramas

CHEVEU **avoir un cheveu sur la langue** ser zopetas; cecear

CHIEN **les chiens aboient, la caravane passe** *véase bave*

CHIER **(il n') y a pas à chier** no hay que darle tantas vueltas

CHIFFON **parler chiffons** hablar de trapos

CHIQUE **couper la chique à qqn.** cerrarle el pico a alguien; darle/meterle un corte a alguien; achantar a alguien

CHOSE **appeler les choses par leur nom** *véase chat*

c'est bien peu de choses ! no es nada; es tan poca cosa

parler de choses et d'autres hablar de todo un poco; hablar de todo y de nada

CHRONIQUE **défrayer la chronique** ser la comidilla de todos; ser pasto de la actualidad

CLOU **river son clou à qqn.** darle/meterle un corte a alguien

CŒUR **parler à cœur ouvert à qqn.** hablar con el corazón en la mano

parler au cœur hablar directamente al alma

CONCERT **soulever un concert de protestations** desencadenar una lluvia de protestas

CONVERSATION **avoir de la conversation** tener (mucha) conversación
être en grande conversation estar en plena conversación

COQ **passer/sauter du coq à l'âne** pasar/saltar de un tema a otro

COR **réclamer/demander qqch. à cor et à cri** reclamar/pedir algo a voz en grito

COUP **donner/passer un coup de fil à qqn.** dar un telefonazo a alguien; dar un toque (por teléfono)

COUPER **couper la chique à qqn.** *véase* *chique*

COURT **pour la faire courte; pour faire court; je te la fais courte** para ser breve; resumiendo

CRACHOIR **tenir le crachoir** parlotear

CUISINER **cuisiner qqn.** acribillar/freír a alguien a preguntas; tirar(le) a alguien de la lengua

D

DÉCONNER **déconner à plein(s) tube(s)** no parar de decir chorradas/hacer el chorra

DENT **avoir la dent dure** tener los colmillos afilados
parler entre ses dents hablar entre dientes; mascullar

DIALOGUE **un dialogue de sourds** un diálogo de sordos/besugos

DIRE **à qui le dites-vous/dis-tu !** ¡a quién se lo va(s) a contar/decir!, ¡a mí, me lo vas a contar/decir!
ça en dit long eso lo explica todo; eso lo dice todo
c'est-à-dire es decir; o sea
c'est beaucoup dire es mucho decir
c'est moi qui vous le dit se lo digo yo
c'est vite dit eso se dice rápido
ce n'est pas peu dire ! ¡nada menos!
cela va sans dire (mais cela irait/va mieux en le disant) ni que decir tiene; huelga decir
comme dit/disait l'autre como dice/decía el otro
dire ce qu'on a sur le cœur decir lo que se piensa
entre nous soit dit; soit dit entre nous dicho sea entre nosotros
il n'y a pas à dire digan lo que digan
je me suis laissé dire que… me ha dicho un pajarito que…; ha llegado hasta mis oídos que…
je ne vous le fais pas dire y eres tú/es usted quien lo dice; no soy yo quien le obliga a decirlo
laisser dire dejar hablar
le moins qu'on/que l'on puisse dire lo menos que puede decirse
on a beau dire por mucho que digan
ne pas l'envoyer dire à qqn. no cortarse un pelo; decir algo a la cara de alguien

pour ainsi dire   por decirlo así

pour ne pas dire autre chose   por no decir otra cosa/algo peor; por no ser grosero

pour tout dire   en resumidas cuentas

se tuer à dire qqch. à qqn.   matarse a decirle/repetirle algo a alguien

soit dit en passant   dicho sea de paso

tu l'as dit, bouffi !   justo; efestiviwonder

DISCUSSION   **avoir des discussions byzantines**   (man)tener discusiones bizantinas

DISCUTAILLER   **discutailler**   andar en dimes y diretes; discutir por pequeñeces/por un quítame allá esas pajas

DISCUTER   **discuter le bout de gras avec qqn.**   *véase bavette*

discuter sur le sexe des anges   discutir sobre el sexo de los ángeles *(véase también discussion)*

E

EAU   **apporter/amener de l'eau au moulin de qqn.**   arrimar el ascua a la sardina de uno

ÉCHO   **se faire (l')écho de qqch.**   hacerse eco de algo

ÉCRASER   **écraser**   cerrar el pico; poner punto en boca

EFFET   **c'est tout l'effet que ça te fait**   ¿es ése todo el efecto que te hace?

EMBROUILLER   **ni vu ni connu (j't'embrouille) !; pas vu, pas pris !**   ni visto ni oído

ENCENSOIR   **manier l'encensoir**   echar flores

ENTENDRE   **ce qu'il faut (pas) entendre !**   ¡lo que hay que oír!

entendons-nous bien   entendámonos; que esto quede claro entre nosotros

EXCUSE   **faire de plates excuses**   deshacerse en disculpas

EXPRESSION   **passez-moi l'expression**   con perdón de la expresión

une expression toute faite   una expresión hecha

F

FAÇON   **(c'est une) façon de parler**   (esto) es un decir

dire à qqn. sa façon de penser   decir a alguien lo que se piensa

FACONDE   **avoir de la faconde**   tener facundia; tener facilidad de palabra; tener mucha labia

FAKE   **c'est un fake !**   ¡es falso/una personalidad suplantada!

FORMALISER (SE)   **ne pas se formaliser de qqch.**   no tomarse algo en serio; no ofenderse por algo

FORME   **en y mettant les formes**   haciendo las cosas como Dios manda; guardando las formas

FRAIS   **faire les frais de la conversation**   llevar la voz cantante

FRAISE   **ramener sa fraise**   meter baza; echar su cuarto a espadas

FRANC-PARLER   **avoir son franc-parler**   hablar sin rodeos/ambages; hablar lisa y llanamente

FROID   **jeter un froid**   provocar una situación desagradable/molesta

G

GANT ne pas prendre/mettre de gants (pour dire qch.)   no andarse con paños caliente (para decir algo)

GÊNER (SE) faut pas se gêner   (por mí,) no te cortes

GORGE faire des gorges chaudes de qqch.   burlarse/mofarse de algo

GRAIN mettre/fourrer son grain de sel   *véase* *fraise*

GRAS discuter le bout de gras avec qqn.   *véase* *bavette*

GUEULANTE pousser une (bonne) gueulante   dar un bocinazo; echar una bronca

GUEULE être fort en gueule   ser gritón/escandaloso

GUEULER gueuler comme un putois   *véase* *âne*

H

HALEINE tenir qqn. en haleine   tener a alguien en vilo

HAUT dire qqch. haut et fort   decir algo con claridad y en voz alta

HORS-D'ŒUVRE un hors-d'œuvre   *véase* *amuse-gueule*

J

JACASSER/JASER jacasser/jaser comme une pie borgne   hablar como una cotorra

JAMBE tenir la jambe à qqn.   no soltar a alguien; darle la paliza a alguien

JETER n'en jetez plus (la cour est pleine !)   (después de un cumplido) ¡vale ya, que me voy a sonrojar/poner colorado!

JURER jurer comme un charretier   *véase* *charretier*

K

KICKER se faire kicker d'un forum   ser excluido de un foro

L

LANGUE avoir la langue bien pendue; ne pas avoir la langue dans sa poche   no tener pelos en la lengua

être mauvaise langue; avoir une langue de vipère   tener mala lengua; tener una lengua viperina

la langue de bois   el lenguaje eufemístico/estereotipado

la langue m'a fourché; ma langue a fourché; ma fourche a langué *(hum.)*   se me traba la lengua; se me luenga la traba *(hum.)*

la langue verte (= l'argot)   la jerga; el argot

les langues vont aller bon train   eso va a dar mucho que hablar

ne pas savoir tenir sa langue   irse de la lengua; no saber guardar silencio

prendre langue avec qqn.   ponerse en contacto/comunicación con alguien

tenir sa langue   no soltar prenda; morderse la lengua

tourner sept fois sa langue dans sa bouche avant de parler   pensárselo dos veces antes de abrir la boca

LAPALISSADE   **c'est une lapalissade de dire que...**   es una perogrullada decir que...; es una verdad de Perogrullo decir que...

LÈVRE   **être suspendu aux lèvres de qqn.**   estar pendiente de las palabras de alguien

être sur toutes les lèvres   *véase (être dans toutes les) bouches*

LOL   *véase MDR*

M

MÂCHER   **ne pas mâcher ses mots**   no morderse la lengua; no tener pelos en la lengua

MAIS   **il n'y a pas de mais (qui tienne)**   no hay pero (que valga)

MDR   **mort de rire**   muerto de risa

MÉGA   **c'est la méga classe**   ¡qué clase!

c'est méga top   es tope guay

MEILLEUR   **j'en passe, et des meilleures**   y me quedo corto

MENU   **raconter qqch. par le menu**   contar algo con pelos y señales

MESSE   **faire des messes basses**   andar con secreteos

MORDICUS   **soutenir mordicus**   sostener con tesón/con cabezonería

MOT   **avoir des mots avec qqn.**   tener unas palabras con alguien

avoir deux mots à dire à qqn.   tener que decirle cuatro cosas bien dichas a alguien; tener que cantarle las cuarenta a alguien

avoir le dernier mot   tener/decir la última palabra; salirse con la suya

avoir son mot à dire   tener algo que decir

avoir toujours le mot pour rire   ser muy chistoso; tener mucha chispa

c'est un bien grand mot   eso es mucho decir

dire des gros mots   decir palabrotas/tacos

échanger deux mots avec qqn.   hablar un momento/hablar dos palabras con alguien

en deux mots   en dos palabras; en resumen

en toucher un mot à qqn.   comentar un asunto con alguien

en un mot (comme en cent)   en pocas palabras; en fin

glisser un mot à l'oreille de qqn.   decirle dos palabras a alguien

je n'ai pas dit mon dernier mot   aún no he dicho mi última palabra

jouer sur les mots   jugar con las palabras

le mot de la fin   la conclusión

n'avoir jamais un mot plus haut que l'autre   no dar nunca una voz; ser siempre comedido

ne pas comprendre un traître mot à qqch.   no entender una palabra/ni torta/ ni jota de algo

ne pas mâcher ses mots *véase mâcher*

ne pas pouvoir placer un mot/ne pas pouvoir en placer une no dejarle a uno abrir la boca/articular palabra/decir esta boca es mía

parler à mots couverts/à demi-mots hablar con medias palabras

peser ses mots sopesar/medir sus palabras

prendre qqn. au mot coger/tomar a alguien la palabra

qui ne dit mot consent *(prov.)* quien calla otorga *(prov.)*

sans mot dire sin decir palabra

se passer/se donner le mot entenderse; ponerse de acuerdo

un bon mot; un mot d'esprit un chiste; una ocurrencia/salida

un jeu de mots un juego de palabras

un mot savant un cultismo

MOTUS **motus (et bouche cousue) !** ¡punto en boca!

MOUCHE **on entendrait une mouche voler** no se oye ni (el vuelo de) una mosca

MOULIN **apporter/amener de l'eau au moulin de qqn.** *véase eau*

être un moulin à paroles ser una cotorra/un charlatán; hablar por los codos

MOUTON **revenons à nos moutons** volvamos a lo nuestro/al grano

MUET **muet comme une carpe; muet comme la/une tombe** *véase carpe*

MUR **c'est comme parler à un mur** es como hablar a la pared

les murs ont des oreilles las paredes oyen

N

NÈGRE **parler petit nègre** hablar como los indios

NET **surfer sur le Net** navegar por Internet

NEUF **quoi de neuf ?** ¿qué hay de nuevo?

NICK **c'est quoi ton nick ?** ¿cuál es tu nick?

NEZ **parler du nez** ganguear

NOIR **dire tantôt blanc, tantôt noir** *véase blanc*

" motus et bouche cousue "

« Botus et mouche cousue » *puntualizaría Fernández para responder a su inenarrable doble, Hernández. Si botus es una palabra inexistente, salvo por necesidades del guión,* motus *también es una pura invención latinizante que permitía a los gentilhombres del siglo XV conminarse mutuamente a mantener la boca callada. Aprovechando que estamos en el universo de las viñetas, sepa usted que el principal héroe de Hergé, cándido desfacedor de entuertos, debe su nombre a una forma de pago provenzal del siglo XII (payer en tintis) y a la exclamación que empleaban las damas con migrañas recurrentes: « ce soir, mon ami, vous ferez tintin! (esta noche, amigo mío, tendrás que pasar sin) ».*

cf. MOTUS

NOM appeler les choses par leur nom *véase chat*

nom de Dieu ! ¡me cago en diez!

nom de nom !; nom d'un (petit) bonhomme !; nom d'une pipe !; nom d'un chien !; nom d'un tonnerre !; tonnerre de nom ! ¡caramba!; ¡canastos!; ¡caracoles!

NOUVELLE première nouvelle ! ¡ahora me entero!; es la primera noticia que tengo de eso

O

OCCASION il a (encore) perdu/manqué/raté l'occasion de se taire menuda oportunidad de callarse que ha perdido; habló el buey y dijo mu

OREILLE avoir l'oreille de qqn. ser escuchado por alguien

entrer par une oreille et sortir par l'autre entrar por una oreja/un oído y salir por la otra/el otro

les murs ont des oreilles *véase mur*

les oreilles ont dû lui tinter le han debido zumbar/silbar los oídos

n'écouter que d'une oreille escuchar a medias

prêter l'oreille prestar oído; dar oídos

rebattre les oreilles à qqn. de qqch. machacar los oídos de alguien con algo; calentar los cascos/la cabeza a alguien con algo

OUÏ-DIRE par ouï-dire de oídas

OUÏE être tout ouïe ser todo oídos

P

PALABRER palabrer *véase discutailler*

PARENTHÈSE ouvrir la parenthèse abrir (el) paréntesis

entre parenthèses entre paréntesis

fermer la parenthèse cerrar (el) paréntesis

PARLER faire parler de soi dar que hablar

n'en parlons plus y no se hable más

parler à tort et à travers; parler pour ne rien dire; parler en l'air hablar a tontas y a locas; hablar por hablar

parler chiffons *véase chiffon*

parler/jurer comme une poissonnière hablar como una verdulera/un carretero; jurar como un carretero

parler d'or hablar de perlas/como un libro

parler de choses et d'autres *véase chose*

parler de la pluie et du beau temps hablar de cosas sin importancia

parler du nez *véase nez*

parler en l'air hablar al aire

parler en pure perte hablar para nada/en balde

parler par énigmes hablar en clave

parlons peu (mais) parlons bien   pocas palabras, pero buenas; hablemos poco y bien

tu parles, Charles !   ¡qué va!; ¡qué se cree usted!; ¡qué te crees tú eso!

PARLEUR   **un beau parleur**   un pico de oro

PAROLE   **boire les paroles de qqn.**   *véase (être suspendu aux) lèvres*
   ce sont de belles paroles; ce ne sont que (des) paroles en l'air/de vaines paroles   es música celestial; no son más que palabras
   sur ces bonnes paroles   y con estas palabras

PARTIE   **prendre qqn. à partie**   meter a alguien en la conversación

PASSER   **j'en passe, et des meilleures; et j'en passe**   *véase meilleur*

PATATI   **et patati et patata**   que si patatín que si patatán

PERROQUET   **répéter comme un perroquet**   repetir como un lorito/periquito; hablar por boca de ganso/de otro

PEU   **un peu (mon neveu) !**   ¡ya lo creo!

PHOTO   **tu veux ma photo ?**   ¿qué?, ¿tengo monos en la cara?

PIE   **jacasser/jaser comme une pie (borgne)**   *véase jaser*

PIED   **mettre les pieds dans le plat**   meter la pata/la gamba

PIPEAU   **c'est du pipeau**   *véase (ce sont de belles) paroles*

PIPELETTE   **être une pipelette**   ser como un portero; hablar por los codos

PIPER   **ne pas piper (mot)**   no decir ni pío/ni mu; no decir esta boca es mía; no decir ni oste ni moste

PIQUE   **lancer/envoyer des piques à qqn.**   tirar/lanzar indirectas/pullas a alguien

PIROUETTE   **répondre par une pirouette**   salirse por la tangente/peteneras

PIS   **dire pis que pendre de qqn.**   desollar vivo a alguien; echar pestes de alguien

PLAISANTERIE   **trêve de plaisanterie(s)**   *véase blague à part*
   une plaisanterie de corps/salle de garde   una broma de muy mal gusto/pesada; un chiste guarro

PLUIE   **parler de la pluie et du beau temps**   *véase parler*

POCHE   **ne pas avoir la langue dans sa poche**   *véase langue*

POCKER   **pocker sur qqn. sur Facebook**   dar un toque a alguien en Facebook

POLI   **pour rester poli**   *véase (pour ne pas) dire autre chose*

POLICHINELLE   **un secret de Polichinelle**   un secreto a voces

PORTILLON   **ça se bouscule au portillon**   está farfullando/barbullando; habla atropelladamente/entrecortadamente

POSSÉDÉ   **crier/hurler comme un possédé**   gritar como un poseso/energúmeno

POUCE   **être un agité du pouce**   ser hábil/rápido mandando SMS

PROVERBE   **comme dit le proverbe**   como dice el refrán
   faire mentir le proverbe   demostrar lo contrario de lo que dice el refrán

PSEUDO   *véase nick*

Q

QU'EN-DIRA-T-ON   **le qu'en-dira-t-on**   el qué dirán

QUERELLE   **avoir des querelles byzantines**   *véase discussion*

QUEUE **dire des choses sans queue ni tête** decir cosas sin pies ni cabeza/sin ton ni son

QUIA **être réduit/être à quia** quedarse cortado/sin respuesta

QUOI **il n'y a pas de quoi** no hay de qué; de nada

R

RAJOUTER **en rajouter** cargar las tintas/la mano

RECEVOIR **je te/vous reçois 5 sur 5** veo perfectamente lo que quiere(s) decir

REFUS **ce n'est pas de refus** con mucho gusto; no le/te voy a decir que no

REMETTRE **en remettre** *véase rajouter*

RÉPARTIE **avoir la répartie facile** tener la réplica viva

RÉPONSE **c'est la réponse du berger à la bergère** *véase berger*

RESTER **pour rester poli** *véase (pour ne pas) dire autre chose*

RÉSULTAT **résultat des courses…** total…

REVOYURE **à la revoyure !** ¡aurevoire que dijo Voltaire!; ¡agur, Ben Hur!

RIEN **de rien** *véase quoi*

S

SAC **vider son sac** desahogarse

SAINT-JEAN **être un Saint-Jean-Bouche-d'Or/un Saint-Jean-Chrysostome** ser un Cicerón/un Demóstenes

SALADE **savoir vendre sa salade** saber vender la moto

SALÉE **en raconter des salées** contar chistes verdes/guarros

SALIVE **(r)avaler sa salive** tragar saliva

   dépenser sa salive/beaucoup de salive hablar por los codos; gastar saliva

   perdre sa salive gastar saliva en balde

SALON **c'est le dernier salon où l'on cause !** ¡vaya panda de cotorras!

SCOTCHÉ **être scotché devant la télé** estar pegado a/delante de la tele

SECRET **un secret de Polichinelle** *véase Polichinelle*

SELLETTE **mettre qqn. sur la sellette** *véase cuisiner*

SI **avec des si, on mettrait Paris en bouteille** si mi tía tuviera ruedas, sería una bicicleta

SIFFLET **couper le sifflet à qqn.** *véase chique*

SORNETTE **raconter des sornettes** *véase baliverne*

SOUFFLER **ne pas souffler mot** *véase piper*

SOURIS **j'aimerais être une petite souris** ¡cómo me gustaría poder estar allí/verlo por el ojo de la cerradura!

SUCRE **casser du sucre sur le dos de qqn.** poner a alguien como un trapo; poner a alguien de vuelta y media

SUITE **la suite au prochain numéro** continuará

SURFER *véase Net*

T

TABLEAU   brosser un tableau très noir (d'une situation)   *véase brosser*

TAC   répondre/riposter du tac au tac   responder inmediatamente en los mismos términos

TAGUER   taguer qqn. sur Facebook   etiquetar a alguien en Facebook

TANTE   si ma tante en avait, on l'appellerait mon oncle   *véase si*

TAPIS   mettre qqch. sur le tapis   poner algo sobre el tapete
   revenir sur le tapis   volver a salir (un tema)

TARTE   une tarte à la crème   un tópico; un lugar común; una perogrullada

TARTINE   débiter une tartine   soltar un rollo

TCHAT   être sur un tchat   entrar en un chat

TÉLÉPHONE   le téléphone arabe   radio macuto

TEMPS   un temps mort   un tiempo muerto

TEXTO   envoyer un texto   enviar un SMS

TOILE   La Toile   La Red, Internet

TOIT   crier qqch. sur (tous) les toits   pregonar a voz en grito

TOLLÉ   provoquer un tollé (général)   desencadenar una lluvia de protestas

TOMBE   être/rester muet comme la/une tombe   *véase carpe*

TONNE   en faire des tonnes   *véase rajouter*

TORT   parler à tort et à travers   *véase parler*

TORTILLER   y a pas à tortiller   *véase ([il n']y a pas à) chier*

TRAÎNÉE   se répandre comme une traînée de poudre   propagarse como un reguero de pólvora

TRÊVE   trêve de plaisanterie(s)   *véase blague*

TUBE   déconner à plein(s) tube(s)   *véase déconner*

TUER (SE)   se tuer à dire qqch. à qqn.   *véase dire*

V

VANNE   envoyer/lancer une vanne à qqn.   echar un viaje a alguien; tirar pullas a alguien

VEILLEUSE   la mettre en veilleuse   *véase écraser*

VENT   avoir vent de qqch.   llegar algo a los oídos de alguien; barruntar
   ce n'est que du vent   *véase (ce sont de belles) paroles*
   faire du vent   decir palabras al aire

VER   tirer/sortir les vers du nez à qqn.   tirar(le) a alguien de la lengua

VERBE   avoir le verbe haut   hablar fuerte

VÉRITÉ   c'est la vérité vraie   es la pura verdad
   dire la vérité toute nue   decir la cruda verdad
   dire ses quatre vérités à qqn.   decirle a alguien cuatro frescas/verdades; cantarle a alguien las cuarenta
   être en-dessous de la vérité   quedarse corto
   la vérité n'est pas toujours bonne à dire; toutes les vérités ne sont pas bonnes à dire   no todas las verdades son para (ser) dichas

VERT en raconter des vertes et des pas mûres contar cosas verdes
VIE raconter sa vie contar su vida
VIF entrer dans le vif du sujet entrar en el meollo del tema
VILLE toute la ville en parle no se habla de otra cosa
VOIR ni vu ni connu (j't'embrouille) !; pas vu, pas pris ! *véase embrouiller*
VOIX de vive voix de palabra; de viva voz
   rester sans voix devant qqch. quedarse mudo/sin voz ante algo
VRAI c'est vrai de vrai *véase (c'est la) vérité vraie*

Z

ZAPPER zapper qqn. cambiar
ZAPPING faire du zapping zapear

A

ABSENCE **briller par son absence** brillar por su ausencia

ACTE **faire acte de présence** hacer acto de presencia

ADAM **ne connaître qqn. ni d'Ève ni d'Adam** no conocer a alguien de nada

ADRESSE **se tromper d'adresse** equivocarse de persona

AISE **se mettre à l'aise** ponerse cómodo

AMBIANCE **mettre de l'ambiance** animar el ambiente/cotarro

ÂME **il n'y a pas âme qui vive** no hay ni un gato/alma

AMUSER **amuser la galerie** distraer/divertir a la galería

ÂNE **il y a plus d'un âne qui s'appelle Martin** es un apellido de lo más corriente

APPEL **manquer à l'appel** no presentarse; no hacer acto de presencia

B

BAN **convoquer le ban et l'arrière ban (de ses amis/de sa famille)** reunir a todo el mundo (todos sus amigos/toda su familia)

être en rupture de ban avec la société estar enfrentado/en desacuerdo con la sociedad

faire un ban pour/à qqn. aplaudir a alguien; ovacionar a alguien

mettre qqn. au ban de la société poner a alguien al margen de la sociedad

BANDE **faire bande à part** hacer rancho aparte

BANQUETTE **faire banquette** *(en el baile)* comer pavo

BARBE **agir/faire qqch. (au nez et) à la barbe de qqn.** hacer algo en las barbas/narices de alguien

BÊTE **regarder qqn. comme une bête curieuse** mirar a alguien como a bicho raro

BIBI **bibi** (mi/este) menda; el nene/la nena

BOBO **(bourgeois-bohème) être un bobo** ser un bohemio burgués

BŒUF **faire un effet bœuf** hacer un efecto bárbaro/tremendo

BONNET **jeter son bonnet par-dessus les moulins** ponerse el mundo por montera

BOUFFE **on se téléphone, on se fait une bouffe** nos llamamos y quedamos para comer/papear

BRANCHER **branché** moderno; en la onda; de moda

BRIN faire un brin de conduite à qqn. acompañar un ratito a alguien

BRUIT faire grand bruit autour de qqch. armar jaleo/escándalo por algo; montar bronca/bulla por algo

ça va faire du bruit dans (le) Landerneau va a tener amplias repercusiones; va a tener consecuencias muy sonadas

BRÛLER brûler la politesse à qqn. despedirse a la francesa, marcharse bruscamente, faltar a una cita

C

CHACUN tout un chacun todo hijo de vecino/todo quisque

CHAT il n'y a pas un chat véase âme

CHEVEU arriver/venir comme un cheveu sur la soupe llegar a destiempo/en el momento más inoportuno/oportuno (irón.)

CHIC avoir du chic tener elegancia/distinción

bon chic bon genre (BCBG) pijo; pera

c'est du dernier chic es lo último; es la última moda

CHICHI ne pas faire de chichis hacer algo sin remilgos

CHIEN arriver comme un chien dans un jeu de quilles véase cheveu

se regarder en chien(s) de faïence mirarse con recelo

CHOSE bien des choses (chez vous/à votre maman...) (da/dé muchos) recuerdos (en casa/a tu madre...)

bien faire les choses hacer las cosas como Dios manda/bien hechas/a lo grande

CIRCUIT être dans le circuit estar en danza; andar por ahí

se remettre dans le circuit volver a la circulación/a los circuitos

CIRCULATION disparaître de la circulation desaparecer del mapa/de la circulación

CITÉ avoir droit de cité contar con la aceptación popular/aprobación general

CLOU le clou de la soirée la atracción/lo mejor de la velada

COIN regarder qqch./qqn. du coin de l'œil mirar algo/a alguien de reojo/con el rabillo del ojo

COMITÉ se réunir en petit comité tener una reunión íntima/en petit comité

COMMUN le commun des mortels el común de los mortales

COMPAGNIE bonsoir, la compagnie ! ¡adios a todos/todo el mundo!

être en galante/bonne compagnie estar con una mujer/con mujeres; estar en buena/excelente compañía

fausser compagnie à qqn. lograr zafarse/deshacerse de alguien

x et compagnie x y compañía

CONDUITE faire un brin de conduite à qqn. véase brin

un écart de conduite un extravío/descarrío

(s')acheter une conduite enmendarse; enmendar la conducta de uno

CONGÉ prendre congé (de qqn.) despedirse (de alguien)

CONSORT x et consorts (pey.) véase compagnie

COQUELUCHE la coqueluche de el preferido/favorito de; el niño mimado de

COQUILLE rentrer dans sa coquille meterse uno en su caparazón/su concha

COUCOU coucou (me voici/me voilou) ! ¡cucú, ya estoy aquí!

COULISSE dans la coulisse/les coulisses entre bastidores

COUP être dans le coup estar en el ajo
passer en coup de vent pasar como una exhalación/un torbellino

COURBETTE faire des courbettes hacer zalemas; mostrarse servil

COUTEAU des seconds couteaux personajes de segunda fila

COUVERT il a son couvert (mis) chez nous es como de la casa; es siempre bien recibido

CRÈME la crème (de la crème) la flor y nata; lo mejor(cito)

CRI c'est le dernier cri es la última moda; es el último grito

D

DAME honneur aux dames ! primero las damas

DÉBUT faire ses débuts dans le monde celebrar su puesta de largo; presentarse en sociedad

DÉCONNER sans déconner ! ¡fuera bromas/coñas!

DÉPOURVU prendre qqn. au dépourvu pillar a alguien desprevenido; coger a alguien de improviso

DÉROBÉE regarder qqch./qqn. à la dérobée véase *coin*

DESSUS le dessus du panier véase *crème*

DISTANCE garder ses distances guardar las distancias

DOIGT montrer qqn. du doigt señalar a alguien con el dedo

DONNANT donnant, donnant toma y daca; hoy por ti, mañana por mí

E

ÉCOLE être de la vieille école ser de la vieja escuela/guardia; estar chapado a la antigua

ENCRE faire couler beaucoup d'encre dar mucho que hablar; hacer correr ríos de tinta

ENTOURNURE être gêné aux entournures estar a disgusto; estar incómodo; estar como gallina en corral ajeno

---

" gêné aux entournures "

Las entournures *son las sisas, el lugar donde van unidas las mangas al cuerpo de la prenda.* Être gêné aux entournures *es sentirse incómodo, no disponer de la libertad de movimientos necesaria porque la sisa tira en exceso.*

cf. ENTOURNURE

ENTRÉE avoir ses (grandes) entrées chez qqn./quelque part tener las puertas (siempre) abiertas en casa de alguien/en algún sitio
   faire une entrée remarquée hacer una entrada triunfal
ENTREGENT avoir de l'entregent tener don de gentes
ERREUR il y a erreur sur la personne se equivoca(n) de persona
ÈVE ne connaître qqn. ni d'Ève ni d'Adam *véase Adam*

F

FACE sauver/perdre la face salvar las apariencias
FAÇON (merci,) sans façon(s) de verdad que no (, gracias)
   recevoir sans façon(s) recibir sin ceremonia/cumplidos/etiqueta
FIL avoir un fil à la patte estar cogido; estar atado de pies y manos
FIN le fin du fin lo mejor de lo mejor
FLEUR la fine fleur de qqch. la flor y nata de algo
FOU plus on est de fous, plus on rit *(prov.)* cuantos más, mejor
FOULE il n'y a pas foule no es que esté abarrotado
FOURRER (SE) ne plus savoir où se fourrer no saber dónde meterse
FRANCE être vieille France ser a la antigua usanza
   la France profonde la España profunda
FRETIN le menu fretin la chusma/morralla
FROID cueillir/prendre qqn. à froid *véase dépourvu*
FUMÉE il n'y a pas de fumée sans feu *(prov.)* cuando el río suena, agua lleva *(prov.)*
FUREUR faire fureur hacer furor

G

GALERIE amuser/épater la galerie *véase amuser*
GÊNE où (il) y a de la gêne, (il n') y a pas de plaisir donde hay confianza, da asco
GÊNER être gêné aux entournures *véase entournure*
GENRE bon chic bon genre (BCBG) *véase (bon) chic*
   ce n'est pas mon genre de (faire qqch.) no es mi estilo (hacer algo)
GLACE rompre/briser la glace romper el hielo
GOÛT au goût du jour al día; a la moda
GRATIN le gratin la flor y nata; la elite
GRELOT faire sonner son grelot llamar la atención sobre uno mismo; dar el cante
GUEULE arriver la gueule enfarinée llegar con toda (la santa) pachorra

H

HAUT **tenir le haut du pavé** ocupar una posición social elevada
HAUTE **être de la haute** pertenecer a la alta sociedad
HONNEUR **à tout seigneur, tout honneur** *(prov.)* a tal señor, tal honor *(prov.)*
  en tout bien tout honneur con toda la buena intención
  honneur aux dames ! *véase* **dame**
HUIS **à huis clos** a puerta cerrada
HURLER **hurler avec les loups** bailar al son que tocan

I

IDÉE **une idée reçue** un prejuicio
IMPORTER **ce n'est pas n'importe qui** no es un cualquiera
IMPOSER (S') **ça s'impose !** ¡se impone!
INCONNU **il est inconnu au bataillon** no lo conoce ni su padre
  c'est un illustre inconnu *(hum.)* es muy conocido en su casa a la hora de comer; es un ilustre desconocido

J

JETER **ça/il/elle en jette** ¡qué impresionante!; ¡qué poderío!
JEU **vieux jeu** *(anticuado)* chapado a la antigua

L

LA **donner le la** marcar el tono/la tónica
LAPIN **poser un lapin à qqn.** dar (un) plantón a alguien
LÈVRE **ne connaître qqn. ni des lèvres ni des dents** *véase* **Adam**
LIBERTÉ **prendre des libertés avec qqch./qqn.** tomarse (muchas) libertades con algo/alguien

---

" tenir le haut du pavé "

Hubo un tiempo en que las calles de las ciudades europeas desbordaban de una mezcla de aguas sucias, basuras arrojadas por las ventanas y barro. El haut pavé —es decir, la parte alta, menos grasienta y más practicable— estaba reservado a los gentilhombres de sangre azul, mientras que la parte baja era dominio del pueblo, de los villanos, en resumen, del estado llano. A fuerza de verse vapuleado o incluso rematado por los coches de caballos que iban a galope, el estado llano se cansó y arrancó los pavés al grito: "colguemos a los aristócratas".

cf. HAUT

LIEU le haut lieu de qqch. el templo de algo

LINGE (il) y a du beau linge hay gente distinguida/de la buena sociedad

LOGE être aux premières loges estar en primera fila

LOUCHE serrer la louche à qqn. dar un apretón de manos a alguien

LOUP hurler avec les loups *véase hurler*

il est connu comme le loup blanc es más conocido que la ruda/el tebeo

quand on parle du loup (on en voit la queue) hablando del rey de Roma, por la puerta asoma

LUNE les vieilles lunes tiempos pasados

M

MACHIN M./Mme Machin (-Chouette/-Chose) el fulano aquél/la fulana aquélla (como se llame)

MARQUE un invité de marque un invitado de lujo/notable/de marca

MECQUE la Mecque de qqch. la Meca de algo

MÊLÉE rester au-dessus de la mêlée no entrar ni salir (en una polémica/un conflicto); quedarse/permanecer al margen de una polémica

MERCI merci, mon chien ! *(aprox.)* ¿gracias a quién?

METTRE (SE) ne plus savoir où se mettre *véase (ne plus savoir où se) fourrer*

MIRE le point de mire el punto de mira; el blanco de las miradas

MODE être passé de mode estar pasado de moda

MONDE il y a un monde fou hay un gentío

le grand monde la alta sociedad

le monde est petit el mundo es un pañuelo; ¡qué pequeño es el mundo!

Monsieur Tout-le-Monde el hombre de la calle/corriente

pour faire comme tout le monde para no ser menos que los demás

un homme/une femme du monde un hombre/una mujer de mundo

(il) y a du beau monde *véase linge*

MOT savoir/connaître le fin mot de l'histoire conocer el quid de la cuestión; conocer el intríngulis/la miga de algo

MOULIN jeter son bonnet par-dessus les moulins *véase bonnet*

MOUTON se conduire en mouton(s) de Panurge hacer como Vicente (ir donde va la gente); ¿donde va Vicente? donde va la gente

MUR raser les murs tratar de pasar desapercibido

N

NEC le nec plus ultra *véase fin*

NEZ agir/faire qqch. (au nez et) à la barbe de qqn.; faire qqch. sous le nez de qqn. *véase barbe*

montrer le bout de son nez asomar la nariz

tomber/se trouver nez à nez avec qqn. darse de narices con alguien

NOBLESSE noblesse oblige nobleza obliga

NOM **un nom à coucher dehors** un nombre/apellido difícil de pronunciar

  un nom à rallonge(s)/à tiroirs un apellido que no se acaba nunca

NOUVEAU **rien de nouveau sous le soleil** no hay nada nuevo bajo el sol

NOUVELLE **pas de nouvelles, bonnes nouvelles** las malas noticias llegan las primeras

O

ŒIL **regarder qqch./qqn. du coin de l'œil** *véase* *coin*

OPINION **braver l'opinion (publique)** desafiar a la opinión pública

OUBLIER **se faire oublier** mantenerse apartado a posta; hacerse olvidar

P

PAGE **à la page** al día

PANIER **le dessus du panier** *véase* *crème*

PANURGE **se conduire en moutons de Panurge** *véase* *mouton*

PÂQUERETTE **au ras des pâquerettes** hortera/chabacano

PAVÉ **tenir le haut du pavé** *véase* *haut*

PEAU **se mettre dans la peau de qqn.** ponerse en el lugar de alguien

PELÉ **il y a quatre/trois pelés et un tondu** hay cuatro gatos/pelados

PERSONNALITÉ **une personnalité de premier/de second plan** una personalidad de primera categoría/clase

PETIT **se faire (tout) petit** hacerse chiquito; humillarse

PIED **ne plus mettre les pieds dans un endroit** no poner más los pies en un sitio

PIERRE **Pierre, Paul ou Jacques** un don nadie; un cualquiera

PINCE **serrer la pince à qqn.** *véase* *louche*

PIQUE-ASSIETTE **un pique-assiette** un gorrón; un chupóptero

PIQUET **être/rester planté comme un piquet** estar/quedarse plantado como un poste/palo

PLACE **les places sont chères** es muy difícil/casi imposible entrar; está dificilísimo entrar

  tenir sa place comportarse debidamente/como Dios manda

PLAN **passer au second plan** pasar a un segundo plano

PLAT **mettre les petits plats dans les grands** hacer las cosas por todo lo alto; tirar la casa por la ventana

POLITESSE **brûler la politesse à qqn.** *véase* *brûler*

POMME **ma pomme** *véase* *bibi*

POMPE **en grande pompe** con gran pompa y boato

PORTE **frapper à la mauvaise porte** *véase* *adresse*

PRÈS **ne connaître qqn. ni de près ni de loin** *véase* *Adam*

PRESSE **avoir bonne/mauvaise presse** tener buena/mala prensa

PRÊT-À-PORTER **prêt-à-porter** ropa de confección; 'prêt-à-porter'

Q

QUANT-A-SOI **rester sur son quant-à-soi** mantener sus reservas; guardar las distancias

R

RAMDAM **faire du ramdam autour de qqch.** *véase (faire grand) bruit*
RARE **se faire rare** venderse muy caro (alguien)
RELATION **avoir des relations** tener relaciones/contactos; tener amigos influyentes
RÉVÉRENCE **tirer sa révérence (à qqn.)** saludar (a alguien); despedirse
RIGUEUR **il est de rigueur (de faire qqch.)** se impone (hacer algo)
RIRE **plus on est de fous, plus on rit** *(prov.)* *véase fou*
RISÉE **être la risée de** ser el hazmerreír de
RÔLE **avoir le beau rôle** lucirse; quedar bien
  jouer les seconds rôles *véase plan*
ROND **faire des ronds de jambe** *véase courbette*

S

SALAMALEC **faire des salamalecs** *véase courbette*
SAUT **faire un saut chez qqn.** plantarse en/acercarse a casa de alguien
SEIGNEUR **à tout seigneur, tout honneur** *véase honneur*
  se montrer grand seigneur avec qqn. mostrarse magnánimo
SENTIER **s'éloigner des sentiers battus** alejarse de los caminos trillados
SERVIETTE **il ne faut pas mélanger les torchons et les serviettes** no hay que confundir la velocidad con el tocino/el culo con las témporas
SPECTACLE **se donner en spectacle** dar el espectáculo; montar el numerito
SU **au vu et au su de tous/tout le monde** a la vista y conocimiento de todos; a cara descubierta

T

TABLE **tenir table ouverte** tener la casa siempre abierta (para comer)
TAMBOUR **sans tambour ni trompette** discretamente; sin bombo y platillo
TAPAGE **faire du tapage autour de qqch.** *véase (faire grand) bruit*
TAPE-À-L'ŒIL **tape-à-l'œil** llamativo/ostentoso
  c'est du tape-à-l'œil es un camelo; es pura fachada
TAPIS **dérouler le tapis rouge** echar/tirar la casa por la ventana; tratar (a alguien) a cuerpo de rey
TAPISSERIE **faire tapisserie** *véase banquette*
TARTEMPION **M./Mme Tartempion** *véase Machin*
TÉLÉPHONE **le téléphone arabe** radio macuto

TEMPÊTE une tempête dans un verre d'eau una tempestad/tormenta en un vaso de agua

TENTE se retirer sous sa tente retirarse enfurruñado/de morros

TON donner le ton *véase la*

il est de bon ton de faire qqch. está bien visto (hacer algo)

TONDU il y quatre/trois pelés et un tondu *véase pelé*

TORCHON il ne faut pas mélanger les torchons et les serviettes *véase serviette*

TOUR se retirer/s'enfermer dans sa tour d'ivoire retirarse a/encerrarse en su torre de marfil

TOUT-PARIS le Tout-Paris lo mejor/lo más selecto de París; el todo París

TRALALA en grand tralala *véase pompe*

TROMPETTE sans tambour ni trompette *véase tambour*

U

UNE faire la une des journaux saltar a la primera plana/página de los periódicos

UNTEL M./Mme Untel *véase Machin*

V

VAGUE faire des vagues causar revuelo; dar que hablar; escandalizar

VASE en vase clos aislado

VEDETTE partager la vedette avec qqn. compartir el protagonismo con alguien

voler la vedette à qqn. robar protagonismo a alguien

VENT quel bon vent (vous/t'amène) ? ¿qué le/te trae por aquí?

passer en coup de vent *véase coup*

VENTRE taper sur le ventre à/de qqn. tratar a alguien con (excesiva) familiaridad

VIDE faire le vide autour de qqn. hacer el vacío a alguien

VIEUX vieux jeu *véase jeu*

VISU de visu con mis propios ojos

VOIR c'est bien vu (de faire qqch.) *véase ton*

VU au vu et au su de tous/tout le monde *véase su*

" faire tapisserie "

En el baile de la marquesa, la condesa se siente muy abandonada: mientras su amado baila en el centro del salón con una pelandusca, ella se confunde con las paredes vestidas de tapices. Abstraída en su enojo, no imagina que su caso y muchos otros proporcionarán material para una expresión.

cf. TAPISSERIE

LAS APARIENCIAS, LAS CANTIDADES

A

A **de A à Z ; depuis A jusque Z** de la A a la Z; de cabo a rabo
ADONIS **(beau comme) un Adonis** un adonis
AIR **avoir l'air fin** quedar en ridículo; lucirse *(irón.)*
 l'air ne fait pas la chanson el hábito no hace al monje; las apariencias engañan; no es oro todo lo que reluce
ALLER **à tout va** a todo trapo
 aller à qqn. comme un tablier à une vache ir/sentar a alguien como a un Cristo unas pistolas
ALLURE **avoir de l'allure** tener buena facha
ANTIPODE **être aux antipodes de** estar en los/las antípodas de
APPAREIL **dans le plus simple appareil** en cueros (vivos); en pelota (picada/brava)/bolas
APPARENCE **il ne faut pas se fier aux apparences** *véase (l') air ne fait pas la chanson*
 sauver les apparences salvar las apariencias
ARMOIRE **une (vraie) armoire à glace** un Hércules/Sansón
AS **être fagoté comme l'as de pique; être habillé à/comme l'as de pique** ir/estar hecho un adefesio/un espantapájaros
ASPERGE **une asperge (montée en graine)** un espárrago/fideo
AVANTAGE **être à son avantage** estar muy favorecido
AVENANT **tout est à l'avenant** y todo por el estilo

B

BAISSER (SE) **il n'y a qu'à se baisser (pour les/en prendre/ramasser)** los hay a patadas/a porrillo/a punta de pala
BALANCER **être bien balancée** ser bien plantada
BALCON **(il) y a du monde au balcon !** ¡menuda delantera!; tiene una buena/mucha pechonalidad
BALÈS, BALÈZE **un (gros) balès/balèze** un tiarrón
BARRIQUE **il est né sur une barrique** tiene piernas de cuatrero; tiene las piernas arqueadas
BAS **bas du cul; baduc** paticorto
BEAU **beau comme un Adonis/comme un dieu** *véase Adonis*
 un vieux beau un viejo coquetón

BEAUTÉ **être en beauté** estar guapísima/radiante

se (re)faire une beauté arreglarse; retocarse (el maquillaje); empolvarse la nariz

BELLE **belle comme le jour** linda como un sol; un bombón; una preciosidad

elle est belle à faire damner un saint está de vicio/como dios/de miedo

BIDE **prendre du bide** echar barriga/tripa

BIEN **être bien de sa personne** tener buena facha/pinta; estar muy bien/estupendo

BILLE **avoir une bille/boule de billard** estar como una bola de billar

BLANC **blanc comme un cachet d'aspirine/comme un lavabo** blanco como el papel; pálido como la cera

BLOND **blond comme les blés** rubio como la cerveza

BORDEL **c'est un (vrai/véritable/foutu/sacré) bordel** ¡qué follón!; es la casa de tócame Roque; es una leonera; ¡qué desorden!

BOUILLE **avoir une bonne bouille** tener una cara simpática/salada

BOULE **avoir la boule à zéro** *véase bille*

BRIN **un beau brin de fille** una real moza; una monada; un monumento

BRINGUE **une grande bringue** una mujer alta y desgarbada; una espátula

BRIOCHE **prendre de la brioche** *véase bide*

BROCHETTE **une (belle) brochette de** una panda de

C

CACHET **être blanc comme un cachet d'aspirine** *véase blanc*

CAILLOU **n'avoir plus un poil sur le caillou** *véase bille*

CAMION **être beau (belle) comme un camion** estar como un tren/camión

CANON **un canon** una mujer/tía explosiva; una bomba de mujer/tía

CARROSSÉE **carrossée comme une Cadillac** estar estupenda/maciza

CHAIR **en chair et en os** de/en carne y hueso

bien en chair metidito en carnes; rellenito

CHANTIER **c'est un (vrai/véritable/foutu/sacré) chantier** *véase bordel*

CHARGER **chargé comme un mulet/un baudet/une bourrique** cargado como una mula

CHAT **la nuit, tous les chats sont gris** de noche todos los gatos son pardos

une chatte n'y retrouverait pas ses petits *véase bordel*

CHAUVE **chauve comme un œuf/un genou/une bille** *véase bille*

CHEVAL **cette fille est un vrai cheval** esta chica es un caballo

né sur un cheval *véase barrique*

CHEVEU **avoir le cheveu rare** tener poco pelo; clarear

avoir les cheveux raides comme des baguettes de tambour tener el pelo tieso; tener pelopincho

CHIEN **avoir du chien** tener atractivo/gancho; tener algo

des yeux de chien battu una mirada triste/lánguida

CHOSE **à peu de choses près** aproximadamente; (poco) más o menos
avoir quelque chose *véase chien*

CLASSE **avoir (de) la classe** tener clase/distinción

CLOCHE **avoir l'air cloche** tener pinta de tonto

CLOU **maigre comme un (cent de) clou(s)** hecho un fideo/espárrago

COIFFER (SE) **s'être coiffé avec un pétard** peinarse con un rastrillo; llevar pelos de loco

COMPTE-GOUTTE **donner qqch. au compte-gouttes** dar algo con cuentagotas

CONGRU **être réduit à la portion congrue** estar reducido a la mínima expresión

CONTENT **avoir (tout) son content (de qqch.)** hartarse (de algo); tener su ración (de algo)

CONVERSATION **avoir de la conversation** *véase balcon et falloir*

CORDE **usé jusqu'à la corde** raído; desgastado; muy sobado

COSTARD-CRAVATE **avoir le look costard-cravate** ir (vestido) de romano

COSTUME **en costume d'Adam** *véase appareil*

COULER **ils sont tous coulés dans le même moule** están cortados por el mismo patrón

COURIR **courir les rues** ser corriente (y moliente)

COURT **être court sur pattes** *véase bas*

CRACHER **être le portrait (tout) craché de qqn.; être qqn. tout craché** ser el (vivo) retrato de alguien; ser clavado a alguien

CRESSON **ne plus avoir de cresson sur la fontaine** *véase bille*

CRIN **à tous crins** de tomo y lomo

CROQUER **être (jolie/mignonne) à croquer** ser monísima/un bombón; estar para comérsela

CUL **bas du cul; baduc** *véase bas*
tortiller du cul contonearse; menear el pandero

CULOTTE **avoir une culotte de cheval** tener mollas/pistoleras

D

DÉCOLLETÉ **avoir un décolleté plongeant** llevar un escote (muy) llamativo

DÉSORDRE **ça fait désordre** parece muy desordenado/desaliñado

DOIGT **jusqu'au bout des doigts** de la cabeza a los pies; hasta arriba; hasta la médula

DOS **ne rien avoir à se mettre sur le dos** no tener nada que ponerse

DOSE **à doses homéopathiques** en pequeñas dosis

DROIT **être/se tenir droit comme un i/piquet/cierge/échalas** ser/ir más tieso que un ajo/palo

DUEL **deux/trois poils qui se battent en duel** dos/tres pelos bailando

E

EAU dans ces eaux-là   por ahí más o menos

EFFET faire des effets de jambe(s)   lucir las piernas

ENVERS l'envers du décor   la cara oculta de la realidad/de la moneda

ÉPINGLE être tiré à quatre épingles   ir de punta en blanco; ir hecho un brazo de mar/un pincel/un figurín

EXPRESSION réduit à sa plus simple expression   reducido a la (más) mínima expresión

F

FAÇADE se ravaler la façade   restaurarse/revocarse la fachada
se faire ravaler la façade   estirarse la cara

FAGOTER être fagoté comme l'as de pique; être mal fagoté   *véase as*

FALLOIR avoir tout ce qu'il faut là où il faut   tenerlo todo en su sitio; no faltarle ni sobrarle nada a alguien

FARD piquer un fard   ponerse como un tomate

FASHION c'est fashion   está de moda

FER tomber les quatre fers en l'air   caer patas arriba

FICELER être ficelé comme un saucisson   ir embutido/como un chorizo

FIL ne tenir qu'à un fil   estar pendiente de un hilo

FILE en file indienne   en fila india

FLOTTER flotter dans ses vêtements   flotar/nadar en la ropa de uno

FOND de fond en comble   de arriba abajo; de cabo a rabo

FONTAINE ne plus avoir de cresson sur la fontaine   *véase bille*

FORCE force (détails)   muchos (detalles)

FORCE une force de la nature   un coloso; un titán

FOUTOIR c'est un (vrai/véritable/foutu/sacré) foutoir   *véase bordel*

FUMÉE il n'y a pas de fumée sans feu *(prov.)*   cuando el río suena, agua lleva *(prov.)*; por el humo se sabe dónde está el fuego

G

GANT avoir des seins en gants de toilette   tener las tetas caídas
ça te va comme un gant   te va como anillo al dedo; te sienta como un guante

GARÇON être joli/beau garçon   ser un chico guapo; ser un guapo mozo
un garçon manqué   un marimacho

GÂTER ne pas avoir été gâté par la nature   no ser ninguna belleza/ningún Adonis

GAULER être bien gaulée   *véase balancé*

GOGO à gogo   a voluntad; a porrillo; a pedir de boca

GOSSE être beau gosse   *véase garçon*

GOUTTE avoir les fesses en goutte(s) d'huile   tener el culo caído; ser culibajo

se ressembler comme deux gouttes d'eau parecerse como dos gotas de agua

GROS c'est gros (comme une maison) salta a los ojos/a la vista; está más claro que el agua

un gros lard/patapouf/plein de soupe un gordinflón

GUEULE avoir de la gueule tener una pinta estupenda

avoir une gueule à caler une roue de corbillard ser un callo; ser más feo que Picio

avoir une gueule à chier dessus; avoir une gueule de fausse couche (à faire rater une couvée de singes) ser un feto (malayo)

H

HABIT l'habit ne fait pas le moine *véase air*

sortir ses habits du dimanche *véase épingle*

HABILLER être habillé à/comme l'as de pique *véase as*

HAUT être haut comme trois pommes no levantar un palmo/dos pies del suelo

être haut en couleur ser coloradote

HORREUR on a vu assez d'horreurs pendant la guerre *(aprox.)* no me gustaría despertarme al lado de eso

I

IMAGE une image d'Épinal una imagen simplista

J

JOJO il n'est pas très jojo no es que sea muy guapo; no es un dechado de belleza

JOUR être (comme) le jour et la nuit ser (como) la noche y el día

se montrer sous son meilleur jour enseñar su lado bueno; mostrar lo mejor de uno mismo

---

" l'habit ne fait pas le moine "

Si nos hemos animado a comentar este proverbio, no es tanto para explicar su significado —que es claro como el agua—, sino por la antigüedad de su origen. Está documentado por primera vez en el siglo XIII. Es extraño el destino de las palabras: mientras esta expresión ha sobrevivido, otras como bailler le moine *(traer mala suerte) o* donner le moine *(broma pesada que consistía en atar un cordel al dedo gordo del pie de alguien y tirar de él) se han perdido para siempre.*

cf. HABIT

L

LAID être laid à faire peur/comme les sept péchés capitaux ser más feo que Picio/que el hambre/un pecado

LARD un gros lard *véase gros*

LAVABO blanc comme un lavabo *véase cachet*

LÉGION ils/elles sont légion los/las hay a patadas

LIGNE garder la ligne conservar la línea

LINGE blanc comme un linge *véase blanc*

LONG long comme un jour sans pain más largo que un día sin pan
  tomber de tout son long caerse cuan largo es uno

M

MAIGRE maigre comme un (cent de) clou(s) *véase clou*

MAQUILLER maquillée comme une voiture volée pintada/pintarrajeada como una mona

MASQUE jeter/tomber le masque quitarse la máscara/careta

MÉMÉ une mémé una viejecita; una abuela

MESURE outre mesure más de la cuenta; demasiado

MINCE mince comme un fil hecho un palillo; esquelético

MINE ça ne paie/paye pas de mine mais… es bastante cutre pero…

MOCHE être moche comme un cul *véase laid*

MONTRER (SE) se montrer sous son meilleur jour *véase jour*

MORCEAU un morceau de roi/de choix; un beau/joli morceau un *bocato di cardinale*

MORT à mort al máximo; a tope
  (avoir l'air de) porter un mort en terre *véase (avoir une) gueule à caler une roue de corbillard*
  blanc comme la mort *véase blanc*

MOT au bas mot por lo menos; como mínimo; tirando/calculando por lo bajo

MOUCHOIR grand comme un mouchoir de poche (tan) grande como un pañuelo

MOULE ils sont tous coulés dans le même moule *véase couler*

MUR passer entre le mur et l'affiche *véase clou*

N

NAGER nager dans ses vêtements *véase flotter*

NAÎTRE né sur une barrique/un cheval/un tonneau *véase barrique*

NAVET blanc comme un navet *véase blanc*

NEIGE fondre comme neige au soleil derretirse como el hielo/chocolate

NEZ avoir le/un nez en trompette tener la/una nariz respingona ça se voit comme le nez au milieu de la figure *véase gros comme une maison*

NOIR noir comme l'ébène/du jais negro como el azabache/la noche

il fait noir comme dans un four/tunnel está como la boca del lobo

une rue noire de monde una calle plagada de gente/atestada de gente

NU mettre qqch. à nu poner algo al descubierto; exponer algo

NUIT être (comme) le jour et la nuit *véase jour*

O

ŒIL avoir un œil poché/au beurre noir tener un ojo a la funerala/morado

ŒUF avoir des œufs sur le plat ser como una tabla (de planchar)

OMBRE n'être plus que l'ombre de soi-même no ser más que la sombra de sí mismo

ONGLE jusqu'au bout des ongles hasta el tuétano/la médula

OR tout ce qui brille n'est pas or *(prov.) véase air*

OREILLE avoir les oreilles en feuille de chou tener orejas de soplillo

avoir les oreilles en chou-fleur tener las orejas deformes

OS être un paquet/sac d'os estar hecho un saco de huesos

n'avoir (plus) que la peau et/sur les os estar/quedarse en los huesos

P

PAGAILLE il y en a en pagaille *véase baisser*

c'est une (véritable/foutue/jolie/sacrée) pagaille *véase bordel*

PATAPOUF un gros patapouf *véase gros*

PATTE à quatre pattes a gatas; a cuatro patas

PATTE-D'OIE avoir des pattes-d'oie tener patas de gallo

PEAU n'avoir (plus) que la peau et/sur les os *véase os*

PÊCHE un teint de pêche un cutis de seda

PÉCHÉ être laid comme les sept péchés capitaux *véase laid*

" un gros patapouf "

Como parece que hay material suficiente, dividamos la palabra en sus dos componentes principales. Pata interviene como una onomatopeya que indica un ruido sordo (patatras, patapon y pataquès). Pouf expresa un ruido de caída y de desinflamiento (faire pouf, pouffer, pouffi o bouffi y pouffiase). Por tanto, el patapouf es una sorprendente síntesis y, por su pesadez, se parece curiosamente a otra onomatopeya: badaboum, cuyas consonantes son calcadas. En resumen, si le digo que es usted un patapouf, sepa que: a) produce ruidos sordos; b) está hinchado como un globo; c) las consecuencias de todo ello caerán por su propio peso.

cf. PATAPOUF

PEIGNE **sale comme un peigne** más sucio que el palo de un gallinero

PELLE **il y en à la pelle** *véase baisser*

PERCHE **une grande perche** *véase asperge*

PÈRE **ton père n'est pas vitrier (pousse-toi, j'y vois rien) !** ¡que la carne de burro no es transparente!

PERSONNE **être bien fait de sa personne** tener buena planta

PÉTARD **s'être coiffé avec un pétard** *véase (se) coiffer*

PIED **des pieds à la tête; de la tête aux pieds; de pied en cap** de la cabeza a los pies; de los pies a la cabeza

PIQUER **piquer un fard** *véase fard*

PLANCHE **être plate comme une planche à pain/à repasser** *véase œuf*

PLEIN **plein comme un œuf; plein à craquer** repleto; de bote en bote; lleno hasta los topes

    un gros plein de soupe *véase gros*

PLEUVOIR **comme s'il en pleuvait** a porrillo; a mansalva

POIGNÉE **des poignées d'amour** mollitas

POIL **à poil** *véase appareil*

    de tout poil de toda calaña

    n'avoir plus un poil sur le caillou *véase bille*

POIL-DE-CAROTTE **poil-de-carotte** pelirrojo

POIVRE **poivre et sel** entrecano

POPOTIN **tortiller du popotin** *véase cul*

PORTRAIT **être le portrait (tout) craché de qqn.** *véase cracher*

POT **un pot à tabac** una persona rechoncha/regordeta

POTEAU **avoir des/les jambes comme des poteaux** tener piernas de estufa

POU **être moche comme un pou** *véase laid*

PRIX **ne pas être un prix de beauté/un prix à réclamer** no ser ninguna belleza; ser un callo/un cardo (borriquero)

    un prix de Diane una mujer de bandera; una señora estupenda; una preciosidad

PROPORTION **toute(s) proportion(s) gardée(s)** salvando las distancias

PROPRE **propre comme un sou neuf** (limpio) como los chorros del oro

PRUNE **pour des prunes** para nada; en balde

Q

QUANTITÉ **en quantité(s) industrielle(s)** en cantidades industriales

QUEUE **à la queue leu leu** *véase file*

QUINQUET **ouvrir ses quinquets** abrir bien los ojos; tener los ojos bien abiertos

R

RAIDE **raide comme la justice/un piquet** más tieso que un huso/ajo

RANG **en rangs d'oignon(s)** en ristra; en hilera

RASE-BITUME   **rase-bitume**   tapón; retaco; enano

REMÈDE   **c'est un remède contre l'amour**   es el antídoto contra/de la lujuria

RESSEMBLER (SE)   **qui se ressemble s'assemble** *(prov.)*   Dios los cría, y ellos se juntan *(prov.)*

RESTE   **il/elle a de beaux restes**   el/la que tuvo, retuvo

REVENDRE   **avoir de qqch. à revendre**   tener de sobra (de una cosa)

RIDER   **ridé comme une peau de fesses** *(vulg.)*   más arrugado que una pasa

RIEN   **n'avoir l'air de rien**   *véase (ne pas payer de) mine*

ROSE   **un teint de rose**   *véase pêche*

ROUGE   **être rouge comme une tomate/une pivoine/une écrevisse/un homard/un coquelicot**   estar rojo como un cangrejo; ponerse colorado como un tomate

ROUGIR   **rougir jusqu'aux oreilles/jusqu'à la racine des cheveux**   ponerse rojo como un tomate; subírsele a uno el pavo

ROULER   **être bien roulée**   *véase balancer*

ROULEMENT   **elle est montée sur roulement à billes**   es muy garbosa; tiene mucho salero (al andar)

RUE   **courir les rues**   *véase courir*

Ş

SAPER   **mal sapé**   *véase as*

  sapé comme un nabab/prince/milord   *véase épingle*

SAUTERELLE   **une sauterelle**   *véase asperge*

SAUVER   **sauver les apparences**   *véase apparence*

SENS   **sens dessus dessous**   patas arriba

SINGE   **être vilain comme un singe**   *véase laid*

SOU   **on lui donnerait cent sous dans la rue**   va hecho un pordiosero

SPLENDEUR   **dans toute sa splendeur**   en todo su esplendor

SQUELETTE   **un squelette ambulant**   un esqueleto ambulante

T

TACHE   **faire tache**   desentonar

TAILLE   **avoir une taille de guêpe**   tener una cintur(it)a de avispa

---

" ouvrir ses quinquets "

Muchos inventores no sólo han legado a la humanidad sus creaciones, sino que su nombre ha servido para bautizarlas. El quinqué es una lámpara de petróleo así llamada en honor a Antoine Quinquet, su diseñador (siglo XVIII), que perfeccionó la lámpara creada por Argand. Por metáfora, abrir los quinquets es *algo así como «encender los ojos».*

cf. QUINQUET

TEINT un teint de pêche/de rose *véase* **pêche**

TENDANCE c'est très tendance está muy de moda, es tendencia

TÉNÉBREUX un beau ténébreux un morenazo; un 'latin-lover'

TENUE en petite tenue en paños menores

TÊTE avoir une bonne tête tener una cara simpática

  avoir une tête de premier de la classe/premier communiant tener cara de santo/de mosquita muerta/de no haber roto un plato en su vida

  marcher la tête haute andar con la cabeza muy/bien alta

TIRE-LARIGOT à tire-larigot hasta hartarse/decir basta; hasta reventar; como una esponja

TIRER être tiré à quatre épingles *véase* **épingle**

TOC c'est du toc es de bisutería; es de palo

TONNEAU né sur un tonneau *véase* **barrique**

TOUCHE avoir une drôle de touche tener una pinta muy rara

TRAIT ressembler à qqn. trait pour trait ser igualito/clavado a alguien (*véase también* **cracher**)

TREIZE treize à la douzaine una docena de fraile

TRENTE ET UN se mettre sur son trente et un *véase* **épingle**

TROGNON ce qu'il/elle est trognon ! ¡qué mono/gracioso/rico!

U

UNIQUE être unique en son genre ser único en su estilo; ser un ejemplar único

V

VALISE avoir des valises sous les yeux tener ojeras

VER nu comme un ver *véase* **appareil**

VÊTEMENT flotter/nager dans ses vêtements *véase* **flotter**

VOULOIR en veux-tu, en voilà *véase* **pleuvoir**

VIANDE montrer sa viande enseñar las carnes/el muslamen

VITRIER ton père n'est pas vitrier ! *véase* **père**

VRAI plus vrai que nature real como la vida misma

" *se mettre sur son trente et un* "

Y por qué no el cuarenta y dos o el sesenta y nueve (¿para no resultar grosero?). Respuesta: trente et un proviene en realidad de trentain, paño antiguo que tenía treinta y un hilos por centímetro cuadrado. Queda así desenredada la madeja de este enigma.

cf. TRENTE ET UN

X

X **avoir les jambes en X** ser patizambo/zambo

Y

YEUX **ça saute aux yeux; ça crève les yeux** *véase* **gros (comme une maison)**

des yeux de braise ojos como tizones

des yeux de chien battu *véase chien*

être tout yeux, tout oreilles ser todo ojos, todo oídos

faire des yeux de merlan frit poner ojos/cara de cordero/carnero degollado; poner los ojos en blanco

ne pas avoir les yeux dans sa poche no tener telarañas en los ojos; ver todo muy claro

ne pas avoir les yeux en face des trous no tener ojos en la cara; estar aún medio dormido

ouvrir des yeux comme des soucoupes abrir los ojos como platos; mirar con asombro

A

ACTUALITÉ **c'est d'actualité** está de actualidad
  être d'une actualité brûlante ser de candente actualidad
ADVENIR **advienne que pourra** ocurra lo que ocurra; pase lo que pase
AFFAIRE **c'est l'affaire d'une minute/d'un jour** es cosa de un minuto/de un día
  toutes affaires cessantes dejando a un lado todo lo demás
ÂGE **ce n'est pas de mon âge** ya estoy yo mayorcito para eso; yo ya no estoy para eso
  d'un âge canonique de una edad venerable/respetable
  dans la fleur/la force de l'âge en la flor de la vida; en edad de merecer
  entre deux âges ni joven ni viejo; de mediana edad
  être d'un certain âge; avoir un âge avancé/respectable ser de/tener cierta edad; ser/estar entrado en años; tener ya una edad respetable
  l'âge bête/ingrat la edad del pavo
  l'âge d'or la edad de oro
  l'âge de raison la edad del juicio; el uso de razón
  l'âge mûr la edad madura; edad provecta
  l'âge tendre la tierna edad
  le retour d'âge la edad crítica; la menopausia
  le troisième âge la tercera edad
  ne pas faire/porter son âge; faire plus jeune que son âge no aparentar su edad
  on a l'âge de ses artères lo importante es tener el espíritu joven
ALLER **aller à fond de train/à fond la caisse/à toute allure/à toute vapeur** *(anticuado)***/à tout berzingue/à toute blinde/au (triple/grand) galop** ir a todo correr/meter/trapo/gas; ir a toda pastilla/marcha/máquina/vela/a escape; ir a galope tendido
AN **attendre (pendant) cent sept ans** esperar (durante) siglos/una eternidad
  avoir (40, 50…) ans bien sonnés tener (40, 50…) años (bien) cumplid(it)os
  bon an mal an un año con otro
  on n'a plus 20 ans ya no tenemos 20 años
ANNALE **être inscrit/rester dans les annales** estar inscrito/quedar en los anales

ANNÉE à longueur d'année durante todo el año; a lo largo del año
dans ses jeunes/vertes années en sus años mozos
ANTICHAMBRE faire antichambre hacer antesala/antecámara
AUBE à la (fine) pointe de l'aube al rayar/despuntar el alba
AUJOURD'HUI c'est pour aujourd'hui ou pour demain ? ¿qué?, ¿es para hoy o es para mañana/pasadomañana?
AUSSITÔT aussitôt dit, aussitôt fait dicho y hecho
AVANCER avancer comme un escargot/à une allure d'escargot; avancer comme une tortue ir a paso de tortuga/de caracol
AVANT (une féministe) avant la lettre (una feminista) antes de tiempo/por adelantado/anticipada
AVENIR l'avenir appartient à ceux qui se lèvent tôt *(prov.)* a quien madruga, Dios le ayuda *(prov.)*

B

BAIL (il) y a/ça fait un bail (qu'on ne s'est pas vus, etc.) hace un siglo/una eternidad/siglos (que no nos hemos visto, etc.)
BALAI avoir (40, 50…) balais tener (40, 50…) tacos
BATAILLE arriver après la bataille perder el tren/barco; llegar tarde, mal y nunca
BEC c'est un blanc bec es un pipiolo; está muy verde
BERGE avoir (40, 50…) berges *véase balai*
BERZINGUE à tout berzingue *véase aller*
BESOGNE aller vite en besogne despachar el trabajo; imaginar ya las cosas hechas; quemar etapas
BLANC c'est un blanc bec *véase bec*
BLINDE à toute blinde *véase aller*
BŒUF enlevez le bœuf (c'est de la vache) ! ¡esto ya está!; ¡listo!
BONHOMME aller son petit bonhomme de chemin avanzar/ir a su (propio) ritmo; ir pasito a pasito
BOTTE marcher/avancer avec des bottes de sept lieues llevar botas de siete leguas
BOUCHE pour la bonne bouche para el final
BOUCHON prendre du bouchon entrar en años
BOUCLER boucler la boucle rizar el rizo

" marcher avec des bottes de sept lieues "

Si nunca en su vida se ha topado con un ogro, no sabrá que estos grandes glotones disponen de botas mágicas que les permiten avanzar con un paso dieciocho kilómetros (¡un auténtico turbo!). Sí, pero ¿por qué siete leguas y no seis o cuarenta y tres? Sencillamente porque Charles Perrault, autor de Pulgarcito, respetó ese número mágico, simbólico y cabalístico.

cf. BOTTE

BOURRE   **être à la bourre**   andar con prisas; ir pitando

BOUT   **un (bon) bout de temps**   mucho/bastante tiempo

BOUTEILLE   **prendre de la bouteille**   *véase bouchon*

BRIDE   **aller à bride abattue/à toute(s) bride(s)**   ir a uña de caballo/a toda velocidad

BRÛLER   **brûler les étapes**   *véase besogne*

BUT   **de but en blanc**   de buenas a primeras; de sopetón

C

CADENCE   **(main)tenir/garder la cadence**   mantener/seguir el ritmo/la cadencia/el compás

CADRAN   **faire le tour du cadran**   dormir doce horas de un tirón

CAISSE   **à fond la caisse**   *véase aller*

CALENDE   **renvoyer/remettre qqch. aux calendes grecques**   dejar algo para el día del juicio final

CAP   **passer/dépasser/franchir le cap des (40, 50…) ans**   pasar de los (40, 50…)

CARABINIER   **arriver comme les carabiniers (d'Offenbach)**   *véase bataille*

CASSE   **être bon pour la casse**   estar para el arrastre; estar para el desguace

CASSEROLE   **c'est dans les vieilles casseroles qu'on fait les bonnes/meilleures soupes**   gallina vieja hace buen caldo; la experiencia es la madre de la ciencia

CATASTROPHE   **en catastrophe**   corriendo

CHAMP   **à tout bout de champ**   a cada momento

   sur(-)le(-)champ   al instante; sobre la marcha; en el acto

CHAPEAU   **démarrer sur les/des chapeaux de roue**   arrancar a toda pastilla

CHARRETTE   **être (en) charrette**   trabajar a marchas forzadas

CHARRUE   **mettre la charrue avant les bœufs**   poner el carro antes de los bueyes; empezar la casa por el tejado

CHEVEU   **(il s'en est fallu) d'un cheveu**   por los pelos; faltó un pelo/el canto de un duro

---

" entre chien et loup "

Vive usted en un tiempo y un rincón recónditos que aún no han sido civilizados por los fast-foods, las teleseries y las autopistas de cuatro carriles. Ha llegado el momento en que el crepúsculo deja ensangrentado el horizonte: el bosque cercano se estremece de forma extraña. Es hora de recoger los animales y de cerrar puertas y ventanas. Después del tiempo de los perros, empieza el de los lobos hasta el amanecer. Claro que hoy ya sólo nos queda el recuerdo.

cf. CHIEN

CHIEN **entre chien et loup** entre dos luces; al atardecer; al anochecer

CHOSE **chaque chose en son temps** cada cosa a su tiempo (y los nabos en adviento); no por mucho madrugar amanece más temprano

CHOUETTE **une vieille chouette** un vejestorio; un carcamal

CINQ **c'était moins cinq** faltó el canto de un duro; nos libramos por los pelos/por poco

  en cinq sec en un dos por tres; en un santiamén; en menos que canta un gallo; en un abrir y cerrar de ojos

CLAIR **passer le plus clair de son temps à faire qqch.** pasar la mayor parte de su tiempo haciendo algo

CLIN **en un clin d'œil** en un abrir y cerrar de ojos

COCOTIER **secouer le cocotier** quitarse de encima a los mantas; deshacerse de las rémoras

COMMENCEMENT **il faut/il y a un commencement à tout** se empieza por un principio; principio quieren las cosas

COMPTE **le compte à rebours est commencé** ha comenzado la cuenta atrás

COQ **au chant du coq** con el canto del gallo

  se lever au (premier) chant du coq levantarse con el canto del gallo

COUP **coup sur coup** uno tras otro

  donner un coup d'accélérateur dar/pegar un acelerón

  en deux/trois coups de cuiller à pot *véase cinq sec*

  le coup d'envoi el pistoletazo de salida

  prendre un coup de vieux envejecer de golpe

  sur le coup de midi a las doce del mediodía

COURIR **courir comme un dératé** correr como alma que lleva el diablo/como un descosido

  rien ne sert de courir (il faut partir à point) *(prov.)* no por mucho madrugar amanece más temprano

COURT **prendre qqn. de court** coger a alguien desprevenido

COUVERT **remettre le couvert** volver a; volver a empezar

CULOTTE **une (vieille) culotte de peau** un (viejo) carca

D

DARE-DARE **dare-dare** de prisa; a escape; volando

DATE **ça fera date** hará época; dejará huella

  de fraîche date de fecha reciente

  de longue date de muy antiguo; desde hace mucho tiempo

  le premier en date el primero

DATER **à dater de ce jour** a partir de hoy

  cela ne date pas d'hier no es cosa de ayer

  dater de Mathusalem ser más viejo que Matusalén

DÉBOTTÉ **au débotté** a bocajarro; a quemarropa

DÉBRIS **un vieux débris** una ruina humana

DÉBUT **il faut/il y a un début à tout** *véase commencement*

DÉLUGE **après moi/nous, le déluge** mientras dura, vida y dulzura; trás de mí/nosotros, el diluvio

DEMAIN **c'est pour demain/pour bientôt** está al caer

c'est pas/ce n'est pas demain la veille; c'est pas/ce n'est pas pour demain aún no es para mañana

demain est un autre jour; demain il fera jour mañana será otro día

demain, on rase gratis el mañana nunca llega

il ne faut pas remettre au lendemain/à demain ce que l'on peut faire le jour même *(prov.)* no dejes para mañana lo que puedes hacer hoy *(prov.)*

qui sait de quoi demain sera fait quién sabe lo que pasará/nos espera mañana

DÉMARRER **démarrer sur les chapeaux de roue** *véase chapeau*

DÉMON **le démon de midi** la crisis de los 40/50

DÉMULTIPLIÉE **enclencher la démultipliée** acelerar; meterle/darle (caña)

DENT **avoir toutes ses dents** ser ya mayorcito; saberse cuidar solito

DÉPASSER **être dépassé (par les événements)** estar desbordado por los acontecimientos

DÉPOURVU **prendre qqn. au dépourvu** coger a alguien de improviso; coger a alguien desprevenido

DER **la/le der des der** el último de todo

DÉRATÉ **courir comme un dératé** *véase courir*

DÉSEMPARER **sans désemparer** sin parar; sin interrupción

DEUX **jamais deux sans trois** no hay dos sin tres

DILIGENCE **faire diligence** darse prisa; actuar con diligencia

DIRECT **en direct** (en vivo y) en directo

DOIGT **à deux doigts de** a punto de; al borde de

DURER **pourvu que ça dure !** ¡ojalá/si durase!

E

EAU **beaucoup d'eau a coulé/passé sous le(s) pont(s)** pues no ha llovido poco desde entonces

ENFANCE **depuis sa plus tendre enfance** desde su más tierna infancia

ENTRÉE **d'entrée (de jeu)** de entrada; desde el principio/comienzo

ENTREFAITE **sur ces entrefaites** en esto; en aquel momento

ÉPOQUE **marquer son époque** dejar huella imperecedera; hacer época

ESCARGOT **avancer comme un escargot/à une allure d'escargot; être un (véritable) escargot** *véase avancer*

ÉTERNISER (S') **on ne va pas s'éterniser (ici)** a ver si no nos eternizamos aquí

pas la peine de s'éterniser là-dessus no vamos a eternizarnos con esto, que no vale la pena

ÉTERNITÉ **il y a/ça fait une éternité (qu'on ne s'est pas vus, etc.)** *véase bail*

ÊTRE **on ne peut pas être et avoir été** ser una vieja gloria

EXACTITUDE l'exactitude est la politesse des rois *(aprox.)* la puntualidad es la atención más exquisita

EXPECTATIVE être/rester dans l'expectative estar/quedarse a la expectativa

F

FER il faut battre le fer quand il/pendant qu'il/tant qu'il est chaud *(prov.)* al hierro candente/caliente batir de repente *(prov.)*

FEU avoir le feu au derrière/au cul/quelque part andar siempre cagando prisas; tener un cohete pegado al culo

(il n')y a pas le feu (au lac) lo que hacemos no corre prisa; no vamos a apagar ningún incendio

(ne pas) faire long feu no durar mucho

un feu de paille (una) flor de un día; un arrebato

FIFRELIN ne pas valoir un fifrelin no valer un pito

FIL de fil en aiguille de una cosa a otra

FIN c'est sans fin es el cuento de nunca acabar

jusqu'à la fin des temps/des siècles hasta el final de los tiempos; por los siglos de los siglos

(même) les meilleures choses ont une fin todo tiene su fin; todo lo bueno se acaba

toucher à sa fin; tirer à sa fin; prendre fin estar acabándose; acercarse a su fin

FINIR à n'en plus finir; qui n'en finit pas de nunca acabar; interminable

FISSA faire fissa moverse; darse prisa

FOI le cachet de la poste faisant foi de lo que dará fe (la fecha del) matasello

FOIS il était une fois érase una vez; érase que se era

la troisième (fois) sera la bonne a la tercera va la vencida

plutôt deux fois qu'une ! ¡dos mejor que una!

une (bonne) fois pour toutes de una vez por todas

une fois n'est pas coutume una vez al año no hace daño *(prov.)*

FONCER fonce, Alphonse ! *(arg.)* ¡dale caña!

FOND à fond de train; à fond la caisse *véase aller*

FORT au plus fort de l'hiver en lo más crudo del invierno

FOULÉE faire qqch. dans la foulée hacer algo sobre la marcha

FRASQUE des frasques de jeunesse pecadillos de juventud

FREIN ronger son frein morder/tascar el freno; consumirse de impaciencia

FRISER friser la quarantaine rayar en los cuarenta años; andar por los cuarenta

G

GARE sans crier gare sin avisar; sin previo aviso; de golpe y porrazo
GROUILLER (SE) se grouiller véase *fissa*

H

HAUT du haut de ses 18 ans con toda la arrogancia que le da el tener 18 años
HERBE être un… en herbe ser un… en cierne
HEURE à 8 heures pile/sonnantes/pétantes/tapantes; à 8 heures juste a las 8 en punto (y sereno)
  à l'heure qu'il est actualmente; hoy en día
  à ses heures perdues a ratos perdidos; durante sus horas libres
  à tout à l'heure hasta luego; hasta ahora
  à une heure indue a deshora
  avant l'heure c'est pas l'heure, après l'heure c'est plus l'heure tiene que ser/hay que estar a la hora exacta: ni un minuto antes ni un minuto después
  avoir (déjà) quelques heures de vol tener (ya) muchas horas de vuelo; tener (ya) mucha mili
  de bonne heure tempran(it)o
  d'heure en heure a medida que pasa el tiempo
  être un peu (poète…) à ses heures ser algo (poeta…) a ratos
  (il n') y a pas d'heure pour les braves *(aprox.)* no hay horarios para ser valiente
  l'heure de pointe la hora punta
  l'heure de vérité la hora de la verdad
  l'heure est à… ha llegado la hora de…
  l'heure H la hora H
  les heures creuses las horas muertas; las horas de poca actividad
  pour l'heure por ahora
  sur l'heure al instante; inmediatamente; en el acto
HISTOIRE c'est de l'histoire ancienne (eso es) agua pasada
  l'histoire est un perpétuel recommencement la historia se repite
HIVER au plus fort de l'hiver véase *fort*
HOLÀ mettre le holà à qqch. poner coto/fin a algo
HORLOGE faire le tour de l'horloge véase *cadran*
HUITAINE remettre à huitaine aplazar para dentro de ocho días
  sous huitaine dentro de unos ocho días

I

ILLICO illico (presto) al punto; en el acto; inmediatamente

JAMAIS c'est le moment/c'est maintenant ou jamais es ahora o nunca

JEUNESSE ne pas être de la (toute) première jeunesse véase *(avoir déjà quelques) heures de vol*

il faut (bien) que jeunesse se passe hay que aceptar las locuras de juventud

(il n') y a plus de jeunesse los jóvenes ya no son lo que eran; ¡esta juventud!

JOUR à chaque jour suffit sa peine *(prov.)* cada día trae su afán; a cada día su afán *(prov.)*

du jour au lendemain de la noche a la mañana

le jour J el día D; el gran día; el día señalado

les jours se suivent et ne se ressemblent pas *(prov.)* no todos los días son iguales *(prov.)*

Paris ne s'est pas fait en un jour *(prov.)* no se ganó Zamora en una hora *(prov.)*

tous les jours que (le bon) Dieu fait/a faits todos los santos días

un jour à marquer d'une pierre blanche un día memorable

un jour ou l'autre tarde o temprano; algún día

JOURNÉE toute la sainte journée todo el santo día

L

LÉGENDE entrer dans la légende entrar en la leyenda

LENDEMAIN des lendemains qui chantent un futuro prometedor

le lendemain de la veille la víspera del día después

LENTEMENT lentement mais sûrement poco a poco se va a Roma; despacio pero seguro

qui va lentement, va sûrement *(prov.)* vísteme despacio, que tengo prisa *(prov.)*

LÈVE-TARD un lève-tard un dormilón

LÈVE-TÔT un lève-tôt un madrugador

LIGNE la dernière ligne droite (avant l'arrivée) la recta final

sur toute la ligne del principio al fin

LIT être tombé du lit haberse caído de la cama; caerse de la cama

LOIN qui veut voyager loin ménage sa monture *(prov.)* a camino largo, paso corto *(prov.)*

LONG en long, en large et en travers con pelos y señales; con todo detalle

LONGUE à la longue a la larga; con el tiempo

LUNE il y a (bien) des lunes *(anticuado)* hace muchas lunas

renvoyer qqch. aux vieilles lunes tratar algo de anticuado/caduco

LURETTE il y a belle lurette hace un siglo/siglos

M

MACHIN un vieux machin *véase débris*

MAGNER (SE) se magner (le train/le derrière/le cul/les fesses/le popo-tin/le derche…) mover el culo/pandero/trasero

MAIN ne pas être une première main *véase (avoir quelques) heures de vol*

MAJEUR être majeur et vacciné *véase dent*

MARQUER marquer (son époque/son temps) *véase époque*

MATIN au petit matin *véase aube*

de bon/de grand matin de madrugada; muy de mañana

être du matin ser madrugador

MÉMOIRE de mémoire d'homme desde tiempo(s) inmemorial(es)

MÉRINOS laisser pisser (le mérinos) dejar el agua correr; dejar pasar las cosas

MIDI c'est midi (sonné) ! es (ya) demasiado tarde

le démon de midi *véase démon*

MINUTE la minute de vérité la hora de la verdad

minute (papillon) ! ¡espere/espera un momento!; ¡para el carro!

MOIS tous les 36 du mois cuando las ranas críen pelos; de uvas a peras; de Pascuas a Ramos

MOLLO y aller mollo(-mollo) ir despacito

MOMENT à ses moments perdus *véase (à ses) heures perdues*

c'est le moment/c'est maintenant ou jamais *véase jamais*

MONDE depuis que le monde est monde desde que el mundo es mundo

MONTRE j'ai mis une heure montre en main me llevó una hora por el reloj

une course contre la montre una carrera contrarreloj

MOUTON laisser pisser le mouton *véase mérinos*

MUSIQUE aller plus vite que la musique adelantarse a los acontecimientos

N

NEZ on lui pincerait le nez qu'il en sortirait du lait *véase bec*

NUIT au cœur de la nuit en plena noche; en medio de la noche

il fait nuit noire es noche cerrada

la nuit des temps la noche de los tiempos

" aller plus vite que la musique "

Si cree usted que se trata de una cuestión de tiempo, desengáñese. El origen de esta expresión hay que buscarlo en la tradición militar. Todo desfile que se precie va precedido de una banda. Por tanto, adelantar a la banda no es sólo peligroso para el recluta, sino que demuestra una precipitación poco reco-mendable. ¡Soldado, apúntate cuatro días!

cf. MUSIQUE

O

OCCASION prendre/saisir l'occasion aux cheveux; saisir l'occasion au vol; sauter sur l'occasion   atrapar la ocasión al vuelo; asir/coger la ocasión por los pelos

OISEAU petit à petit, l'oiseau fait son nid *(prov.)*   poquito a poco hila la vieja el copo *(prov.)*

ORDRE jusqu'à nouvel ordre   hasta nuevo aviso/nueva orden

ORME attendre sous l'orme   esperar sentado

OUBLI tomber dans l'oubli   caer en el olvido

OUF avant de pouvoir dire ouf   en menos que canta un gallo; en un santiamén; en un periquete

P

PANIQUE pas de panique   ¡que no cunda el pánico!

PANNE avoir une panne d'oreiller   pegársele a uno las sábanas

PAPIER être réglé comme du papier à musique   ser como un reloj

PÂQUES à Pâques ou à la Trinité   *véase mois*

PARTIE ce n'est que partie remise   lo dejamos para otro día

PARTIR c'est parti (mon kiki) !   ¡allá vamos!

PAS au pas de charge/de gymnastique/de course   a paso ligero
   avancer à pas de géant/à grands pas   avanzar a pasos agigantados
   de ce pas   ahora mismo

PATIENCE patience et longueur de temps (font plus que force ni que rage) *(prov.)*   con paciencia se gana el cielo *(prov.)*; paciencia, hermanos y moriremos ancianos *(prov.)*
   prendre son mal en patience; s'armer de patience   armarse de paciencia

PAYE ça fait une paye   *véase bail*

PEAU une vieille peau   *véase chouette*

PÉRIL (il n')y a pas péril en la demeure   nada se pierde por esperar *(véase también feu)*

PIANO qui va piano va sano *(prov.)*   *véase (qui va) lentement va sûrement*

PIÈCE on n'est pas aux pièces   *véase feu*

PIED au pied levé   improvisadamente; de improviso; de repente
   faire le pied de grue   estar de/recibir plantón; esperar en vano
   lever le pied   levantar el pie del acelerador

" pile-poil "

Esta expresión es una mezcla de otras dos: « ça tombe pile » y « au poil ».
Fue usada por primera vez en un programa de televisión (los guiñoles del Canal+ francés) y se popularizó rápidamente.

cf.

PIGE avoir (40, 50…) piges *véase balai*

PILE à 8 heures pile *véase heure*

   pile à l'heure; à l'heure pile a la hora en punto (y sereno)

   ça rentre pile-poil cabe justo/por los pelos

   ça tombe pile-poil viene al pelo

PLAISIR faire durer le plaisir *(irón.)* prolongar la agonía

PLOMBE ça fait une plombe que j'attends llevo una hora esperando

POIDS être courbé sous le poids des ans estar encorvado por el peso de
   los años

POINT tout vient à point à qui sait attendre *(prov.)* *véase patience*

POINTE à la (fine) pointe de l'aube *véase aube*

POISSON poisson d'avril ! inocentada

POT c'est dans les vieux pots qu'on fait les bonnes/meilleures soupes
   véase casserole

POTRON-MINET dès potron-minet *véase aube*

POULE quand les poules auront des dents *véase mois*

   se coucher avec les poules acostarse con las gallinas

   se lever avec les poules *véase (se lever au chant du) coq*

PREMIER les premiers arrivés seront les premiers servis (las entradas)
   se adjudicarán por riguroso orden de solicitud/llegada

PRESSER parer au plus pressé solucionar lo más urgente

PRÊT être fin prêt estar listo/preparado

PROFOND au plus profond de la nuit *véase nuit*

PUISSANCE être un… en puissance ser un… en potencia

Q

QUART attendre 15 quarts d'heure *véase (attendre cent sept) ans*

   le quart d'heure académique el cuarto de hora académico

   le quart d'heure américain el baile de la escoba

   le quart d'heure de Rabelais la hora de la verdad/de la dolorosa

   passer un mauvais/sale quart d'heure pasar un mal rato

QUATRE un de ces quatre (matins) un día (de éstos); un buen día; uno de
   estos días

QUEUE se mordre la queue dar vueltas en redondo

" le quart d'heure de Rabelais "

No queremos que piensen que lloriqueamos o que pecamos de inmodestos, pero hay que recordar que muchas veces la riqueza de ideas no es forzosamente proporcional a la del bolsillo. Por ejemplo se cuenta, sin duda erróneamente, que un día un tal Rabelais padeció sudores fríos al salir de un albergue: el pobre hombre no tenía con qué pagar y, como Pantagruel se negó a echarle una mano, tuvo que pasar unos momentos muy embarazosos.

cf. QUART

QUINZAINE **remettre à quinzaine** aplazar para dentro de dos sema-nas/de una quincena

sous quinzaine dentro de dos semanas

R

RABELAIS **le quart d'heure de Rabelais** *véase quart*

RALENTI **tourner au ralenti** funcionar al ralentí/a marcha lenta

RANCART **bon à mettre au rancart** *véase casse*

RAPIDE **être rapide comme l'éclair** ser rápido como una centella

RASER **demain, on rase gratis** *véase demain*

RÉCHAUFFER **c'est du réchauffé** es un refrito; es algo ya (muy) visto

RÉGLER **être réglé comme du papier à musique** *véase papier*

REPARTIR **c'est reparti (mon kiki); c'est reparti comme en qua-torze/comme en quarante !; c'est reparti (pour un tour) !** ¡y vuelta a empezar!

RETOUR **être sur le retour** envejecer; estar entrado en años

RIDE **ne pas avoir pris une ride** no haber pasado un solo día (por algo o alguien)

ROUGE **le rouge est mis** a lo hecho, pecho

S

SAINT-GLINGLIN **à la saint-glinglin** *véase mois*

SAUT **au saut du lit** al levantarse

SAUTER **et que ça saute !** ¡y volando!

SAUVETTE **faire qqch. à la sauvette** hacer algo de prisa y corriendo

SCHNOCK **un vieux schnock** un viejo imbécil/estúpido

SÉANCE **séance tenante** *véase (sur[-]le[-]) champ*

SEC **aussi sec** ahora mismo; enseguida; sobre la marcha

SEMAINE **la semaine des quat' jeudis** *véase mois*

SÉNATEUR **à un train de sénateur** a paso lento

SIÈCLE **être d'un autre siècle** ser decimonónico

être de son siècle ser un hombre/una mujer de su época

il y a/ça fait un siècle/des siècles (qu'on ne s'est pas vus, etc.) *véase bail*

le Siècle des Lumières el Siglo de las Luces

SINGE **ce n'est pas à un vieux singe qu'on apprend à faire des grimaces** *(prov.)* a perro viejo no hay tus tus *(prov.)*

SUITE **la suite au prochain numéro** continuará en el próximo capítulo

T

TAPER **être tapé** estar (muy) avejentado

TARD **il n'est jamais trop tard (pour bien faire)** nunca es tarde si la dicha es buena il n'est pas trop tard, mais il est temps *(aprox.)* no es a deshora, pero ya iba siendo hora

mieux vaut tard que jamais   más vale tarde que nunca; todos los santos tienen su novena

sur le tard   en el ocaso de la vida

TAUPE   une vieille taupe *véase* ***chouette***

TÉLÉPHONER   c'était téléphoné era sabido; se veía venir

TEMPS   autres temps, autres mœurs *(prov.)* a nuevos tiempos, nuevas costumbres *(prov.)*

avoir fait son temps   estar fuera de uso; ya haberle pasado el sol por la puerta

c'était le bon (vieux) temps   cualquier tiempo pasado fue mejor

comme le temps passe vite !   el tiempo pasa volando

depuis les/des temps immémoriaux   *véase* ***(de) mémoire d'homme***

être dans les temps   estar al día; ir bien sobre el horario previsto

en deux temps, trois mouvements; en moins de deux   *véase* ***cinq sec***

en moins de temps qu'il ne faut pour le dire; en un rien de temps   *véase* ***ouf***

il y a/ça fait un temps fou (qu'on ne s'est pas vus, etc.)   *véase* ***bail***

le temps, c'est de l'argent   el tiempo es oro

le temps perdu ne se rattrape jamais *(prov.)*   el tiempo perdido no se recupera nunca

les temps sont durs   corren tiempos difíciles

les trois quarts/la moitié du temps   casi siempre; la mayor parte del tiempo

par les temps qui courent   en estos tiempos que corren

trouver le temps long   hacérsele a uno el tiempo muy largo/eterno

tuer/passer le temps   matar/pasar el tiempo

un temps mort   un tiempo muerto

vivre avec son temps   ser muy de su época; ir con su tiempo

TERME   à terme échu a plazo vencido

TOMBER   tomber pile/à pic/bien/à point nommé venir como anillo al dedo/como (el) agua de mayo; venir al pelo/de perilla; venir a pedir de boca

TORTUE   avancer comme une tortue *véase* ***escargot***

TOUPIE   une vieille toupie *véase* ***chouette***

TOUR   en un tour de main; en un tournemain *véase* ***(en) cinq sec***

faire le tour du cadran/de l'horloge   *véase* ***cadran***

TOURNER   tourner en rond dar vueltas en redondo

TRAIN   à fond de train *véase* ***aller***

à un train de sénateur   *véase* ***sénateur***

aller à un train d'enfer   ir a todo correr; ir a toda pastilla

aller bon train   ir a buen paso

au train où l'on va; au/du train où vont les choses; à ce train-là   al paso que vamos

TRAIT   tirer un trait sur son passé romper con el pasado; hacer borrón y cuenta nueva

TURBO   mettre le turbo poner el turbo

U

UNE   ne faire ni une ni deux   no pararse en barras

V

VA-VITE   à la va-vite   a la ligera; a la buena de Dios
VENT   autant en emporte le vent   lo que el viento se llevó
VÉRITÉ   l'heure/la minute de vérité   *véase heure*
VIBURE   à toute vibure   a toda pastilla/mecha
VIEUX   être vieux comme le monde/comme Hérode/comme mes robes
   ser viejo como el mundo; ser más viejo que la polka
   un vieux de la vieille   un viejo experimentado; un veterano
   vivre vieux   llegar a viejo
VIN   (quand) le vin est tiré, il faut le boire   *véase rouge*
VINGT   on n'a pas tous les jours vingt ans   sólo se es joven una vez
   on n'a plus vingt ans   *véase an*
VITE   aller plus vite que la musique/les violons   *véase musique*
   aller vite en besogne   *véase besogne*
VITESSE   à la vitesse grand V   como una centella; a toda pastilla
   faire qqch. en quatrième vitesse/à toute vitesse   hacer algo volando/
   zumbando
   il ne faut pas confondre vitesse et précipitation   vísteme despacio que
   tengo prisa
   passer à la vitesse supérieure   *véase démultipliée*
   prendre/gagner qqn. de vitesse   ganar a alguien por la mano; tomar la
   delantera
VIVRE   qui vivra verra *(prov.)*   vivir para ver *(prov.)*
VOIR   c'est du déjà vu; ça a un goût de déjà vu   *véase réchauffé*

EL TIEMPO QUE HACE

A

AVRIL **en avril, ne te découvre pas d'un fil, en mai, fais ce qu'il te plaît** *(prov.)* en abril, aguas mil *(prov.)*; hasta el cuarenta de mayo no te quites el sayo *(prov.)*

B

BEAU **le temps est au beau fixe** el tiempo es bueno y estable
BROUILLARD **un brouillard à couper au couteau** una niebla cerrada

C

CAILLER (SE) **on se (les) caille; on/ça/il caille** hace un frío que pela
CHIEN **il fait un temps à ne pas mettre un chien dehors**
un temps de chien un tiempo de perros; un tiempo asqueroso
COCHON **un temps de cochon** *véase (un temps de) chien*
CORDE **il pleut/tombe des cordes** caen chuzos de punta; llueve a cántaros/mares

E

ESSUYER **essuyer une tempête** aguantar/soportar una tempestad/tormenta/un temporal
ÉTÉ **l'été indien** el veranillo de San Miguel *(sept.)*/San Martín *(nov.)*

" l'été indien "

Expresión norteamericana que se emplea en Quebec, calcada de Indian summer, y que es equivalente a la expresión francesa l'été de Saint-Martin *(el veranillo de san Martín). Este verano indio se refiere al magnífico verano lleno de colorido que se adentra hasta el corazón del otoño canadiense y que —afortunadamente— ha sustituido la antigua expresión de* l'été des sauvages.

cf. ÉTÉ

F

FOND le fond de l'air est frais hace fresquete
FROID être mort de froid estar muerto de frío
  il fait un froid de canard hace un frío de perros/que pela

G

GELER (SE) geler à pierre fendre hacer un frío que hiela las palabras
  on se les gèle; on se gèle le cul *véase (se) cailler*

H

HALLEBARDE il pleut/tombe des hallebardes *véase corde*
HIRONDELLE une hirondelle ne fait pas le printemps *(prov.)* una golon-
  drina no hace el verano *(prov.)*
HIVER au plus fort/au cœur de l'hiver en pleno invierno

N

NEZ il fait un temps à ne pas mettre le nez dehors *véase (un temps à ne*
  pas mettre un) chien dehors
NOËL Noël au balcon, Pâques aux tisons *(prov.)* cuando marzo mayea,
  mayo marcea *(prov.)*
  Noël aux tisons, Pâques au balcon *(prov.)* cuando marzo marcea, mayo
  mayea *(prov.)*

P

PELER (SE) on (se) pèle *véase (se) cailler*
PLEUVOIR il pleut des cordes/des hallebardes/à torrents/comme vache
  qui pisse/à verse *véase corde*
  qu'il pleuve ou qu'il vente aunque llueva; llueva o truene

" il fait un froid de canard "

*Esta ave palmípeda no es un animal de sangre fría ni un habitante de los he-
lados polos. Entonces, ¿de dónde ha sacado esta reputación? Sencillamente de
los poderosos y majestuosos vuelos migratorios de los patos silvestres que atra-
viesan los cielos cuando se acerca el frío.*

cf. FROID

PLUIE **une pluie battante**   un aguacero; un chaparrón
une/des pluie(s) diluvienne(s)   un diluvio; una lluvia diluviana
POURRI **un temps pourri**   *véase (un temps de) chien*
PURÉE **une purée de pois**   una niebla cerrada/muy espesa

T

TEMPS **il fait un temps à ne pas mettre un chien/le nez dehors**   *véase chien*
il fait un temps de chien   *véase chien*
TORRENT **il pleut à torrents**   *véase corde*
TRANSIR **être transi jusqu'à la mœlle (des os)**   estar helado/congelado
TREMPER **être trempé jusqu'aux os/comme une soupe**   estar mojado/calado hasta los huesos/tuétanos; estar hecho una sopa

V

VACHE **il pleut comme vache qui pisse**   *véase corde*
VAGUE **une vague de chaleur/de froid**   una ola de calor/de frío
VENT **un vent à (d)écorner les bœufs/les cocus**   un viento de mil demonios
VERSE **il pleut à verse**   *véase corde*

16

LOS DESPLAZAMIENTOS, LOS VIAJES

A

AIR **changer d'air** cambiar de aires
    prendre un (bon) bol d'air respirar una bocanada de aire (puro)
ALONZO **allons-y, Alonzo !** ¡en marcha!
AMARRE **larguer les amarres** soltar las amarras; ahuecar el ala
ANCRE **lever l'ancre** levar anclas; zarpar
ANGLAISE **filer à l'anglaise** despedirse a la francesa
APPEL **faire un appel de phares** dar luces
APPUYER **appuyer sur le champignon** pisar el acelerador
ARME **partir avec armes et bagages** marcharse con todos sus trastos
ARRACHER (S') **s'arracher** abrirse; pirarse; largarse
ARRIVÉE **coiffer qqn. sur la ligne d'arrivée/à l'arrivée** vencer a alguien en
    los últimos metros
AVANT **en avant la musique !** ¡adelante con los faroles!
    en avant toute ! ¡avante a toda máquina!
AVENTURE **partir à l'aventure** partir a la aventura
AVEUGLETTE **aller/avancer à l'aveuglette** ir/andar a ciegas/a tientas
AZIMUT **tous azimuts** por todas partes

B

BAGAGE **plier bagage** hacer la maleta; irse con la música a otra parte
BAISE-EN-VILLE **un baise-en-ville** una bolsa de viaje/de fin de semana; un
    fin de semana

" un baise-en-ville "

*Aviso a los menores y a las personas sensibles: esta expresión es algo subida
de tono o, para ser sinceros, francamente grosera. Si le digo que « il (o elle,
no seamos sexistas) baise en ville », no creo que resulte necesario explicar
de qué se trata. Pero claro, ¿cómo va a llevar el afortunado(a) sinvergüenza
las cuatro cosas imprescindibles para pasar una nochecita fuera del hogar?
Gracias a esta pequeña bolsa de viaje, que le permitirá otros viajes de lo más
agradables.*

cf. BAISE-EN-VILLE

BALAI   du balai !   ¡aire!; ¡fuera!

BALLON   faire souffler qqn. dans le ballon   hacer soplar a alguien; hacerle a alguien la prueba del alcohol

BALLUCHON   faire son balluchon   liar el petate

BAPTÊME   un baptême de l'air   un bautismo del aire

BARRER (SE)   se barrer   *véase (s')arracher*

BELLE   (se) faire la belle   evadirse; escaparse (de la cárcel)

BERCAIL   rentrer au bercail   volver al redil

BLED   (habiter dans) un bled paumé   vivir en un rincón perdido; vivir en el culo del mundo

BOSSE   rouler sa bosse (un peu partout)   correr/recorrer el mundo

BOUGEOTTE   avoir la bougeotte   ser un culo de mal asiento

BOUILLON   boire un bouillon (en nageant)   tragar agua (al nadar)

BOULET   arriver comme un boulet (de canon)   llegar como una exhalación

BOUT   mettre les bouts   *véase amarre*

BRANLE   se mettre en branle   ponerse en movimiento/marcha; arrancar

C

CAMP   ficher/fiche le camp   largarse; rajarse

   lever le camp   levantar el campamento

CAP   mettre le cap sur   poner rumbo a

CARAPATER (SE)   se carapater   *véase (s')arracher*

CARTON   faire un carton   darse una galleta/torta (en coche)

CASE   retourner à la case départ   volver al punto de partida

CASSER (SE)   se casser   *véase (s')arracher*

   je me casse !   ¡me abro/piro!

CAVALE   être en cavale   ser un fugitivo

CHAMPIGNON   appuyer sur le champignon   *véase appuyer*

CHARGE   avoir charge d'âmes   tener pasajeros bajo su responsabilidad

CHASSE   qui va à la chasse perd sa place *(prov.)*   quien/el que se fue a Sevilla, perdió su silla *(prov.)*

CHAUFFEUR   être un chauffeur du dimanche   ser un dominguero

CHEMIN   chemin faisant; en chemin   de paso; de camino

   prendre le chemin des écoliers   tomar/coger el camino más largo

   rebrousser chemin   desandar lo andado

" tous les chemins mènent à Rome "

...pero no al paraíso. Recuerdo del tiempo en que el poder de Roma se extendía por todo nuestro viejo mundo, desde Ponto Euxino hasta el muro de Adriano. Las viae del Imperio, magníficamente proyectadas y construidas, trazaron a través de los diferentes países unas líneas que el tiempo no ha borrado.

cf. CHEMIN

tous les chemins mènent à Rome *(prov.)* todos los caminos llevan a Roma *(prov.)*

CHOU **aller planter ses choux** irse a vivir al campo

CIEL **à ciel ouvert** a cielo abierto

CLÉ **prendre la clé des champs** tomar las de Villadiego; poner pies en polvorosa

CLIQUE **prendre ses cliques et ses claques** liar los bártulos

CLOPIN-CLOPANT **aller clopin-clopant** ir cojeando/renqueando

COIFFER **coiffer qqn. au poteau/sur la ligne d'arrivée/à l'arrivée** *véase* *arrivée*

COIN **aux quatre coins du monde** por todos los confines del mundo; en el mundo entero

COLLER **coller au train de qqn.** no dejar a alguien ni a sol ni a sombra; pisarle los talones a alguien

COMPAGNIE **fausser compagnie à qqn.** lograr zafarse/deshacerse de alguien; dar esquinazo a alguien

CONGÉ **prendre congé (de qqn.)** despedirse (de alguien)

CÔTÉ **c'est la porte à côté** es aquí al lado/a la vuelta de la esquina

COULEUR **faire couleur locale** ser pintoresco/típico

COUP **passer en coup de vent** pasar de prisa y corriendo/como una exhalación

COUPER **couper à travers champs** cortar a campo traviesa

couper au plus court atajar

COURANT **se déguiser en courant d'air** esfumarse; desvanecerse

COURSE **une course contre la montre** una carrera contrarreloj

CRÊPE **faire la crêpe (au soleil)** torrarse; hacer el lagarto (al sol)

CRU **monter à cru** montar a pelo

CUBE **un gros cube** una moto de gran cilindrada

D

DÉCOR **aller/entrer/rentrer dans le décor** pegarse un tortazo con el coche; salirse de la carretera; despistarse

DÉTOUR **au détour du chemin** a la vuelta del camino; en un recodo del camino

DIABLE **habiter au diable (vauvert)** vivir en el quinto pino; vivir donde Cristo perdió el llavero

s'enfuir comme si l'on avait le diable aux trousses huir como alma que lleva el diablo

DIMANCHE **c'est pas tous les jours dimanche !** *(aprox.)* ¡aprovecha, que hoy es domingo!

E

ENCOMBRE **arriver sans encombre** llegar sin tropiezos/dificultad

ÉPINGLE **un virage en épingle à cheveu** una curva muy cerrada

ERRER errer comme une âme en peine andar como un alma en pena

ESCAMPETTE prendre la poudre d'escampette *véase clef*

F

FIL au fil de l'eau con/siguiendo la corriente

FILE (garé/stationné) en double file (aparcado/estacionado) en doble fila

FILLE jouer la fille de l'air largarse; salir por piernas

FLÈCHE partir comme une flèche salir disparado; salir como una flecha/bala

FLÛTE jouer des flûtes pirárselas; poner pies en polvorosa

FORTUNE une fortune de mer un accidente fortuito; un accidente de un navío no imputable al capitán

FUSIL à (une) portée de fusil a tiro de fusil

G

GOMME mettre la gomme *véase appuyer*

GUÊTRE traîner ses guêtres vagar; callejear

H

HUE tirer à hue et à dia tirar cada cual por su lado

HUILE une mer d'huile el mar como un plato/una balsa de aceite

J

JAMBE prendre ses jambes à son cou salir como un galgo/una liebre

JET à un jet de pierre de a tiro de piedra de

L

LÂCHER ne pas lâcher qqn. d'une semelle/d'un pouce *véase coller*

LANCÉE continuer sur sa lancée seguir por el impulso adquirido

LAPIN détaler comme un lapin tener que salir por patas/pitando/a escape

LÉZARD/LÉZARDER faire le lézard; lézarder (au soleil) *véase crêpe*

LIEU vider les lieux dejar libre; abandonar; desalojar

M

MAL avoir le mal de mer marearse al ir en barco

MALLE (se) faire la malle *véase belle*

MAQUIS **prendre le maquis** echarse al monte
MARIN **un marin d'eau douce** un mariner(it)o de agua dulce
MER **avoir le mal de mer** *véase mal*
  prendre la mer hacerse a la mar
  une mer d'huile *véase huile*
MONT **être toujours par monts et par vaux** andar siempre de la Ceca a la Meca
MOULIN **un vrai moulin; un lieu où on entre comme dans un moulin** un lugar donde se entra como Pedro por su casa; la casa de tócame Roque
MUR **faire le mur** saltar la tapia; escaparse de noche

N

NAGER **nager comme un fer à repasser** nadar como un plomo
  nager comme un poisson nadar como un pez
NAVETTE **faire la navette** ir y venir entre su domicilio y su trabajo
NEZ **mettre le nez dehors** asomar la nariz
NID **trouver le nid vide** encontrarse con que el pájaro ha volado
  trouver l'oiseau/la pie au nid encontrar a alguien en su casa

O

OISEAU **être comme l'oiseau sur la branche** estar hoy en un lugar y mañana en otro
  l'oiseau s'est envolé el pájaro voló

P

PARTIR **partir, c'est mourir un peu** partir, es morir un poco
  partir en trombe salir en tromba
PAS **à deux pas d'ici** a dos pasos de aquí
  emboîter le pas à qqn. pisarle a uno/alguien los talones
  faire les cent pas rondar la calle; pasearse arriba y abajo
  la salle des pas perdus la sala de espera
  revenir/retourner sur ses pas *véase (rebrousser) chemin*
PAVÉ **battre le pavé** callejear
PAYS **en pays de connaissance** en territorio conocido
  voir du pays ver mundo
PÉNATE **regagner ses pénates** volver a casa
PERPÈTE **à Perpète (-les-Oies)** *véase bled*
PERTE **à perte de vue** hasta perderse de vista
PET **filer comme un pet sur une toile cirée** escaparse/salir a toda pastilla/leche
PÉTAOUCHNOCK **à Pétaouchnock** *véase bled*

PIED **avoir le pied marin** no marearse (en los barcos); ser muy marinero
avoir pied (dans l'eau) hacer pie (en el agua)
lever le pied levantar el pie (del acelerador); frenar la marcha
marcher sur la pointe des pieds andar/ir de puntillas
mettre le pied au plancher *véase* *appuyer*
mettre pied à terre poner pie en tierra; apearse
perdre pied no hacer pie; perder pie
traîner les pieds arrastrar los pies
PIED-À-TERRE **un pied-à-terre** un apeadero; una vivienda de paso; un picadero
PILER **piler** *(voiture)* parar/frenar en seco
PINCE **être/aller à pinces** ir a pata/en el coche de S. Fernando (unas veces a pie y otras andando)
PLACE **faire place nette** despejar un lugar; dejar el terreno libre
la place du mort el asiento del copiloto
ne pas (pouvoir) tenir/rester/demeurer en place no poder estarse quieto
PLANCHER **débarrasser le plancher** largarse; ahuecar el ala
le plancher des vaches la tierra firme
PLANTER (SE) **se planter** *(coche)* salirse de la carretera
PLATANE **embrasser les platanes** chocar contra un árbol
POINT **un point de chute** un punto de caída; un lugar de descenso
POINTE **pousser/faire une pointe jusqu'à...** acercarse (en coche) a...
PORT **arriver à bon port** llegar a buen puerto
un port d'attache una base; un puerto de amarre/de matrícula
PORTE **c'est la porte à côté** *véase* *côté*
PORTÉE **à (une) portée de fusil** *véase* *fusil*
POTEAU **coiffer qqn. au poteau** *véase* *arrivée*
POUDRE **prendre la poudre d'escampette** *véase* *escampette*

Q

QUART **démarrer au quart de tour/de poil** arrancar a la primera
QUARTIER **prendre ses quartiers d'hiver** volver a su residencia de invierno
QUEUE **faire une queue de poisson** cerrar el paso a un vehículo

R

RASE-MOTTES **faire du rase-mottes** *(avión)* volar a ras de tierra
RECULONS **aller à reculons** andar hacia atrás; ir marcha atrás/para atrás como los cangrejos *(fig.)*
REINE **la petite reine** la bicicleta; la bici
RESTE **partir sans demander/attendre son reste** marcharse sin decir nada/sin pedir más explicaciones
RETRAITE **battre en retraite; sonner la retraite** batirse en retirada; retirarse; retroceder
couper la retraite à qqn. cortar la retirada a alguien

RÉVÉRENCE **tirer sa révérence (à qqn.)** saludar (a alguien); despedirse

ROME **tous les chemins mènent à Rome** *véase chemin*

ROND **tourner en rond** estar dando vueltas; dar vueltas en redondo

RONDE **à 10 km à la ronde** en 10 km a la redonda

ROUTE **en cours de route** durante el trayecto; en el camino
tailler la route *véase (ficher/fiche le) camp*

S

SAUT **être à un saut de puce** *véase fusil et jet*
faire un saut chez qqn. plantarse (de un salto) en casa de alguien

T

TAILLER **se tailler** *véase (s')arracher*
tailler la route coger carretera y manta

TALON **tourner les talons** volver las espaldas; dar media vuelta

TANGENTE **prendre la tangente** salirse por la tangente

TAPE-CUL **cette voiture est un tape-cul** este coche es un cacharro/una cafetera

TASSE **boire la/une tasse** *véase bouillon*

TÂTONS **aller/avancer à tâtons** *véase aveuglette*

TÊTE **piquer une tête dans l'eau** tirarse de cabeza al agua; darse un chapuzón

TIRE-D'AILE **à tire-d'aile** a aletazos; a todo vuelo

TIRER (SE) **se tirer** *véase (s')arracher*

TOMBEAU **rouler à tombeau ouvert** conducir a tumba abierta

TONNEAU **faire un tonneau** dar una vuelta de campana

TOUR **aller faire un tour** dar una vuelta/un paseo

TRAIN **filer le train** *véase coller*

TREMPETTE **faire trempette** darse un chapuzón/baño

TRIFOUILLIS-LÈS-PERPÈTES **à Trifouillis-lès-perpètes** *véase bled*

TROTTE **ça fait une (bonne/sacrée) trotte** hay un (buen) trecho/una buena tirada

TROU **habiter dans un trou perdu** *véase bled*
n'être jamais sorti de son trou no haber salido nunca de su cueva/pueblo

TROUSSE **avoir qqn. à ses trousses** tener a alguien pisándole los talones a uno

V

VALISE **(se) faire la valise** *véase belle*

VENT **passer en coup de vent** *véase coup*

VENTRE **filer ventre à terre** ir a galope tendido

VERT se mettre au vert irse a descansar al campo
VIANDE (r)amène ta viande ! *(vulg.)* ¡mueve el culo!
VIANDER (SE) se viander *(coche, moto)* hacerse papilla/pedazos
VOILE mettre les voiles véase *amarre*
    toutes voiles dehors a velas desplegadas/tendidas; a toda vela
VOL à vol d'oiseau en línea recta
VOLEUR se sauver comme un voleur huir como un ladrón
VOYAGE les gens du voyage los saltimbanquis
    les voyages forment la jeunesse viajar es bueno para la juventud/abre
    el espíritu
VUE à perte de vue véase *perte*

Y

Y j'y suis, j'y reste aquí estoy y aquí me quedo
YEUX je peux y aller les yeux fermés puedo llegar con los ojos cerrados

17

LOS JUICIOS, LOS ESTADOS DE ÁNIMO, EL MIEDO

A

ABATTRE **ne pas se laisser abattre** no desmoralizarse

ACABIT **ils sont tous du même acabit** son de la misma ralea/calaña; son tal para cual

AFFAIRE **être à son affaire** estar en su elemento; estar/sentirse como pez en el agua

ça fera l'affaire esto me conviene/servirá

en faire une affaire d'État convertir algo en asunto de Estado; hacer un mundo/una montaña de algo

AISE **à l'aise, Blaise** en plan tranqui

ALLER **ça me va !** me conviene/chifla; me mola

on fait aller ! vamos tirando

ÂME **avoir du/le vague à l'âme** tener/sentir morriña/nostalgia

AN **je m'en fiche/je m'en balance/je m'en fous comme de l'an 40** me importa un comino/bledo/pito; me trae sin cuidado/al fresco

ART **ça a l'art de m'endormir** tiene la habilidad de darme sueño

ASSEOIR (S') **je m'assieds dessus** me importa un nabo; me la suda

AUNE **mesurer qqch. à son aune** medir algo con su propia vara/con su propio rasero

il mesure les autres à son aune piensa el ladrón que todos son de su misma condición

AVEC **il faut faire avec** pues habrá que conformarse

AVEUGLE **juger de qqch. comme un aveugle des couleurs** hablar sin conocimiento de causa

AVALER **avoir du mal à avaler qqch.** encontrar/parecer algo difícil de creer; no haber quien se lo trague

---

" je m'en fous comme de l'an quarante "

Ésta es una de esas frases extrañas que, con el paso del tiempo, se transforman y pierden toda relación con sus orígenes. Antiguamente, los buenos cristianos apasionados de cruzadas manifestaban su indiferencia declarando que se reían de algo como del al-Corán, el libro sagrado de los musulmanes. Por arte de magia, este «al-Corán» se transformó en quarante.

cf. AN

BAPTISTE   être tranquille comme Baptiste   ser un tranquilo/un pachorrento

BASKET   être bien/à l'aise dans ses baskets   estar a gusto con uno mismo; ser equilibrado

BEURRE   compter pour du beurre   no contar para/importar nada

BIDON   c'est (du) bidon   es un farol/camelo

BIÈRE   ce n'est pas de la petite bière   no es moco de pavo; no es grano de anís

BILE   se faire de la bile   hacerse mala sangre

BLINDER   être blindé contre qqch.   ser inmune a algo; estar vacunado contra algo

BOIRE   (il) y a à boire et à manger   hay de todo (un poco); hay sus más y sus menos

BOL   en avoir ras le bol   estar hasta el gorro/la coronilla/las narices

BONNE   elle est (bien) bonne celle-là !   ¡ésta sí que es buena!

BONNET   c'est bonnet blanc et blanc bonnet   es tres cuartos de lo mismo; tanto monta, monta tanto (Isabel como Fernando); da lo mismo ocho que ochenta

BOTTE   être bien/à l'aise dans ses bottes   *véase* *basket*

BOTTER   ça me botte (bien)   *véase* *aller: ça me va*

BOULE   avoir les boules   estar cabreadísimo

BOUQUET   c'est le bouquet !   ¡es el colmo!; ¡éramos pocos y parió la abuela!

BRANCHER   ça me branche (bien)   *véase* *aller: ça me va*

BRILLANT   c'est pas brillant   no es que sea glorioso

BROYER   broyer du noir   verlo todo negro; tener (las) ideas negras; estar quemado/hundido; tener morriña; estar deprimido/abatido; tener el ánimo por los suelos

C

CADEAU   c'est un cadeau empoisonné   es un regalo envenenado
      ne pas être un cadeau   no ser ningún regalo/chollo/joya

CADET   c'est le cadet de mes soucis   es lo que menos me importa

CAFARD   avoir le cafard   *véase* *broyer*

CAGE   être/tourner comme un animal/écureuil/lion/ours en cage   estar/dar vueltas como un león enjaulado

CALMER (SE)   on se calme !   ¡tranquilo(s)!

CASSER   ça (ne) casse pas des briques/trois pattes à un canard   no es nada del otro mundo/jueves

CERCLE   c'est un cercle vicieux   es un círculo vicioso

CHAIR   donner la chair de poule   poner carne de gallina
      ni chair ni poisson   ni carne ni pescado

CHANTER **c'est comme si on chantait** es como quien oye llover/como si hablara a la pared

je le ferai si ça me chante lo haré si me da la gana

CHAPEAU **chapeau bas !** me descubro; me quito el sombrero

CHAPELET **dévider/débiter/égrener son chapelet** desgranar quejas; soltar un rosario/una letanía de quejas

CHARBON **être sur des charbons ardents** estar en ascuas

CHAT **(il n')y a pas de quoi fouetter un chat** no es para tanto

CHAUD **avoir eu chaud (aux fesses)** haberse librado de buena

cela ne me fait ni chaud ni froid eso a mí ni me va ni me viene; no me da ni frío ni calor

ne pas être (très) chaud pour (faire) qqch. no ser muy partidario de (hacer) algo

CHAUSSURE **être à côté de ses chaussures** estar hecho polvo; estar descentrado

CHEMISE **s'en soucier/s'en foutre comme de sa première chemise** *véase an*

CHER **ne pas donner cher de qqch./qqn.** no dar un duro por algo/alguien

CHEVAL **monter sur ses grands chevaux** subirse a la parra; embalarse

CHEVEU **faire dresser les cheveux sur/à la tête** poner los pelos/cabellos de punta

s'arracher les cheveux tirarse de los pelos; mesarse los cabellos

se faire des cheveux (blancs) estar uno que no vive/que no le llega la camisa al cuerpo

CHIC **ça a le chic de m'endormir** *véase art*

CHIEN **d'une humeur de chien** de un humor de perros

qui veut noyer son chien l'accuse de la rage *(prov.)* quien a su perro quiere matar, rabia le ha de levantar *(prov.)*

CHIER **chier dans son froc** cagarse de miedo; estar acojonado

en chier une pendule *véase (en faire une) affaire d'État*

être (nul) à chier ser una mierda

se faire chier comme un rat mort aburrirse como una ostra/almeja; amuermarse

CHOC **sous le choc** bajo una fuerte impresión/bajo el shock

CHOCOTTE **avoir les chocottes** *véase chier dans son froc*

CHOSE **de deux choses l'une** una de dos

" *d'une humeur de chien* "

Canófilos y propietarios de chuchos, no se enfaden con nosotros, esta expresión no la hemos inventado nosotros. Aunque el mejor amigo del hombre suele tener un corazón de oro, la palabra chien *refleja normalmente un matiz peyorativo, de dolor, de dificultad (*avoir un mal de chien*). La única excepción es la notable* elle a du chien, *que se reserva a las chicas con atractivo, con gancho.*

cf. CHIEN

CINÉMA faire (tout un) cinéma de qqch. *véase (en faire une) affaire d'État*

CIRER n'avoir rien à cirer de qqch. importarle algo a uno un pepino/tres puñetas; traérsela floja algo a uno

CIRQUE en faire (tout) un cirque *véase (en faire une) affaire d'État*

CLAQUE en avoir sa claque *véase bol*

CŒUR avoir le cœur gros/serré tener el corazón (metido) en un puño; tener el corazón encogido

> avoir un coup de cœur pour qqch. quedar prendado de algo
>
> cette chose me tient à cœur esto me importa mucho
>
> en avoir gros sur le cœur estar muy triste; estar hecho polvo; no poder más
>
> faire chaud au cœur; réchauffer le cœur levantar el ánimo
>
> ne pas avoir le cœur à faire qqch. no tener el ánimo para hacer algo; no estar para hacer algo

COIN ça ne se trouve pas à tous les coins de rue eso no se encuentra a la vuelta de la esquina

COLÈRE la colère est mauvaise conseillère la cólera es mala consejera

COMBLE c'est le/un comble ! *véase bouquet*

COMMENCER ça commence à bien faire ! ¡ya está bien!; ¡ya vale!

COMPTE avoir son compte ya tener bastante encima; ya llegarle a uno con lo que tiene

CON à la con en plan estúpido/gilipollas

COOL cool, Raoul tranqui, tronco/colega

COUP ça ne vaut pas le coup eso no vale/merece la pena

> être aux cent coups estar muy preocupado
>
> valoir le coup d'œil ser digno de ver

COUPE la coupe est pleine hasta aquí hemos llegado; se acabó lo que se daba

COUPER c'est à vous couper le souffle es de quitar el hipo

COURIR laisser courir dejar correr; no preocuparse

CRACHER c'est comme si on crachait en l'air *véase chanter*

> il ne faut pas cracher dessus no es para hacerle ascos; no es como para despreciarlo

CRACK c'est un crack en (mathématiques…) es una fiera/un fenómeno/un portento en (matemáticas…)

CRAN être à cran no tenerse de nervios

" avoir les chocottes "

…nada que ver con el chocolate. Los paralelismos etimológicos son inútiles: una chocotte no es en absoluto dulce. Se trata simplemente de una deformación de la palabra chicot, que significa raigón (muñón de diente). Por consiguiente, castañetear los raigones demuestra hasta qué punto se está atenazado por el miedo.

cf. CHOCOTTE

CRISE/CRISER **piquer/faire sa/une crise; criser** montar en cólera; coger una rabieta

CRITIQUE **la critique est aisée ([mais] l'art est difficile)** una cosa es enhebrar y otra dar puntadas

CUL **être (assis)/avoir le cul entre deux chaises** nadar entre dos aguas
c'est à se taper le cul par terre es para troncharse/mearse de risa
(en) avoir plein le cul de qqch. estar hasta los huevos/las pelotas de algo

CULOTTE **je m'en fiche/m'en balance/m'en fous comme de ma première culotte** *véase* *an*

CURE **je n'en ai cure** *véase* *an*

D

DÉBITER **débiter son chapelet** *véase* *chapelet*

DÉSIRER **laisser (beaucoup) à désirer** dejar (mucho) que desear

DESSOUS **en dessous de tout** lamentable

DÉTOUR **valoir le détour** *véase* *(valoir le) coup d'œil*

DEUX **ce type/mec de mes deux !** ¡este tío de los cojones!

DÉVIDER **dévider son chapelet** *véase* *chapelet*

DÉVOLU **jeter son dévolu sur qqch./qqn.** echar el ojo/la vista a algo/alguien; poner los ojos en algo/alguien

DIRE **ça ne me dit rien qui vaille** eso me da mala espina

DOIGT **se/s'en mordre les doigts** es para morderse las manos/los dedos

DOS **en avoir plein le dos** *véase* *(en avoir plein le) cul*

DOUCHE **faire l'effet d'une douche froide** caer como un jarro/balde de agua fría

DRAME **en faire (tout) un drame** *véase* *(en faire une) affaire d'État*

DUR **c'est dur-dur** ¡menuda putada!

E

ÉCHELLE **pouvoir tirer l'échelle après qqch.** ser algo el no va más

ÉCLATER (S') **s'éclater (comme une bête)** pasárselo como un enano

ÉCROULER **être écroulé (de rire)** destemillarse/morirse de risa

ÉGAL **ça m'est égal** me da lo mismo; ni me va ni me viene

ÉGRENER **égrener son chapelet** *véase* *chapelet*

ÉLÉMENT **ne pas être/ne pas se sentir dans son élément** no estar en su elemento

EMBALLER (S') **être emballé par qqch.; s'emballer pour qqch.** entusiasmarse/embalarse por algo

ENNUYER (S') **s'ennuyer comme un rat mort** *véase* *(se faire) chier comme un rat mort*

ENTERREMENT **c'est un enterrement de première classe** *(aprox.)* se le dio carpetazo con delicadeza
faire/avoir une tête d'enterrement; faire une gueule d'enterrement tener/poner cara de entierro/de velatorio

ÉPINGLE **monter qqch. en épingle** hacer valer algo; poner algo de relieve

ÉTAT **être/se mettre dans tous ses états** estar/ponerse frenético/fuera de sí; estar muy excitado

ÉTERNEL **un (grand)… devant l'Éternel** un gran…; un… empedernido

F

FAGOT **qqch. de derrière les fagots** algo reservado para las grandes ocasiones

FAIBLE **avoir un (petit) faible pour qqch./pour qqn.** tener debilidad por algo/alguien

FAIM **rester sur sa faim** quedarse con las ganas

FALLOIR **(il) faut le faire !** ¡tiene mérito!

FARCIR (SE) **(devoir) se farcir qqch./qqn.** (tener que) apechugar/cargar con algo/alguien

FENDRE (SE) **se fendre la gueule/pêche/poire/pipe** *véase écrouler*

FÊTE **être à la fête** estar contento como unas Pascuas; no caber en sí de júbilo/gozo

FI **faire fi de qqch.** no hacer caso de algo

FICHER (SE) **je m'en (contre)fiche** *véase an*

FIGUE **mi-figue, mi-raisin** medio en serio, medio en broma

FOIE **avoir les foies** *véase chier (dans son froc)*

FOIN **faire tout un foin de qqch.** *véase (en faire une) affaire d'État*

FOLIE **c'est de la folie furieuse/douce/pure** es una auténtica locura

FORT **ce n'est pas mon fort** no es mi fuerte
c'est un peu fort (de café); c'est trop fort; elle est forte, celle-là; c'est plus fort que du roquefort/que de jouer au bouchon es un poco fuerte; eso pasa de castaño oscuro; eso se pasa de la raya; es muy fuerte; ¡qué fuerte!

FOUTAISE **c'est une vaste foutaise** es una chorrada inmensa

FOUTRE **n'avoir rien à foutre de qqch.** *véase cirer*
je m'en contrefous *véase an*

FRAPPER **sans se frapper** con toda tranquilidad

FREIN **ronger son frein** morder/tascar el freno; consumirse de impaciencia

FRISSON **donner des frissons** dar escalofríos

FROID **faire froid dans le dos** *véase frisson*
ça me laisse froid me deja frío

FROMAGE **en faire (tout) un fromage** *véase (en faire une) affaire d'État*

FUMISTERIE **c'est une vaste fumisterie** *véase foutaise*

G

GAI   **gai comme un pinson**   alegre como unas castañuelas
GLACE   **rester de glace**   quedarse frío como el hielo/impasible
GLANDER   **n'avoir rien à glander de qqch.**   *véase cirer*
GLOIRE   **c'est pas la gloire !**   *véase brillant*
GNOGNOTE   **ce n'est pas de la gnognote**   *véase bière*
GOMME   **… à la gomme**   … de chicha y nabo; de chichinabo; … de tres al cuarto
GOND   **sortir de ses gonds**   salirse de (sus) casillas
GORGE   **avoir la gorge serrée/nouée**   tener un nudo en la garganta
   ça m'est resté en travers de la gorge   se me quedó atragantado
GOÛT   **avoir un goût de chiottes**   tener el gusto en el culo
   chacun ses goûts   a gusto del consumidor
   des goûts et des couleurs on ne discute pas; les goûts et les couleurs, ça ne se discute pas   sobre gustos no hay nada escrito
   tous les goûts sont dans la nature   de todo hay en la viña del señor
GOUTTE   **c'est une goutte d'eau dans la mer/l'océan**   es un grano de arena en el desierto; es una gota en la inmensidad del océano
GRAIN   **c'est un grain de sable dans le désert**   *véase goutte*
GROS   **en avoir gros sur le cœur/sur la patate**   *véase (en avoir gros sur le) cœur*
GUEULE   **faire/tirer la gueule**   poner mala cara; estar de morros
   faire une gueule d'enterrement   *véase enterrement*
   tirer une gueule de trois kilomètres   tener/poner cara larga

H

HANNETON   **un… pas piqué des hannetons**   un… de primera (clase/categoría)
HERBE   **l'herbe est toujours plus verte à côté/dans le pré du voisin**   la gallina de la vecina más huevos pone que la mía *(prov.)*
HISTOIRE   **faire toute une histoire de qqch.**   *véase (en faire une) affaire d'État*
HORS   **être/se mettre hors de soi**   *véase gond*
HUMEUR   **avoir des sautes d'humeur**   tener cambios bruscos de humor
   d'une humeur de chien/massacrante   *véase chien*
   ne pas être d'humeur à faire qqch.   no estar de humor para hacer algo

J

JETON   **avoir les jetons**   *véase chier dans son froc*
JEU   **le jeu n'en vaut pas la chandelle**   *véase (ça ne vaut pas le) coup*
JOIE   **c'est pas la joie !**   no es precisamente una/ninguna/lo que se dice una maravilla; no estoy precisamente encantado
   ne pas/plus se sentir de joie   no caber en sí de gozo

JOJO **c'est pas (très) jojo !** no es muy/demasiado/precisamente agradable

JOLI **(tout ça) c'est bien joli, mais…** (todo eso) está/suena muy bien/es muy bonito, pero…

JOUR **être dans un bon/mauvais jour** estar de buen/mal humor; estar en buena/mala forma

JUGEMENT **un jugement à l'emporte-pièce** un juicio terminante/tajante
un jugement de Salomon un juicio salomónico

JUGER **juger de qqch. comme un aveugle des couleurs** *véase aveugle*

JURER **il ne faut jurer de rien** *(prov.)* nunca digas de esta agua no beberé *(prov.)*
il ne jure que par… para el no hay más que/sólo existe…

K

KIF-KIF **c'est kif-kif (bourricot)** es (tres cuartos de) lo mismo

L

LAISSER **laisser (beaucoup) à désirer** *véase désirer*

LARME **avoir la larme facile; avoir toujours la larme à l'œil** llorar por menos de nada; ser un llorón
être au bord des larmes estar al borde del llanto/de las lágrimas
faire monter/venir les larmes aux yeux hacer saltar las lágrimas
fondre en larmes prorrumpir en sollozos; deshacerse en llanto/lágrimas
pleurer à chaudes larmes; pleurer toutes les larmes de son corps llorar a lágrima viva/a moco tendido; estar hecho un mar de lágrimas
verser des larmes de crocodile derramar lágrimas de cocodrilo
verser sa/y aller de sa (petite) larme soltar unas lagrimitas

LATTE **en avoir plein les lattes** *véase bol*

LIMITE **c'est limite** no es seguro, está en el/al límite; está en situación crítica/límite

LUNER **être bien/mal luné** *véase jour*

M

MADELEINE **pleurer comme une Madeleine** llorar como una Magdalena

---

" pleurer comme une Madeleine "

Pecadora reincidente, María Magdalena confesó todo a Jesucristo hecha un mar de lágrimas. Después, se arrepintió bajo la influencia benéfica del Mesías. Desde entonces, cuando alguien llora como una Magdalena, hay que pensar que de un mal quiere obtener un bien, aunque tenga algo que reprocharse.

cf. MADELEINE

MAIN applaudir des deux mains à qqch. aplaudir calurosamente algo; aprobar algo con entusiasmo
(faire comme [Ponce] Pilate,) s'en laver les mains lavarse las manos como Pilatos

MALADE en être malade ponerse enfermo con algo; dar mucha rabia algo; estar muy contrariado con algo

MALADIE en faire une maladie *véase malade*

MALHEUREUX être malheureux comme une/les pierre(s) ser más desgraciado que el Pupas

MARBRE rester de marbre *véase glace*

MARCHÉ par-dessus le marché por añadidura; para colmo

MARRE en avoir marre *véase bol*

MARTEL se mettre martel en tête quemársele/revolvérsele a uno la sangre

MAUVAISE l'avoir/la trouver mauvaise no hacerle a uno ninguna/ni pizca de gracia

MEILLEURE ça, c'est la meilleure ! ¡es lo que me faltaba (por oír)!

MÉLANCOLIE ne pas engendrer la mélancolie estar más alegre que unas pascuas/castañuelas

MÊME c'est du pareil au même *véase bonnet*

MERCI merci (bien), je sors d'en prendre/j'ai ma dose ! gracias, pero ya me llegó/llega con lo mío; conmigo no contéis para otra

MESURE la mesure est comble/pleine *véase coupe*

MONDE c'est le monde à l'envers ! ¡es el mundo al revés!
c'est un monde ! ¡esto es el colmo!; ¡era lo que me faltaba!
en faire (tout) un monde *véase (en faire une) affaire d'État*
il faut de tout pour faire un monde de todo hay en la viña del Señor

MONTAGNE c'est la montagne qui accouche d'une souris es el parto de los montes
en faire une montagne *véase (en faire une) affaire d'État*

MONTER monter qqch. en épingle *véase épingle*

MOQUER (SE) je m'en moque royalement *véase an*
se moquer du tiers comme du quart importarle algo a uno un comino/bledo/pepino/pito

MORAL avoir le moral au beau fixe ir con mucha moral
avoir le moral à zéro *véase broyer*

MORDRE ... à la mords-moi-le-nœud/-le-doigt/-le-chose a la buena de Dios; de cualquier manera

MORDU un mordu de (cinéma) un apasionado/forofo del (cine)

MORT mort de rire *véase écrouler*

MORTEL c'est mortel es (un coñazo) mortal; es para morirse

MOUCHE prendre la mouche picarse; mosquearse
quelle mouche t'a piqué ? ¿qué mosca te ha picado?

MOULE le moule (en) est cassé/brisé después de hacerlo a él/ella rompieron el molde

MOURIR c'est à mourir de rire *véase (c'est à se taper le) cul par terre*

MOURON se faire du mouron *véase bile*

MOUTARDE **la moutarde m'est montée au nez** se me hincharon las narices/pelotas

MUR **grimper aux murs** subirse por las paredes

N

NERF **avoir les nerfs à fleur de peau** estar/vivir con los nervios de punta/a flor de piel

avoir les nerfs en boule/en pelote estar hecho un manojo de nervios

NOCE **ne pas être à la noce** estar pasándolas negras/canutas

NOIX **… à la noix (de coco)** *véase* gomme

NOYER (SE) **se noyer dans un verre d'eau/une goutte d'eau** ahogarse en un vaso de agua

NUMÉRO **faire son (petit) numéro** hacer el numerito

O

ŒIL **je m'en bats l'œil** *véase an*

OREILLE **ne pas l'entendre de cette oreille** no entender la cosa así; no estar de acuerdo con eso

P

PAIN **ça (ne) mange pas de pain** no cuesta nada hacerlo

PAREIL **c'est du pareil au même (et du même au pareil)** *véase bonnet*

PARTI **prendre son parti de qqch.** resignarse a algo; aguantarse con algo

PATATE **en avoir gros/lourd sur la patate** *véase (en avoir gros sur le) cœur*

PEAU **être bien dans sa peau** sentirse bien en su pellejo

être mal dans sa peau no sentirse bien en su pellejo; sentirse cohibido

PÊCHE **ne pas avoir la pêche** *véase broyer*

PEINARD **être peinard** estar tan pancho

PENCHANT **avoir un penchant pour qqch./pour qqn.** tener inclinación hacia/propensión por algo

---

" je m'en bats l'œil "

Ventana del alma, el ojo es el espejo de muchas conductas humanas. Por ejemplo: si su bien amado(a) pone los ojos en alguien, no significa necesariamente que se lo (la) esté comiendo con los ojos. De todas formas, en estos casos lo mejor es andarse con ojo, aunque eso sí, sin que la obsesión impida pegar ojo. ¿Visto?

cf. ŒIL

PENDULE en faire une pendule *véase (en) chier une pendule*

PENSER (je ne dis rien mais) je n'en pense pas moins   el que no diga nada no quiere decir que no tenga mi propia opinión/que esté de acuerdo

PERTE ce n'est pas une grosse perte   no es (que sea) una gran pérdida

PÉTARD se mettre/se foutre en pétard *véase crise*

PÉTOCHE avoir la pétoche *véase chier dans son froc*

PEUR avoir une peur bleue   tener un miedo cerval/pavor

avoir peur de son ombre   tener miedo hasta de su propia sombra

être vert de peur   estar blanco de miedo

il y a eu plus de peur que de mal   fue mayor el miedo que el daño

la peur donne des ailes   el miedo pone alas en los pies

PIÈCE juger sur pièce   juzgar de viso

PIED c'est le (super) pied ! ; quel (super) pied !   ¡estupendo!; ¡de puta madre!

ce n'est/c'est pas le pied   no es ninguna broma/coña

j'aurais voulu être à cent/six pieds sous terre   me habría gustado que me tragase la tierra; ¡tierra trágame!

prendre son pied; prendre un pied monumental/un pied pas possible   pasárselo teta/pipa/de puta madre

se lever du pied gauche/du mauvais pied   levantarse con el pie izquierdo

PILATE (faire comme [Ponce] Pilate,) s'en laver les mains *véase main*

PINSON gai comme un pinson *véase gai*

PIRE on a déjà vu pire   en peores plazas hemos toreado

PISSER c'est comme si on pissait dans un violon *véase chanter*

ça (ne) pisse pas (très) loin   no es como para dar saltos

PLAIRE si ça (ne) te plaît pas, c'est le même prix !   o lo tomas, o lo dejas (como las lentejas)

PLAISANTERIE c'est une vaste plaisanterie *véase foutaise*

PLAT faire tout un plat de qqch. *véase (en faire une) affaire d'État*

POIL être de bon/mauvais poil *véase jour*

POILER (SE) se poiler *véase écrouler*

POISSON être comme un poisson dans l'eau *véase (être à son) affaire*

être comme un poisson sur une bicyclette *véase élément*

POMPE être bien/à l'aise dans ses pompes *véase basket*

POMPON c'est le pompon ! *véase bouquet*

POUSSER à la va-comme-je-te-pousse *véase mords-moi-le…*

PRENDRE on ne m'y prendra plus   no me cogerán en otra; a mí no me vuelven a pillar (en otra)

PROGRÈS on n'arrête pas le progrès   ¡no hay quien pare el progreso!

PROMETTRE ça promet !   ¡esto promete!; ¡lo que nos espera!

R

RAGE être vert/fou/ivre de rage; être dans une rage folle   estar rabioso; estar loco de rabia

RAIDE la trouver (un peu) raide *véase avaler*

RAISON à plus forte raison   con más/mayor razón/motivo; máxime

RANCART mettre qqch. au rancart arrinconar/dejar de lado algo

RAT se faire chier/s'ennuyer comme un rat mort *véase (se faire) chier comme un rat mort*

REDIRE avoir (toujours) à redire tener siempre algo que criticar

RÉFÉRENCE ce n'est pas une référence no sirve de referencia

RELAX relax, Max *véase cool*

RELEVER (SE) il n'y a pas de quoi se relever la nuit *véase canard*

REPOS ce n'est pas de tout repos ! *(aprox.)* no es ninguna cura de reposo; no es cosa fácil

RESTER ça m'est resté là ! *véase gorge*

REVENIR je n'en reviens pas ! ¡aún no me lo creo!; ¡no salgo de mi asombro!

RÊVER on croit rêver ! ¡parece mentira!

RIEN c'est trois fois rien no es nada

c'est pas/ce n'est pas rien *véase bière*

RIGOLADE c'est une vaste/de la rigolade *véase foutaise*

finie la rigolade ¡se acabó la fiesta/broma!; ¡se acabaron las coñas!

prendre qqch. à la rigolade tomar(se) algo a broma/chirigota

RIGOLER histoire de rigoler en plan de broma

RIRE avoir le/un fou rire tener un ataque de risa

être mort de rire *véase écrouler*

RIRE avoir toujours le mot pour rire ser muy chistoso

laissez-moi rire ! ¡deje usted que me ría!

rire à gorge déployée/à pleine gorge reír a mandíbula batiente/a carcajadas

rire aux larmes llorar de risa

rire comme une baleine/un bossu reír como un descosido

rire dans sa barbe reír para su coleto/sus adentros

rire du bout des lèvres/dents reír de dientes afuera

rire jaune reír sin ganas

RONGER (SE) se ronger les sangs *véase (se faire des) cheveux blancs*

ROUE être la cinquième roue du carrosse/de la charrette ser el último mono (de la baraja)

ROUGE se fâcher tout rouge; voir rouge ponerse furioso/rojo de ira; echar chiribitas/chispas; sulfurarse

ROULER (SE) c'est à se rouler par terre (de rire) es para mondarse/partirse de risa

---

" rire comme une baleine "

Las ballenas, esos maravillosos animales que emiten extraños sonidos, levantan con potencia su mandíbula superior y dejan entrever sus múltiples barbas que dan la impresión de una especie de risa.

cf. RIRE

SABOT   ça ne se trouve pas sous le sabot/pas d'un cheval   *véase coin*
SANG   glacer le(s) sang(s)   *véase frisson*
  mon sang n'a fait qu'un tour   se me heló la sangre en las venas
  se faire du mauvais sang; se faire un sang d'encre   *véase (se faire des)*
  cheveux blancs
  se ronger les sangs   *véase (se faire des) cheveux blancs*
SAUMÂTRE   la trouver saumâtre   *véase mauvaise*
SAUTE   avoir des sautes d'humeur   *véase humeur*
SAUTER   sauter au plafond   dar botes de alegría; saltar de alegría
SCÈNE   faire une scène à qqn.   hacer una escena/escenita a alguien
  jouer la grande scène du deux/trois   montar el/un numerito
SÉCHER   sécher sur pied   *véase (se faire) chier comme un rat mort*
SECOUER   n'avoir rien à secouer de qqch.   *véase cirer*
SINÉCURE   c'est pas une sinécure   *véase repos*
SINGE   faire le singe; faire des singeries   hacer el tonto/mono/indio
SOU   ne pas être (sympa…) pour un sou/deux sous   no ser nada (simpá-
  tico…)
SOUFFLE   c'est à vous couper le souffle   *véase couper*
SOULIER   être dans ses petits souliers   sentirse incómodo
SOUPER   en avoir soupé   *véase bol*
SOURIRE   avoir un sourire jusqu'aux oreilles   tener una sonrisa de oreja a
  oreja
  sourire en coin   sonreír con disimulo

T

TAPER   c'est à se taper le derrière/cul par terre   *véase cul*
  je m'en tape   *véase an*
TASSE   c'est pas ma tasse de thé   esto no es lo mío; no me va; no es santo
  de mi devoción
TENTE   se retirer sous sa tente   retirarse enfurruñado/de morros
TERRE   en vouloir à la terre entière   estar resentido con (todo) el mundo
  j'aurais voulu être à cent/six pieds sous terre   *véase pied*
TÊTE   en avoir par-dessus la tête   *véase bol*
  faire/avoir une tête d'enterrement   *véase enterrement*
  faire la tête   *véase (faire/tirer la) gueule*
TOI   il n'y a pas que toi au monde   no te creas el ombligo del mundo
TONNEAU   ils sont tous du même tonneau   *véase acabit*
TRANQUILLE   être tranquille comme Baptiste   *véase Baptiste*
TRISTE   être triste comme un bonnet de nuit/comme un lendemain de
  fête   *véase malheureux*
  c'était pas triste   tenía mucha gracia; era muy divertido
TRONCHE   tirer une tronche de trois kilomètres   *véase (tirer une) gueule
  de trois kilomètres*

TROU   j'aurais voulu rentrer/disparaître dans un trou (de souris)   *véase*
   (j'aurais voulu être à cent/six) pieds sous terre

TRUC   c'est pas mon truc   *véase tasse*
   chacun son truc   cada loco con su tema

TUER   ça me tue !   esto me mata

V

VACCINER   être vacciné contre qqch.   *véase blinder*

VEINE   ils sont tous de la même veine   *véase acabit*

VER   un… pas piqué des vers   *véase hanneton*

VERT   être vert de peur   *véase peur*

VIOLON   c'est comme si on pissait dans un violon   *véase chanter*

VOIR   c'est tout vu !   ¡ya está todo visto!; ¡no se hable más!
   on aura tout vu !   ¡es el colmo!

VOLER   ça vole bas; ça vole pas (très) haut   no es como para tirar cohetes;
   no es ninguna maravilla

Y

YEUX   fermer les yeux sur qqch.   hacer la vista gorda respecto a algo

18

LA CULTURA, EL ARTE

A

AFFICHE tenir l'affiche; rester à l'affiche mantenerse en cartelera/en cartel
ANTENNE à/sur l'antenne en antena
ART le septième art el séptimo arte

B

BARAQUE casser la baraque arrasar; tener mucho éxito
BEAUTÉ finir en beauté terminar/acabar brillantemente
BERZINGUE jouer (de la musique) à tout berzingue tocar a todo trapo/toda máquina
BÊTE une bête de scène un monstruo del teatro
BIDE (se) prendre/faire un bide fracasar estrepitosamente
BILLET un billet de faveur un pase de favor; una invitación
BŒUF faire le/un bœuf hacer una sesión de improvisación/una 'jam session'
BOURRER un texte bourré de fautes un texto cuajado de faltas
BOUSCULER (SE) les gens ne se bousculent pas (au portillon) no es que haya patadas por ello; no es que la gente haga cola
BOUT faire/tourner un bout d'essai hacer una prueba
BRAVOURE un morceau de bravoure una obra efectista; un pasaje grandilocuente/brillante
BROSSER brosser le portrait de qqn. esbozar/bosquejar el retrato de alguien; hacer una semblanza de alguien

---

" casser la baraque "

A primera vista, la expresión parece que debería ser bastante negativa: destruir una casa no es muy positivo que digamos. Sin embargo, en el ramo del espectáculo las cosas no son lo que parecen y, cuando se casse la baraque, es que se ha obtenido un éxito atronador.

cf. BARAQUE

BUREAU **jouer à bureaux fermés** colgar el cartel de «no hay entra-das»/«no hay billetes»

C

CACHET **courir le cachet** buscar trabajo
CAPE **un film de cape et d'épée** una película de capa y espada
CASSEROLE **chanter comme une casserole** cantar fatal; desafinar
CATASTROPHE **un scénario catastrophe** un guión/una película de catás-trofes
CHANSON **tout finit par des chansons** todo acaba/acabó bien; todo tiene/tuvo un final feliz
CHANSONNETTE **pousser la chansonnette** cantar una cancioncilla
CHANT **c'est son chant du cygne** es su canto del cisne
CHANTER **chanter comme une casserole** *véase casserole*
CHARRETTE **être (en) charrette** trabajar a marchas forzadas/echar el res-to para acabar algo a tiempo
CHAUFFER **chauffer la salle** caldear el ambiente
COFFRE **avoir du coffre** tener mucha voz
COUR **côté cour** lado de la escena/del escenario a la derecha del espectador
COURRIER **le courrier du cœur** consultorio sentimental
CRAYON **avoir un joli/bon coup de crayon** tener buena mano para el di-bujo

D

DÉBUT **faire ses débuts sur (la) scène** debutar
DOMAINE **dans le domaine public** del dominio público

E

EAU **à l'eau de rose** sentimentaloide
ÉCRAN **crever l'écran** tener mucha presencia
　　le grand écran la pantalla grande
　　petit écran la pequeña pantalla; la televisión
ENFANT **être un enfant de la balle** seguir los pasos del padre (en el circo y en el teatro)

F

FEUILLE **une feuille de chou** un periodicucho
FEUILLETON **un feuilleton qui fera pleurer dans les chaumières** un dra-món; un culebrón lacrimógeno

FICELER **une histoire bien/mal ficelée** una historia bien/mal estructurada

FICTION **la réalité dépasse la fiction** la realidad supera la ficción

FILM **tourner un film** rodar una película

FINIR **finir en beauté** *véase beauté*

FLOP **faire un flop** *véase bide*

FLOU **un flou artistique** un 'flou'

FOUR **faire un four** *véase bide*

G

GÉNÉRALE **une (répétition) générale** un ensayo general

GLOIRE **la rançon de la gloire** el precio de la fama

GUICHET **jouer à guichets fermés** *véase bureau*

I

INDEX **mettre qqch. à l'Index** poner algo en el Índice

J

JARDIN **côté jardin** a la derecha del actor en el escenario

L

LETTRE **écrire un nom en toutes lettres** escribir un apellido con todas las letras

être en toutes lettres dans les journaux salir negro sobre blanco en los periódicos

LEVER **en lever de rideau** como entremés

LIVRE **un livre de chevet** un libro de cabecera

M

MALHEUR **faire un malheur** *véase baraque*

MASSACRER **massacrer une langue/une pièce** destrozar una lengua/una obra; darle patadas al diccionario

MESURE **battre la mesure** marcar/llevar el compás

MONSTRE **un monstre sacré** un monstruo sagrado

MUSIQUE **la musique adoucit les mœurs** la música amansa las fieras

N

NÈGRE être le nègre de   ser el negro de
NOIR mettre qqch. noir sur blanc   poner algo por escrito/muy claro
NOM se faire un nom   hacerse un nombre; hacerse famoso

O

OREILLE jouer à l'oreille/d'oreille   tocar de oído

P

PAPIER faire/écrire un papier sur qqch./qqn.   escribir un artículo sobre algo/alguien
  noircir du papier   emborronar papel/cuartillas
PAROLE les paroles s'envolent, les écrits restent *(prov.)*   las palabras se las lleva el viento *(prov.)*
PAS faire ses premiers pas   *véase début*
PATAQUÈS il a fait un pataquès   se le coló un gazapo
PATTE écrire avec/faire des pattes de mouche   escribir/hacer garabatos
PEAU entrer dans la peau de son/du personnage   meterse en la piel del personaje
PLAN un gros plan   un primer plano
PLANCHE brûler les planches   actuar con pasión/ardor
  monter sur les planches   pisar las tablas; subir al escenario
PLÂTRE essuyer les plâtres   pagar la novatada; ser telonero
POUSSER pousser la chansonnette; en pousser une (petite)   *véase chansonnette*
PREMIER un jeune premier; une jeune première   un joven galán; una joven estrella

---

" être le nègre de... "

El hombre negro ha proporcionado un gran número de acepciones relacionadas con la esclavitud o los trabajos forzados, esas vergüenzas de la humanidad. Así nacieron expresiones como traiter comme un nègre, travailler comme un nègre *y, más adelante,* faire le nègre, *es decir, desempeñar la tarea ingrata de pobre obrero anónimo que trabaja precisamente como un negro para un autor o un editor. ¿Cómo? ¿Qué me dice? ¿Que es el caso del sr. X, que tiene un éxito sin igual? ¿O que Fulano no ha escrito ni una sola línea de los famosos pensamientos que se le atribuyen? En lo que a nosotros respecta, puede dormir tranquilo: este libro ha sido totalmente concebido por su autores.*

cf. NÈGRE

PUBLIC   **être bon public**   ser un público fácil
   le grand public   el público en general; el gran público

R

RAMPE   **passer la rampe**   llegar al público
   sous les feux de la rampe   bajo las candilejas
RANÇON   **la rançon de la gloire**   *véase gloire*
RAT   **un rat de bibliothèque**   un ratón de biblioteca
RÉALITÉ   **la réalité dépasse la fiction**   *véase fiction*
RECETTE   **faire recette**   ser taquillero; ser un éxito de taquilla
RÔLE   **un rôle qui colle à la peau de qqn.**   un papel hecho a la medida de alguien

S

SALLE   **faire salle comble**   tener un lleno/llenazo
   les salles obscures   los cines
SAUCE   **(r)allonger la sauce**   meter paja
SCÈNE   **à la scène comme à la ville**   tanto dentro como fuera del escenario
   occuper le devant de la scène   estar en primer plano; ser de plena actualidad
SENTIER   **les sentiers de la gloire**   el camino del éxito
SERINGUE   **chanter comme une seringue**   *véase casserole*
SUCCÈS   **avoir un succès fou**   ser un exitazo/un gran éxito
   la rançon du succès   *véase rançon*
   remporter un succès d'estime   cosechar/ser un gran éxito de crítica (pero no de público)

T

TABAC   **faire un tabac**   *véase baraque*
TALENT   **être bourré de talent**   estar lleno de talento
TARTINE   **une tartine dans le journal à propos de qqch.**   un artículo interminable sobre algo en el periódico
THÉÂTRE   **un coup de théâtre**   un golpe de efecto
TIROIR   **(une pièce) à tiroirs**   una folla; (una obra) con escenas inconexas
TOILE   **se faire une toile**   ir a ver una peli/película
   une toile de maître   una obra maestra
TOMATE   **recevoir des tomates**   recibir/llevarse tomates
TRAC   **avoir le trac**   tener miedo escénico; estar como un flan
TRUFFER   **un texte truffé de citations**   un texto trufado con/repleto de citas
TUE-TÊTE   **chanter à tue-tête**   cantar a voz en grito/a grito pelado

V

VACHE   **parler le français comme une vache espagnole (= comme un Basque espagnol)**   chapurrear el francés; hablar un francés macarrónico

VEDETTE   **partager la vedette avec qqn.**   compartir cartel con alguien

passer en vedette américaine   actuar de telonero

VOIX   **une voix de stentor**   una voz estentórea

VOYAGE   **les gens du voyage**   los saltimbanquis; la gente del circo

19

LA POLÍTICA, LA RELIGIÓN

A

ABCÈS **crever/vider l'abcès** cortar por lo sano; atajar el mal de raíz

ACCEPTER **accepter qqch. comme parole d'évangile** tomar algo como artículo de fe; creer algo a pies juntillas/con los ojos cerrados

ACCORD **un accord en béton (armé)** un acuerdo escrito con letras de fuego

un accord franc et massif un sí rotundo

ACCORDER **accorder ses violons** ponerse de acuerdo; formar/hacer frente común

AFFAIRE **c'est une affaire classée** ¡asunto archivado/concluido!

expédier les affaires courantes ocuparse de los asuntos corrientes/cotidianos

ÂME **avoir charge d'âmes** tener almas a su cargo

ARBRE **mettre le doigt entre l'arbre et l'écorce** estar entre la espada y la pared; encontrarse entre dos fuegos

ARGENT **prendre qqch. pour argent comptant** *véase accepter*

ARGENTIER **le Grand Argentier** *(irón.)* el Ministro de Hacienda

AVEUGLE **il n'est pire aveugle que celui qui ne veut pas voir** *(prov.)* no hay peor ciego que el que no quiere ver (ni peor sordo que el que no quiere oír) [prov.]

AVORTER **faire avorter qqch.** cortar algo de raíz; (hacer) abortar algo

B

BAIN **prendre un bain de foule** darse un baño de multitudes

BANNIÈRE **se ranger sous la bannière de qqn.** ponerse del lado de alguien; estar de lado/de parte de alguien

BÂTON **prendre son bâton de pèlerin** emprender una misión de paz

BÉNITIER **être une (vraie) grenouille de bénitier** ser una beata/una mujer muy pía y fervorosa

BÉTON **un accord en béton (armé)** *véase accord*

BORD **changer/virer de bord** cambiar/volver la chaqueta

BOUCLIER **une levée de boucliers** un clamor popular; una protesta generalizada contra una autoridad

BOULE **faire boule de neige** ir aumentando progresivamente; tener un efecto acumulativo

l'effet boule de neige el efecto bola de nieve

BRAS   avoir le bras long   tener mucha vara alta/influencia; tener amigos influyentes/en las altas esferas

BROUILLER   brouiller les cartes/pistes   sembrar la confusión; despistar; borrar el rastro

BRÛLER   brûler ce qu'on a adoré   renegar de sus antiguas pasiones

C

CAMPAGNE   faire campagne pour un candidat   hacer campaña por un candidato

CARTE   brouiller les cartes   *véase brouiller*

CASAQUE   tourner casaque   *véase bord*

CATHOLIQUE   être plus catholique que le pape   ser más papista que el Papa

CHAISE   pratiquer la politique de la chaise vide   practicar la política de la silla vacía

CHANSON   c'est toujours la même chanson   siempre (con) la misma canción/historia

CHAPELET   dévider/débiter/égrener son chapelet   desgranar un rosario de quejas

CHAPITRE   avoir voix au chapitre   tener voz y voto/algo que decir respecto a algo

   ne pas avoir voix au chapitre   no tener ni voz ni voto; no tener vela en este entierro

CHARBONNIER   la foi du charbonnier   la fe del carbonero

CHARGE   avoir charge d'âmes   *véase âme*

CHASSE   une chasse aux sorcières   una caza de brujas

CHAT   jouer au chat et à la souris   jugar al gato y al ratón

CHEVAL   j'en parlerai à mon cheval (il fait de la politique)   ya veremos, ya veremos; a la vuelta lo venden tinto

CLASSER   c'est une affaire classée   *véase affaire*

CLOCHE   n'avoir/n'entendre qu'un (seul) son de cloche   oír sólo una versión

COUP   un coup d'État   un golpe de Estado

   un «coup de théâtre»   un golpe de efecto

CRÉNEAU   monter au créneau (pour défendre sa politique)   saltar/subir a la palestra (a defender su política)

CROIRE   croire dur comme fer (à qqch.)   creer algo a pies juntillas

   croire qqch. les yeux fermés   *véase accepter*

CROISADE   partir en croisade contre qqch.   emprender una cruzada contra algo

CUL   un cul béni   un beato/meapilas

CURÉ   bouffer/manger du curé   ser violentamente anticlerical

D

DESSOUS **les dessous de la politique** los arcanos/entresijos de la política
DÉTRUIRE **détruire qqch. dans l'œuf** *véase* *avorter*
DIALOGUE **un dialogue de sourds** un diálogo de sordos
DIEU **(il n') y a pas de bon Dieu** como hay Dios
  l'homme propose, Dieu dispose *(prov.)* el hombre propone y Dios dispone *(prov.)*
  manger le bon Dieu comulgar
  ne craindre ni Dieu ni le diable no temer ni a Dios ni al diablo
  ne croire ni a Dieu ni à diable no creer en nada
DISQUE **c'est toujours le même disque** *véase* *chanson*
DIVISER **diviser pour régner** divide y vencerás
DOS **renvoyer deux adversaires dos à dos** no dar la razón a ninguno de los dos adversarios

E

ÉCOLE **faire école** formar/hacer escuela
ÉCORCE **mettre le doigt entre l'arbre et l'écorce** *véase* *arbre*
ÉCOUTE **des écoutes téléphoniques** escuchas telefónicas
  mettre qqn. sur écoute (téléphonique) pinchar el teléfono a alguien
ÉCRASER **écraser/étouffer qqch. dans l'œuf** *véase* *avorter*
ÉMINENCE **une éminence grise** una eminencia gris
ENCLUME **se trouver/être entre le marteau et l'enclume** *véase* *arbre*
ÉTOUFFER **étouffer un scandale** echar tierra sobre un escándalo
ÉVANGILE **c'est parole d'évangile** es artículo de fe/palabra de Dios

F

FAGOT **sentir le fagot** oler a chamusquina; ser sospechoso de herejía
FER **être le fer de lance de qqch.** ser la punta de lanza de algo
FIGURE **être la figure de proue (d'un mouvement)** ser el mascarón de proa (de un movimiento)

" une éminence grise "

Nombre dado al consejero principal de Richelieu, un personaje misterioso, el padre Joseph, al que la Eminencia púrpura siempre confiaba empresas delicadas y peligrosas. El escritor Robert Merle lo describe como un eclesiástico que emanaba... un aroma monacal.

cf. ÉMINENCE

FOI **être sans foi ni loi; n'avoir ni foi ni loi** no temer ni rey ni roque/ni a Dios ni al diablo; no respetar ni rey ni roque
la foi du charbonnier *véase charbonnier*

FORCE **un cas de force majeure** un caso de fuerza mayor

FOULE **prendre un bain de foule** *véase bain*

FROC **jeter le/son froc aux orties** *(hombre)* colgar los hábitos

G

GARDE **la vieille garde** la vieja guardia

GÉOMÉTRIE **qqch. à géométrie variable** algo de geometría variable

GIROUETTE **virer comme une girouette; être une vraie girouette** ser un(a) auténtico(a) veleta

GRAIN **séparer le bon grain de l'ivraie** separar el grano de la cizaña

GRENOUILLE **être une (vraie) grenouille de bénitier** *véase bénitier*

GUERRE **partir en guerre contre qqch.** *véase croisade*

H

HABIT **prendre l'habit** tomar el hábito
quitter l'habit *(hombre y mujer)* colgar los hábitos

HISTOIRE **c'est toujours la même histoire** *véase chanson*

HOMME **l'homme propose, Dieu dispose** *(prov.)* *véase Dieu*

HURLER **hurler avec les loups** bailar al son que tocan; seguir la corriente

I

ICEBERG **la partie visible/émergée de l'iceberg** la punta del iceberg

IVRAIE **séparer le bon grain de l'ivraie** *véase grain*

J

JOUR **mettre qqch. au grand jour** sacar algo a luz/a relucir; poner algo al descubierto

JUSQU'AU-BOUTISTE **être (un) jusqu'au-boutiste** ser extremista/radical; ser un político de línea dura/del ala dura

L

LANGUE **pratiquer la langue de bois** hablar mucho y no decir nada

LICE **entrer en lice** entrar en liza; saltar la palestra

LIÈVRE   c'est là que gît le lièvre   ahí está la madre del cordero/el meollo de la cuestión
   lever un lièvre   levantar la liebre

LIGNE   être/rester dans la ligne (d'un parti/d'une organisation)   mantenerse dentro de la línea/fiel a la ortodoxia (de un partido/una organización)

LOUP   hurler avec les loups   *véase hurler*

LUMIÈRE   faire (toute) la lumière sur qqch.   arrojar luz sobre algo; esclarecer/aclarar algo

LUNE   promettre la lune   prometer el oro y el moro

M

MAIN   pratiquer la politique de la main tendue   practicar una política de mano tendida/reconciliación

MARE   jeter un pavé dans la mare   soltar una noticia bomba; causar/levantar un revuelo

MARTEAU   se trouver/être entre le marteau et l'enclume   *véase arbre*

MENSONGE   un pieux mensonge   una mentira piadosa

MINISTRE   la valse des ministres   el baile de ministros

MONT   promettre monts et merveilles   *véase lune*

MOULIN   un moulin à prières   un beato/devoto

N

NORMAND   donner/faire une réponse de Normand   contestar ni sí ni no, sino todo lo contrario

NOYAU   un noyau dur   los duros; el ala dura

O

ŒUF   tuer/écraser/étouffer/détruire qqch. dans l'œuf   *véase avorter*

OFFICE   les bons offices   los buenos oficios
   un Monsieur bons offices   un mediador

OPÉRATION   par l'opération du Saint-Esprit   por obra y gracia del Espíritu Santo; por arte de magia/birlibirloque

P

PAVÉ   jeter un pavé dans la mare   *véase mare*

PEAU   faire peau neuve   cambiar de imagen

PÉCHER   pécher par (ignorance, bêtise, etc.)   pecar por (ignorancia); pecar de (necio, etc.)

PÈLERIN prendre son bâton de pèlerin *véase bâton*

PISTE brouiller les pistes *véase brouiller*

POINT être au point mort estar en (un) punto muerto
un point chaud un punto álgido

POLITICARD un politicard un politicastro

POLITIQUE pratiquer la politique de la chaise vide *véase chaise*

PORTEFEUILLE la valse des portefeuilles *véase ministre*

POSITION durcir ses positions endurecer (las) posturas
prendre position tomar partido/una posición/posiciones
rester/camper sur ses positions mantenerse/seguir en sus trece

PRÊCHER prêcher dans le désert predicar en el desierto
prêcher pour sa paroisse/son saint barrer para casa
prêcher un converti/un convaincu gastar saliva (tratando de convencer a los que ya están convencidos)

PREMIER il vaut mieux être le premier dans son village que le second/dernier à Rome *(prov.)* más vale ser cabeza de ratón que cola de león *(prov.)*

PROFIL garder (un) profil bas mantenerse en un plano discreto/segundo plano

PROMESSE des promesses en l'air promesas que lleva el viento

PROPHÈTE nul n'est prophète dans/en son pays *(prov.)* nadie es profeta en su tierra *(prov.)*

PUNAISE être une punaise de sacristie *véase bénitier*

PUR pur et dur; pur jus puro y duro; del ala/de la línea dura

R

RACINE prendre/couper le mal à la racine cortar/arrancar el mal de raíz
s'attaquer aux racines du mal atacar el problema desde su raíz

RAISON la raison d'État la razón de Estado

RATISSER ratisser large reunir el mayor número de elementos posible; buscar en un radio muy amplio; arañar votos (aun a costa de los principios)

RAZ un raz de marée (électoral) una victoria aplastante/arrolladora (en las elecciones)

" *prêcher dans le désert* "

Otra vez el latín: vox camans in deserto... *Jesucristo hizo su travesía del desierto antes de que su palabra se extendiese como un reguero de pólvora. Es el destino de muchos grandes personajes de la historia. Conclusión: no hay que desesperar, quizá la gloria está a la vuelta de la esquina.*

cf. PRÊCHER

RELIGION la religion est l'opium du peuple la religión es el opio del pueblo
RÊNE tenir les rênes (du pouvoir) llevar/sujetar las riendas (del poder)
RENGAINE c'est toujours la même rengaine *véase chanson*
RETOURNER retourner sa veste *véase bord*
ROUTIER un vieux routier de la politique un perro viejo/dinosaurio de la política
ROYALISTE être plus royaliste que le roi *véase catholique*

S

SABRE le sabre et le goupillon el ejército y la iglesia
SCANDALE étouffer un scandale *véase étouffer*
SELLETTE mettre qqn. sur la sellette acribillar/coser a alguien a preguntas
SOLDE être à la solde (d'une puissance étrangère) estar a sueldo (de una potencia extranjera)
SON n'avoir/n'entendre qu'un (seul) son de cloche *véase cloche*
SORCIÈRE une chasse aux sorcières *véase chasse*
SOUFRE sentir le soufre *véase fagot*
SOURCE de source sûre de buena tinta; según fuentes fidedignas/bien informadas
SOURIS jouer au chat et à la souris *véase chat*
SPHÈRE les hautes sphères du pouvoir/de la politique las altas esferas del poder/de la política

T

TABLE faire table rase de qqch. hacer tabla rasa de algo
TACHE faire tache d'huile extenderse como una mancha de aceite
TANGENTE prendre la tangente irse/salirse por la tangente/por peteneras
TEINT bon teint incondicional; acérrimo; devoto
TERRAIN trouver un terrain d'entente encontrar elementos de acuerdo
TOPO c'est toujours le même topo *véase chanson*
TUER tuer qqch. dans l'œuf *véase avorter*

" la religion est l'opium du peuple "

Fue Lenin quien popularizó esta fórmula de Marx, aunque no inventaron nada ya que se limitaron a recuperar un tema muy querido de los pensadores del siglo de las Luces: el pueblo se olvida de su miseria volcándose en las ilusiones de la religión. Para algunas escuelas de pensamiento, la religión está revestida de un carácter mistificador. El debate permanece abierto...

cf. RELIGION

U

UNION   l'union fait la force   la unión hace la fuerza

V

VALSE   la valse des ministres/portefeuilles   *véase ministre*
VESTE   retourner sa veste   *véase bord*
    prendre une veste   llevarse un chasco
VIOLON   accorder ses violons   *véase accorder*
VOILE   prendre le voile   tomar el velo; profesar
VOIX   (ne pas) avoir voix au chapitre   *véase chapitre*
VOTER   voter utile   votar útil

A

A prouver/démontrer par A + B demostrar por A más B/matemáticamente

ABORD au premier abord; de prime abord a primera vista; a bote pronto

ACQUIT par acquit de conscience para mayor tranquilidad/seguridad

AGITÉ un agité du bocal un loco; un tocado del ala

AIGLE ce n'est pas un aigle no es ningún lince

ALLEMAND c'est du haut allemand me suena a chino

AMBULANT un dictionnaire/une encyclopédie ambulant(e) una enciclopedia/un diccionario ambulante

ANDOUILLE faire l'andouille hacer(se) el idiota/tonto/bobo

ÂNE un âne (bâté) un borrico/burro

ANTENNE avoir des antennes tener un sexto sentido; ser perspicaz/intuitivo

---

" ce n'est pas un aigle "

Desde la alta antigüedad, el águila representa la fuerza superior (el águila romana, el águila austriaca de dos cabezas o el águila americana). Por este motivo, su potencia, su penetrante mirada y su envergadura se han aplicado normalmente a las cualidades reconocidas a los grandes hombres (sobre todo a la inteligencia). Por ejemplo, el escritor Bossuet fue apodado «el águila de Meaux» y Napoleón, «el águila» a secas.

" faire l'andouille "

Que me perdonen los habitantes de Vire y otras partes: yo no he inventado esta expresión que desprecia su suculenta especialidad gastronómica. La andouille es un embutido que ha tomado este desagradable sentido por referencia al miembro viril, al que se le atribuyen pocas luces. Protesto enérgicamente, aunque Brassens objeta con mucha razón que sería igual de escandaloso dar un sentido peyorativo a la parte más dulce de la mujer. En ese caso...

cf. AIGLE y ANDOUILLE

ARAIGNÉE **avoir une araignée dans le plafond** faltarle un tornillo a uno; andar mal de la azotea/chaveta

ARBRE **les arbres cachent la forêt** *(prov.)* los árboles impiden ver el bosque

ARGUMENT **un argument massue** un argumento contundente/rotundo

AVERSE **ne pas être né de la dernière averse** no haber nacido ayer; no chuparse el dedo; no ser ningún crío

AVEUGLE **au royaume des aveugles, les borgnes sont rois** *(prov.)* en tierra de ciegos/el país de los ciegos, el tuerto es rey *(prov.)*

AVIS **à mon avis** a mi modo de ver/juicio/entender; en mi opinión

changer d'avis comme de chemise cambiar de idea/parecer/opinión como de camisa

deux avis valent mieux qu'un *(prov.)* cuatro ojos ven más que dos *(prov.)*

B

BABA **(en) rester baba** quedar(se) patidifuso/boquiabierto

B.A.-BA **le b.a.-ba de quelque chose** los rudimentos/las nociones elementales de algo

BERCER **il a été bercé un peu près du mur** éste cuando era pequeño se cayó de la cuna (y así se quedó)

BESTIAL **être bestial** ser bestial/de primera

BÊTE **bête à manger du foin; bête comme ses pieds** tonto de capirote; más tonto que Abundio/Perico el de los palotes

bête comme chou tirado; chupado; pan comido

être une bête *véase bestial*

faire la bête *véase andouille*

une bête à concours un empollón

BORGNE **au royaume des aveugles, les borgnes sont rois** *(prov.)* *véase aveugle*

BOSSE **avoir la bosse (des maths)** ser muy bueno (en matemáticas); dársele a alguien bien (las matemáticas)

BOUCHE **(en) rester bouche bée** *véase baba*

BOUCHÉ **bouché (à l'émeri)** *véase bête (à manger du foin)*

BOULE **perdre la boule** perder la chaveta/el juicio/la olla

BOURRICHON **monter le bourrichon à qqn.** llenar la cabeza de ilusiones a alguien; crearle falsas expectativas a alguien

se monter le bourrichon forjarse ilusiones

BOUSSOLE **perdre la boussole** *véase boule*

BOUT **avoir un mot/nom sur le bout de la langue** tener una palabra/un nombre en la punta de la lengua

BOUTEILLE **c'est la bouteille à l'encre** eso es un lío/embrollo/follón

BRAS **couper bras et jambe** dejar estupefacto/seco

les bras m'en tombent no me lo puedo creer; me quedo de una pieza/helado

BROUILLER **être brouillé avec les dates/les chiffres** dársele fatal los números; estar reñido con los números

CABOCHE **fourre-toi bien ça dans la caboche !** ¡métete eso en la cabeza/el coco/el tarro!

CASE **avoir une case en moins/une case vide** *véase* *araignée*

CASSE-TÊTE **un casse-tête (chinois)** un rompecabezas; un quebradero de cabeza

CENT **je vous/te le donne en cent !** ¡ni te/se lo imagina(s)!; me apuesto lo que (usted) quiera(s) a que no adivina(s)...

CERVELLE **avoir une cervelle de moineau** tener el cerebro de un mosquito; tener la cabeza vacía (*véase también* **bête à manger du foin**)
avoir/être une tête sans cervelle tener una cabeza de chorlito/hueca
se creuser la cervelle devanarse los sesos; quebrarse/romperse la cabeza

CHAPEAU **travailler du chapeau** *véase* *araignée*

CHAT **donner sa langue (au chat)** darse por vencido; rendirse; renunciar a adivinar una cosa

CHEVAL **miser sur le mauvais cheval** apostar por el caballo perdedor

CHEVEU **c'est tiré par les cheveux** eso está traído por los pelos; es rebuscado

CHIFFONNER **qqch. me chiffonne** algo me preocupa/molesta/mosquea

CHINOIS **c'est du chinois** *véase* *allemand*

CHOUCROUTE **pédaler dans la choucroute** dar golpes en hierro frío

CHRISTOPHE COLOMB **c'est l'œuf de Christophe Colomb** es el huevo de Colón

CINGLÉ **(complètement) cinglé** (completamente) chiflado/chalado/pirado/colgado

CIRAGE **dans le cirage** atontolinado; aturullado; apijotado

CLAIR **c'est clair comme de l'eau de roche** está más claro que el agua
c'est clair comme de l'eau de vaisselle/du jus de boudin no está nada claro; es un galimatías
tirer qqch. au clair sacar algo en limpio; poner algo en claro

CLOU **enfoncer le clou** remachar; machacar

CŒUR **en avoir le cœur net** tenerlo muy claro; saber a qué atenerse

COIN **en boucher un coin à qqn.** dejar atónito/pasmado a alguien

COLLE **poser une colle à qqn** hacer una pregunta difícil/embarazosa a alguien

COMBAT **c'est un combat de nègres dans un tunnel** es un galimatías

COMPRENETTE/COMPRENURE **dur de la comprenette/comprenure** duro de mollera

COMPTE **au bout du compte; tout compte fait; tous comptes faits** finalmente; pensándolo bien

COMPTEUR **avoir la tête comme un compteur à gaz** estar aturullado; andar atolondrado

CON **con comme un balai; con comme un manche (à balai); con comme la lune** *véase* *bête à manger du foin*
il a oublié d'être con no tiene un pelo de tonto

jouer au con *véase andouille*

ne pas être aussi con qu'on en a l'air no ser tan tonto como se parece

CONFIDENCE **être dans la confidence** estar en el secreto

COUCHE **en tenir une couche** *véase bête à manger du foin*

COUDRE **c'est cousu de fil blanc** está cantado; es un cante/cantazo

COUP **être dans le coup** estar en el ajo; estar al tanto/al corriente

COURANT **être au courant** *véase coup*

COUTURE **regarder/examiner qqch./qqn. sous toutes les/ses coutures** mirar/examinar algo/alguien con lupa

CRÂNE **bourrer le crâne à qqn.; faire du bourrage de crâne à qqn.** comer el coco/tarro a alguien

CRIBLE **passer qqch. au crible** pasar algo por el tamiz; mirar algo con lupa; registrar algo a fondo

CROIRE **(être comme saint Thomas) ne croire que ce que l'on voit** ser como Santo Tomás (: creer sólo lo que se ve)

CUL **tomber le cul par terre; (en) tomber/rester sur le cul** *véase baba*

CUTI **virer sa cuti** cambiar de ideas

D

DÉBARQUER **tu débarques ?** pero tú ¿de dónde (coño) sales?/¿de qué planeta vienes?

DÉBLOQUER **tu débloques !** ¡(a ti) te patina el embrague!; ¡qué tonterías/chorradas estás diciendo!

DEBOUT **ça ne tient pas debout** eso no se tiene en pie; eso no hay quien se lo crea; no tiene ni pies ni cabeza

DÉCOR **connaître l'envers du décor** conocer la otra cara de la moneda

DEGRÉ **prendre qqch. au premier degré** tomarse algo al pie de la letra

DÉTENTE **dur/long à la détente** corto de entendederas; duro de mollera

DEUX **lui et les maths, ça fait deux** no tiene ni idea/ni zorra de matemáticas

DICTIONNAIRE **un dictionnaire ambulant** *véase ambulant*

DINGUE/DINGO **(complètement) dingue/dingo** *véase cinglé*

DIRE **ça dit bien ce que ça veut dire** significa exactamente eso que dice

ça ne me dit rien (du tout) no me suena; (esto) no me dice nada

DISJONCTER **tu disjonctes !** *véase débloquer*

DOIGT **mettre le doigt sur qqch./dessus** dar en el clavo

mon petit doigt me l'a dit me lo ha dicho un pajarito

savoir/connaître qqch. sur le bout du/des doigt(s) saber algo al dedillo; saber algo de carretilla

se mettre/se fourrer/se foutre le doigt dans l'œil (jusqu'au coude) tirarse una plancha; equivocarse de medio a medio; meter la pata hasta el corvejón

DOUTE **dans le doute, abstiens-toi** en la duda, abstente

il n'y a pas l'ombre d'un doute no cabe la menor duda; no hay ni sombra de duda

DUR **dur de la comprenette/comprenure** *véase comprenette/comprenure*

E

EAU **ne pas avoir inventé l'eau chaude** no haber inventado la pólvora; no tener muchas luces

ÉCOLE **à bonne école** en buenas manos

ENCYCLOPÉDIE **une encyclopédie ambulante** *véase ambulant*

ENTRAVER **j'y entrave que dalle/que couic/que pouic** no entiendo ni jota; no tengo ni pajolera/puñetera idea

ERREUR **erreur profonde !; grave erreur !** ¡tremendo error!; ¡grave error!

l'erreur est humaine; errare humanum est *(latín)* errar es de humanos

ESPRIT **avoir de l'esprit** ser ingenioso/ocurrente

avoir l'esprit de contradiction tener espíritu de contradicción

avoir l'esprit d'escalier/de l'escalier ser lento de reflejos

faire de l'esprit mostrarse ocurrente

les grands esprits se rencontrent *(aprox.)* por supuesto que estamos de acuerdo: los genios siempre coinciden

rassembler ses esprits recobrar la compostura; calmarse

un bel esprit una persona culta/instruida

une vue de l'esprit una visión utópica

EXCEPTION **c'est l'exception qui confirme la règle** es la excepción que confirma la regla

EXPLIQUER **je t'explique pas !** ¡(mejor) ni te cuento!

F

FIL **c'est cousu de fil blanc** *véase coudre*

ne pas avoir inventé le fil à couper le beurre *véase eau*

perdre le fil (de ses idées) perder el hilo (de sus ideas)

FLÈCHE **ce n'est pas une flèche** *véase aigle*

FOLIE **c'est de la folie furieuse/douce/pure** es una auténtica/pura locura

FORÊT **les arbres cachent la forêt** *(prov.)* *véase arbre*

FORT **ce n'est pas mon fort** no es mi fuerte

FOU **fou à lier** loco de atar *(véase también aussi cinglé)*

FRANC **le petit franc est tombé** por/al fin cayó de la burra

G

GARDE **être/se tenir sur ses gardes** estar sobre aviso; estar a la defensiva

GÂTER **ne pas avoir été gâté par la nature** no ser ninguna lumbrera

GIROUETTE **être une vraie girouette** ser un(a) auténtico(a) veleta

GOURER (SE) **se gourer (complètement)** *véase (se mettre le) doigt dans l'œil*

GRAIN **avoir un (petit) grain** *véase araignée*

GRAINE **en prendre de la graine** tomarlo como ejemplo/modelo; servir de ejemplo

IDÉE avoir de la suite dans les idées ser pertinaz/perseverante/consecuente (hasta el final)

avoir une idée derrière la tête tener una idea en la cabeza

avoir une idée fixe tener una idea fija/una obsesión

(il) y a de l'idée no va descaminado/por mal camino

remettre les idées en place à qqn. ordenarle las ideas a alguien

IDIOT ne pas mourir idiot no morir en la ignorancia

IGNORER (s') être un (poète, romancier, etc.) qui s'ignore ser un (poeta, novelista, etc.) sin saberlo

IMBÉCILE être un imbécile heureux ser un tonto feliz

n'avoir rien d'un imbécile; ne pas être le quart/la moitié d'un imbécile no tener nada de tonto; no tener (ni) un pelo de tonto

IMPORTER (c'est) n'importe quoi ! ¡con qué tontería me sale(s)!; ¡menuda chorrada que dice(s)!

IROQUOIS c'est de l'iroquois *véase* **allemand**

J

JE NE SAIS QUOI un je ne sais quoi un no sé qué

JOUER où t'as vu jouer ça ? ¿de dónde has sacado esa idea (tan peregrina)?

JOUR percer qqch./qqn. à jour verle a alguien el plumero; calar a alguien; poder leer en el pensamiento de alguien; descubrir algo que se mantenía en secreto/oculto

L

LANGUE avoir un mot/un nom sur le bout de la langue *véase* **bout**

donner sa langue au chat *véase* **chat**

LANTERNE éclairer la lanterne de qqn. poner a alguien al corriente/tanto

LARD se demander si c'est du lard ou du cochon no saber con que versión quedarse

LATIN y/en perdre son latin no entender ni jota

LAVAGE un lavage de cerveau un lavado de cerebro

LÉGÈRE prendre qqch. à la légère tomar algo a la ligera

LETTRE prendre qqch. au pied de/à la lettre tomar algo al pie de la letra

LIEUE j'étais à cent lieues de penser que… estaba muy lejos de pensar que…; no me podía imaginar que…

LIGNE entrer en ligne de compte ser tomado en cuenta; ser tenido en consideración

lire entre les lignes leer entre líneas

LINOTTE avoir/être une tête de linotte *véase (avoir/être une tête sans)* **cervelle**

LIRE **lire à livre ouvert dans qqn.** leer en alguien como en un libro abierto
    lire en diagonale leer en diagonal/por encima; echar un vistazo

LORGNETTE **regarder les choses par le petit bout de la lorgnette** verlo todo de una manera mezquina; ser estrecho de mente/miras

LUMIÈRE **faire toute la lumière sur qqch.** arrojar luz sobre algo; aclarar algo
    ne pas être une lumière *véase eau*

LUNE **con comme la lune** *véase bête à manger du foin*
    être dans la lune estar en la luna/las nubes; estar en Babia

M

MABOUL **être maboul** *véase cinglé*

MACHINE **avoir la tête comme une machine à gaz** *véase compteur*

MAIN **en mettre sa main au feu** poner la mano en el fuego por algo; apostar la cabeza/el cuello a que…

MALIN **à malin, malin et demi** a pícaro, pícaro y medio
    être malin comme un singe ser más listo que el hambre

MARTEAU **marteau** *véase cinglé*

MASSE **à la masse** *véase cinglé*

MATIÈRE **la matière grise** la materia/sustancia gris

MÉMOIRE **avoir une mémoire d'éléphant** tener una memoria de elefante
    avoir la mémoire comme une passoire tener una memoria de grillo; tener una cabeza (terrible)
    j'ai un trou de mémoire tengo un lapsus/fallo de memoria; se me fue el santo al cielo

MÉTRO **avoir un métro de retard** ser corto

MILLE **je vous/te le donne en mille !** *véase cent*

MOUCHE **une fine mouche** un zorro; un lagarto

MUSIQUE **connaître la musique** conocer el paño/percal

N

NAÎTRE **ne pas être né de la dernière averse/pluie; ne pas être né d'hier** *véase averse*

NEZ **à vue de nez** a ojo; a ojo de buen cubero
    ne pas voir plus loin que le bout de son nez no ver más allá de sus narices

NŒUD **faire un nœud à son mouchoir** hacer un nudo en el pañuelo; cambiarse la alianza de dedo/de mano
    le nœud du problème el nudo del problema; el quid de la cuestión

NORD **ne pas perdre le nord** no perder el norte
    perdre le nord perder el rumbo/el norte

NUAGE **avoir la tête dans les nuages** *véase lune*

NUE **tomber des nues** caer de las nubes

NUIT **la nuit porte conseil** *(prov.)* la noche es buena consejera; hay que consultarlo con la almohada

O

ŒILLÈRE avoir des œillères tener anteojeras; no ver más que lo que se quiere; no ver más allá de sus (propias) narices; ser estrecho de miras

ŒUF c'est l'œuf de Christophe Colomb *véase Christophe Colomb*

quel œuf ! ¡qué/menudo/valiente imbécil/gilipollas/cretino!

P

PANTOUFLE raisonner comme une pantoufle pensar con los pies

PARFUM être au parfum estar al corriente/al cabo de la calle

mettre qqn. au parfum poner a alguien al corriente/al cabo de la calle

PART faire la part des choses tenerlo todo en cuenta/previsto

PASSAGE avoir un passage à vide tener un lapsus (de memoria)/un fallo de memoria

PASSOIRE avoir la mémoire comme une passoire *véase mémoire*

PÉDALE perdre les pédales perder los papeles/estribos/el control

PÉDALER pédaler dans la choucroute/dans la semoule/le yaourt *véase choucroute*

PEIGNE passer qqch. au peigne fin *véase crible*

PENSE-BÊTE un pense-bête un recordatorio

PÈRE NOËL croire au père Noël creer en los Reyes Magos/en cuentos de hadas

PESER tout bien pesé bien mirado; pensándolo bien

PIED avoir/garder les pieds sur terre tener/mantener los pies en la tierra

bête comme ses pieds *véase bête à manger du foin*

prendre qqch. au pied de la lettre *véase lettre*

PIF au pif; au pifomètre a ojímetro; a bulto

PIGER piger qqch. pescar/pillar algo; caer en (la cuenta de) algo

j'y pige que dalle *véase entraver*

PIQUER piqué (de la tarentule) *véase araignée*

" c'est l'œuf de Christophe Colomb "

Si un huevo no se mantiene en pie, basta con chafar el lado ancho para aplanarlo: se aguantará. ¡Sencillo! Sólo había que pensar en ello. Al igual que su ilustre predecesor de la antigüedad, Alejandro Magno —que cortó con la espada el nudo gordiano que le desafiaban a deshacer—, Colón demuestra que una política eficaz consiste en modificar las condiciones de un problema para resolverlo.

cf. ŒUF

PLAFOND bas de plafond *véase bête à manger du foin*

PLAQUE être (complètement) à côté de la plaque *véase (se mettre le) doigt dans l'œil*

PLEURER bête à pleurer *véase bête à manger du foin*

PLOMB mettre du plomb dans la cervelle de qqn. inculcarle (algo de) sentido común a alguien

péter les plombs *véase disjoncter*

PLUIE ne pas être né/tombé de la dernière pluie *véase averse*

POCHE connaître qqch. comme (le fond de) sa poche conocer algo como la palma de la mano/a fondo/al dedillo

POIDS c'est un argument de poids es un argumento de peso

POIS avoir un petit pois dans la tête *véase (avoir une) cervelle de moineau*

POMPE marcher/être à côté de ses pompes andar/estar completamente despistado/fuera de onda

PONTOISE tu reviens de Pontoise ? *véase débarquer*

POT découvrir le pot aux roses descubrir el pastel; tirar de la manta

POUDRE ne pas avoir inventé la poudre *véase eau*

POUR peser le pour et le contre sopesar los pros y los contras

PRENDRE à tout prendre mirándolo bien; después de todo

PREUVE faire la preuve par 9 hacer la prueba del nueve; comprobar a conciencia

PROUVER prouver/démontrer par A plus B *véase a*

PUCE ça m'a mis la puce à l'oreille me ha puesto la mosca detrás de la oreja

PUITS un puits de science/d'érudition un pozo de ciencia; una mina de información

Q

QUADRATURE c'est la quadrature du cercle es la cuadratura del círculo

QUI-VIVE être sur le qui-vive *véase garde*

R

RAFRAÎCHIR rafraîchir son anglais dar un repaso al inglés; ponerse al día en inglés

RECUL prendre du recul par rapport à qqch. tomar distancia respecto a algo (para verlo/comprenderlo mejor/tener perspectiva)

REDESCENDRE redescendre sur terre bajar de las nubes; poner los pies sobre la tierra

RÈGLE c'est l'exception qui confirme la règle *véase exception*

RENARD c'est un vieux renard es un (viejo) zorro

RENVERSE tomber à la renverse *véase baba*

RESTE avoir de beaux restes el que tuvo, retuvo; estar aún en servicio/buen uso

RIMER ça ne rime à rien *véase debout*

ROI **le roi des cons** lo más gilipollas que salió de madre *(véase también* **con***)*

ROND **il en est resté comme deux ronds de flan** quedarse con la boca abierta; se quedó patidifuso

ROUE **réinventer la roue** volver a inventar la pólvora

ROUTE **ça ne tient pas la route** *véase* **debout**

   faire fausse route ir descaminado/por mal camino

S

SANG-FROID **garder son sang-froid** conservar la sangre fría

SAVOIR **être bien placé pour le savoir** tener motivos (sobrados) para saberlo

   être payé pour le savoir tener la desgracia de saberlo

SCIENCE **avoir la science infuse** tener (la) ciencia infusa

SCIER **scié** pasmado/de una pieza

SECOUER **secoué** *véase* **cinglé**

SEMOULE **pédaler dans la semoule** *véase* **choucroute**

SENS **à mon sens** *véase* **(à mon) avis**

   avoir un sixième sens *véase* **antenne**

   ça tombe sous le sens cae por su (propio) peso; cae de cajón

   en dépit du bon sens en contra del/sin sentido común

   le bon sens el buen sentido; la sensatez; el sentido común

SENTIR (SE) **ne plus se sentir** volverse loco; perder la chaveta

SIMPLE **c'est simple comme bonjour** *véase* **bête comme chou**

SORCIER **ce n'est pas (bien) sorcier** no es nada del otro jueves/del otro mundo; no es muy complicado

SOUFFLER **être soufflé** *véase* **scier**

SOURCE **ça coule de source** *véase* **sens**

T

TAMBOUR **raisonner comme un tambour (mouillé/crevé)** *véase* **pantoufle**

TENANT **connaître les tenants et les aboutissants d'une affaire** conocer los pormenores de un asunto

TERRE **être terre à terre** ser prosaico

   redescendre sur terre *véase* **redescendre**

TÊTE **avoir/être une tête de linotte/sans cervelle** *véase* **(avoir une) cervelle de moineau** y **(avoir/être une tête sans) cervelle**

   avoir la tête dure; avoir une tête de lard/de pioche tener la cabeza dura; ser cabezota; ser terco como una mula

   avoir la tête sur les épaules tener la cabeza sobre los hombros

   avoir (toute) sa tête estar en sus cabales; conservar los cinco sentidos

   avoir un (petit) vélo dans la tête *véase* **araignée**

   ça m'est complètement sorti de la tête se me ha ido el Santo al cielo; se me pasó por completo

   ça (ne) va (pas) la tête ? ¿estás loco/chiflado?

(en) donner sa tête à couper   *véase main*

être (une) tête en l'air   tener la cabeza llena de pájaros

foncer tête baissée dans qqch.   hacer algo con los ojos cerrados/sin pensarlo

garder la tête froide   *véase sang-froid*

il est tombé sur la tête   está loco

la tête la première   de cabeza

la tête pensante de qqch.   la cabeza pensante/el cerebro de algo

monter la tête à qqn.   *véase bourrichon*

ne pas avoir la tête à ça; avoir la tête ailleurs   tener la cabeza en otra cosa/parte

ne pas/plus avoir toute sa tête   ya no tener los cinco sentidos; ya no estar muy en sus cabales

se casser la tête   *véase (se creuser la) cervelle*

se taper la tête contre les murs   volverse loco de remate

une (grosse) tête   un cerebro/cerebrín

TÊTU   **être têtu comme une mule**   *véase (avoir la) tête dure*

THÈME   **un fort en thème**   un empollón

TILT   **ça fait tilt**   *véase franc*

TOQUÉ/TOC-TOC   **toqué; toc-toc**   *véase cinglé*

TOUR   **avoir plus d'un tour dans son sac**   ser espabiladísimo; tener siempre salida para todo; encontrar siempre una salida

TRAIN   **avoir un train de retard**   *véase métro*

TRAIT   **avoir un trait de génie**   mostrarse/estar muy inspirado

  un trait de génie   una genialidad; una idea genial

TROU   **j'ai un trou (de mémoire)**   *véase mémoire*

V

VAGUE   **rester (dans le) vague**   decir vaguedades; no precisar mucho

VALISE   **être con comme une valise**   *véase con comme un balai*

VÉLO   **avoir un (petit) vélo dans la tête**   *véase araignée*

VOILE   **lever le voile de/sur qqch.**   desvelar/descubrir algo

Y

YAOURT   **avoir du yaourt dans la tête**   *véase araignée*

  pédaler dans le yaourt   *véase choucroute*

Z

ZINZIN   **zinzin**   *véase cinglé*

ZOUAVE   **faire le zouave**   *véase andouille*

LAS ESTRATEGIAS, LOS DESEOS, LAS POSIBILIDADES

A

ABATTRE **abattre ses cartes** poner las cartas boca arriba/sobre la mesa

ACCENT **mettre l'accent sur qqch.** hacer hincapié en algo; subrayar algo; poner algo de relieve

ACQUIS **tenir/considérer qqch. comme acquis** dar algo por sentado/hecho/sabido

AFFAIRE **ça c'est une autre affaire** eso es otro cantar; eso es harina de otro costal

ce n'est pas une mince/petite affaire no es cosa fácil; no es (ninguna) broma; no es moco de pavo

AFFÛT **être à l'affût de qqch.** estar al acecho de algo

AGUET **être aux aguets** estar a la que salta

AIGUILLE **chercher une aiguille dans une botte/une meule/un tas de foin** buscar un aguja en un pajar

AIR **sans avoir l'air d'y toucher; sans en avoir l'air; sans avoir l'air de rien** como si nada; como quien no quiere la cosa; como si tal cosa

AISE **en prendre à son aise avec qqch.** tomarse algo con (mucha/demasiada) tranquilidad; hacer algo como uno quiere

ALLER **quand (il) faut y aller, (il) faut y aller** no hay/queda más remedio

ALOUETTE **le miroir aux alouettes** el señuelo; el cebo; el espejuelo

ÂME **se donner corps et âme à qqch.** entregarse en cuerpo y alma a algo

ANGUILLE **il y a anguille sous roche** hay gato encerrado

ARRACHÉ **avoir/obtenir qqch. à l'arraché** ganarse/conseguir algo a pulso

ARRANGEMENT **mieux vaut (un) mauvais arrangement que/(qu'un) bon procès** más vale mala avenencia que buena sentencia *(prov.)*

" le miroir aux alouettes "

¿Serán las alondras, pajarillos gráciles y amables, tan coquetas que necesitan un espejo para admirarse? Esta explicación sería del agrado de los poetas, pero no tiene nada que ver con la realidad: el miroir aux alouettes (espejuelo) es un dispositivo formado por elementos brillantes y destinado a atraer a los pájaros pequeños. Como se sabe, los objetos brillantes engañan con más facilidad.

cf. ALOUETTE

ARRIÈRE   assurer/protéger ses arrières   proteger la retaguardia

ARRONDIR   arrondir les angles   limar (las) asperezas

ARTILLERIE   sortir la grosse artillerie/l'artillerie lourde   desplegar/utilizar la artillería pesada

AUTRUCHE   faire (comme) l'autruche; pratiquer la politique de l'autruche   hacer como el avestruz; comportarse como el avestruz

AVANT   aller de l'avant   no pararse en barras; avanzar sin reparar en obstáculos

AVERTI   un homme averti en vaut deux *(prov.)*   hombre prevenido vale por dos *(prov.)*

AVOCAT   se faire l'avocat du diable   hacer de abogado del diablo

B

BAGUETTE   d'un coup de baguette magique   como por arte de magia/de birlibirloque; como por encanto/ensalmo

BALANCE   faire pencher la balance   inclinar la balanza a mi/tu/su favor

BALLE   saisir/prendre/attraper la balle au bond   coger/atrapar la ocasión al vuelo

la balle est dans votre camp   la pelota está en su tejado

BANC   un banc d'essai   un banco de prueba(s)

BANDE   faire/prendre qqch. par la bande   hacer algo con rodeos/de manera indirecta

BARRE   avoir barre sur qqn.   tener cogido a alguien; tener ventaja sobre alguien

placer la barre haut   poner el listón alto

BÂT   savoir où le bât blesse   saber dónde le aprieta a uno el zapato

BÉMOL   mettre un bémol à qqch.   bajar el/de tono

BÊTE   c'est bête comme chou   es tirado/chupado/un juego de niños/pan comido/coser y cantar

BEURRE   battre le beurre   dar golpes en hierro frío; estar pez; estar despistado; perder los estribos

vouloir le beurre et l'argent du beurre (et la fermière avec)   querer nadar y guardar la ropa

BLANC   dire blanc puis noir; dire tantôt blanc tantôt noir   decir primero blanco y después negro

BONHEUR   au petit bonheur (la chance)   a la buena de Dios; a lo que salga; al tuntún

BONJOUR   c'est simple comme bonjour   *véase bête*

BOUC   trouver un bouc émissaire   encontrar un chivo expiatorio/una cabeza de turco

BOULET   traîner le/son boulet; s'attacher un boulet au pied   llevar la cruz a cuestas

BRAQUET   changer de braquet   cambiar de táctica

BRÈCHE   battre (une théorie) en brèche   echar por tierra (una teoría)

BROUILLARD   foncer dans le brouillard   lanzarse a ciegas

BUT   aller droit au but   ir al grano; no andarse con rodeos/por las ramas

CANARD **il y a plusieurs façons de plumer un canard** hay diversas maneras de enfocar un problema; cada maestrillo tiene su librillo

CARTE **abattre ses cartes** *véase abattre*
brouiller les cartes sembrar la confusión; enredarlo/embrollarlo todo
jouer la carte de (la solidarité…) jugar la carta de (la solidaridad…)
jouer sa dernière carte jugar su última carta

CARTOUCHE **brûler ses dernières cartouches** quemar los últimos cartuchos

CÉSAR **il faut rendre à César ce qui est à César (et à Dieu ce qui est à Dieu)** *(prov.)* hay que dar a Dios lo que es de Dios y al César lo que es del César *(prov.)*

CHAMP **laisser le champ libre (à qqn.)** dejar el campo libre (a alguien)

CHANCE **tenter/courir sa chance** probar fortuna/suerte

CHANSON **ça, c'est une autre chanson** *véase (ça c'est une autre) affaire*

CHARGE **revenir à la charge** volver a la carga

CHASSE **c'est chasse gardée !** es coto privado/reservado; es terreno vedado

CHAT **chat échaudé craint l'eau froide** *(prov.)* gato escaldado del agua fría huye *(prov.)*
il ne faut pas réveiller le/un chat qui dort mejor no meneallo

CHÂTEAU **bâtir/construire des châteaux en Espagne** hacer castillos en el aire; hacer castillos de naipes

CHAUD **souffler le chaud et le froid** *véase blanc*

CHEMIN **ne pas y aller par quatre chemins** *véase but*

CHÈVRE **ménager la chèvre et le chou** encender una vela a Dios y otra al diablo; saber nadar y guardar la ropa

CHIC **avoir le chic pour faire qqch.** darse/tener buena maña para hacer algo

CHIEN **garder/réserver un chien de sa chienne à qqn.** tenérsela jurada a alguien; esperar a alguien en la esquina; guardársela a alguien

CHOSE **en mettant les choses au mieux** en el mejor de los casos
en mettant les choses au pire en el peor de los casos

CHOU **bête comme chou** *véase bête*

CHOUCROUTE **pédaler dans la choucroute** *véase (battre le) beurre*

" il faut rendre à César ce qui est à César "

Julio César es evocado en este pasaje del Evangelio que tradicionalmente se lee el 22° domingo después de Pentecostés: "Hipócritas: devolved al César lo que confesáis que es del César y devolved a Dios lo que es de Dios." Una lectura laica de este texto puede llevar a una reflexión sobre la separación entre la Iglesia y el Estado.

cf. CÉSAR

CIEL **remuer ciel et terre** remover/revolver Roma con Santiago; remover cielo y tierra

CLÉ **avec qqch. à la clé** con algo en juego

CŒUR **à cœur vaillant, rien d'impossible** *(prov.)* el mundo es de los audaces *(prov.)* ; al hombre osado, la fortuna le da la mano

avoir à cœur de faire qqch.; prendre qqch. à cœur tomar(se) algo (muy) a pecho

s'en donner à cœur joie entregarse de (todo) corazón/con alegría; poner el alma en ello

si le cœur vous en dit si le apetece; si le parece; si está usted de humor

COMPTE **comment as-tu/t'as fait ton compte ?** ¿cómo hiciste?; ¿cómo te las arreglaste?

CONSEILLEUR **les conseilleurs ne sont pas les payeurs** una cosa es predicar y otra dar trigo

CONTRE **peser le pour et le contre** sopesar los pros y los contras

CONTRECŒUR **faire qqch. à contrecœur** hacer algo de mala gana/a regañadientes

CONTRE-PIED **prendre le contre-pied de qqch.** ir a contracorriente en algo; defender la opinión contraria de algo

COR **réclamer/demander qqch./qqn. à cor et à cri** pedir/reclamar a voces/a voz en grito

CORDE **faire vibrer/faire jouer la corde sensible** aprovecharse de los sentimientos/de la sensibilidad

toucher la corde sensible tocar la fibra sensible

CORPS **à son corps défendant** a pesar suyo; de mala gana

il faudra me passer sur le corps (para hacer eso habrá que pasar) por encima de mi cadáver

se lancer à corps perdu dans qqch. lanzarse a algo con ardor

se donner corps et âme à qqch. *véase âme*

COTON **c'est coton !** ¡no es moco de pavo!

COUDE **jouer des coudes pour entrer** abrirse paso a codazos

COUP **sans coup férir** sin pegar un solo tiro; sin combate; sin dar palo al agua

faire qqch. sur un coup de tête liarse la manta a la cabeza; hacer algo por una cabezonada

un coup d'essai un primer intento; una tentativa

risquer/tenter le coup probar fortuna/suerte

COUPE **il y a loin de la coupe aux lèvres** *(prov.)* de la mano a la boca se pierde/desaparece la sopa *(prov.)*; del dicho al hecho hay mucho/un gran trecho *(prov.)*

COUPER **couper dans le vif** cortar por lo sano

ne pas y couper no librarse de algo

COURAGE **prendre son courage à deux mains** sacar fuerzas de flaqueza; hacer de tripas corazón

COURIR **c'est couru (d'avance)** está visto; tenlo por seguro

ne pas courir après qqch. no estar loco por algo; no perseguir algo

COURS **donner libre cours à qqch.** dar rienda suelta a algo

COUSCOUS **pédaler dans le couscous** *véase (battre le) beurre*

COUTURE **battre qqn. à plates coutures** ganar/derrotar a alguien con diferencia; dar la gran paliza a alguien

CRÊPE **je l'ai retourné comme une crêpe** le hice cambiar de opinión sin problema

CROIX **c'est la croix et la bannière** cuesta Dios y ayuda

CUILLER **ne pas y aller avec le dos de la (petite) cuiller** no andarse con chiquitas/con paños calientes

CUIRE **laisser qqn. cuire dans son jus** dejar sufrir a alguien

c'est du tout cuit *véase bête*

D

DÉBROUILLER (SE) **se débrouiller avec les moyens du bord** arreglárselas con lo que hay

DÉBROUSSAILLER **débroussailler le terrain** preparar el terreno

DÉCOUVERT **agir à découvert** actuar a cara descubierta

DÉFI **jeter/lancer un défi** arrojar el guante; lanzar un desafío

relever le défi aceptar el desafío/reto; recoger el guante

DÉGONFLER (SE) **se dégonfler** rajarse; acobardarse

DÉMENER (SE) **se démener comme un beau diable pour avoir qqch.** bregar como un condenado para conseguir algo

DENTELLE **ne pas faire dans la dentelle** no pararse en detalles/minucias; no andarse con florituras

DÉTAIL **ne pas faire le détail** *véase dentelle*

DÉPIT **faire qqch. en dépit du bon sens** hacer algo de cualquier modo/a tontas y a locas; hacer algo en contra del sentido común

DÉSIR **prendre ses désirs pour des réalités** creerse uno sus sueños

DEVANT **prendre les devants (par rapport à qqn.)** tomar la delantera

DÉVOILER **dévoiler son jeu** *véase abattre*

DIABLE **faire le diable à quatre** armar la gorda

DIEU **jurer ses grands dieux** jurar por lo más sagrado

DIRE **ça ne me dit rien** no me apetece; no me dice nada

c'est plus facile à dire qu'à faire; faire et dire sont deux; il est plus facile de dire que de faire del dicho al hecho…

DIVERSION **faire diversion** divertir

DOIGT **être à deux doigts de faire qqch.** estar a dos dedos/a punto de hacer algo

faire qqch. les (deux) doigts dans le nez hacer algo con los ojos cerrados

DOUCE **en douce** a la chita callando

DOUTER **ne douter de rien** tener cara/morro

E

EAU **se jeter à l'eau** lanzarse; echarse al agua; dar el paso
mettre de l'eau dans son vin echarle agua al vino; moderar sus pretenciones; bajársele a uno los humos; apearse de la burra
nager entre deux eaux nadar/estar entre dos aguas

EFFET **couper ses effets à qqn.** cortar el rollo a alguien; chafar a alguien
faire l'effet d'une bombe tener el efecto de una bomba

EFFORT **ne pas ménager ses efforts** no ahorrar esfuerzos

EMBARRAS **avoir l'embarras du choix** no saber dónde elegir; tener de sobra para escoger

EMBRASSER **qui trop embrasse mal étreint** (prov.) quien mucho abarca poco aprieta (prov.)

EMBROUILLER (S'); S'EMMÊLER **s'embrouiller/s'emmêler les pinceaux/ pédales** hacerse la picha un lío

EMPLÂTRE **c'est (mettre) un emplâtre sur une jambe de bois** eso es la carabina de Ambrosio

ENCHANTEMENT **comme par enchantement** véase *baguette*

ENFANCE **c'est l'enfance de l'art** véase *bête*

ENVIE **avoir une furieuse envie de faire qqch.** tener unas ganas locas de hacer algo

ÊTRE **y être pour quelque chose** tener algo que ver en el asunto

F

FACE **se voiler la face** taparse los ojos; apartar la mirada; esconder la cabeza bajo el ala

FACILITÉ **choisir/opter pour la solution de facilité** irse por lo fácil

FACTURE **garanti sur facture** segurísimo; como que me llamo…

FAIM **la faim fait sortir le loup du bois; la faim chasse le loup (hors) du bois** (prov.) a la fuerza ahorcan (prov.)

FAIT **mettre qqn. devant le fait accompli** poner a alguien ante hechos consumados

FALLOIR **(il) faut ce qu'il faut** hay que hacer las cosas como Dios manda

FAUX **prêcher/plaider le faux pour connaître le vrai** decir mentira para sacar verdad; sacar la verdad a base de mentiras

FAUX-SEMBLANT **user de faux-semblants** usar pretextos falsos

FEU **avoir le feu sacré** sentir pasión por algo
être tout feu tout flamme ser muy entusiasta
faire feu de tout bois emplear todos los medios; no escatimar medios

FICHER **être (bien) fichu de faire qqch.** ser (bien/muy) capaz de hacer algo

FIL **donner du fil à retordre à qqn.** dar mucha guerra/lata a alguien; dar (mucho) que hacer a alguien
être dans le droit fil de seguir en la misma línea que
le fil d'Ariane el hilo de Ariadna

FILER **filer doux** pasar por el aro

FILLE **la plus belle fille du monde ne peut donner que ce qu'elle a** nadie puede dar lo que no tiene; de donde no hay no se puede sacar

FIN **la fin justifie les moyens** *(prov.)*; **qui veut la fin veut les moyens** *(prov.)* el fin justifica los medios *(prov.)*

arriver/parvenir à ses fins conseguir/lograr sus fines/su propósito; salirse con la suya

FLÈCHE **faire flèche de tout bois** *véase feu*

FLEUR **comme une fleur** muy fácilmente

FONTAINE **il ne faut pas dire fontaine (je ne boirai pas de ton eau)** *(prov.)* nunca digas de este agua no beberé *(prov.)*

FORCE **présumer de ses forces** sobrestimar las fuerzas de uno; tratar de abarcar demasiado

FORME **sans autre forme de procès** sin más ni más; sin pararse en barras

FORT **c'est plus fort que moi** es superior a mis fuerzas; no lo puedo remediar

FOUTRE **être (bien) foutu de faire qqch.** *véase ficher*

FRANCHIR **franchir le pas** *véase (se jeter à l') eau*

FRUIT **c'est au fruit que l'on connaît l'arbre** *(prov.)* por el fruto se conoce el árbol *(prov.)*; por sus obras les conoceréis

FUSIL **changer son fusil d'épaule** cambiar de táctica/de política

G

GAFFE **faire gaffe** tener cuidado; andarse con (mucho) ojo

GANT **ne pas prendre/mettre de gants** *véase cuiller*

relever/jeter le gant *véase défi*

prendre/mettre des gants avec qqn. tratar a alguien con paños calientes; obrar con reparo/miramiento con alguien

GARANTI **garanti sur facture** *véase facture*

GÂTEAU **c'est du gâteau** *véase bête*

ce n'est/c'est pas du gâteau no es moco de pavo/grano de anís

vouloir sa part du gâteau querer su parte del pastel

GÊNER (SE) **je vais me gêner !** ¡como que me voy a cortar!

GONFLER **gonflé à bloc** con gran moral; muy entusiasmado

" la fin justifie les moyens "

¿Cree usted? Debate viejo como el mundo que desempolvó durante el Renacimiento Nicolás Maquiavelo. Maquiavelo defendía que, en política, sólo cuenta el objetivo que se quiere alcanzar y no el valor de los medios empleados. En sus Diálogos (XXXI), Voltaire atiza la discusión: «pero el fin de la acción santifica los medios, y yo le absuelvo por todas las de la misma naturaleza».

cf. FIN

GRÂCE faire qqch. de/avec bonne/mauvaise grâce hacer algo de buena/mala gana

GRAIN mettre un grain de sel sur la queue (d'un oiseau/moineau) hacer una virguería; dar el do de pecho

séparer le bon grain de l'ivraie separar el grano de la cizaña

veiller au grain estar sobre aviso/vigilante

GRÉ bon gré mal gré; de gré ou de force por las buenas o por las malas; de grado o a la fuerza

GRELOT attacher le grelot poner el cascabel al gato

GRIVE faute de grives, on mange des merles *(prov.)* a falta de pan buenas son tortas *(prov.)*

GUÉRIR mieux vaut prévenir que guérir *(prov.)* más vale prevenir que curar *(prov.)*

H

HUSSARDE à la hussarde a las bravas; sin miramientos

I

IMPASSE faire l'impasse sur qqch. saltar(se) algo

IMPOSSIBLE à l'impossible nul n'est tenu *(prov.)* nadie está obligado a/puede hacer lo imposible

impossible n'est pas français *(prov.)* *(aprox.)* la palabra imposible no entra en mi vocabulario

IVRAIE séparer le bon grain de l'ivraie *véase* *grain*

J

JAMBE c'est un emplâtre sur une jambe de bois *véase* *emplâtre*

faire qqch. par-dessus/par-dessous la jambe hacer algo descuidadamente/chapuceramente

JEU abattre/dévoiler son jeu *véase* *abattre*

avoir beau jeu de faire qqch. resultarle a uno fácil hacer algo

cacher son jeu disimular/ocultar sus intenciones

c'est un jeu d'enfant *véase* *bête*

" à la hussarde "

Cuerpo militar famoso en el siglo XVII por su falta de finura y su brutalidad, los húsares han dado pie a una serie de expresiones que reflejan la falta de educación y de moderación.

cf. HUSSARDE

comprendre le petit jeu de qqn. verle a alguien el plumero; ver venir a alguien

être pris à son propre jeu caer en sus propias redes; ser víctima de su propio juego

faire jeu égal avec qqn. estar empatado con alguien

faire/jouer/sortir le grand jeu à qqn. no ahorrar/escatimar medios

faire le jeu de qqn. hacer el juego a alguien

jouer bon jeu bon argent jugar/actuar con seriedad

jouer franc jeu; jouer le jeu jugar limpio; actuar honradamente

jouer un double jeu *véase blanc*

se prendre/se piquer au jeu picarse (en el juego); cegarse por el juego; cogerle gusto al juego

voir clair dans le jeu de qqn. ver claramente las intenciones de alguien

JOINT **trouver le joint pour faire qqch.** encontrar/coger la(s) vuelta(s) para hacer algo; encontrar solución para hacer algo

JOKER **sortir/jouer son joker** sacarse un comodín/as de la manga

JOUER **jouer sur les deux tableaux** jugar a dos bandas/con dos barajas

L

LANCER (SE) **se lancer à corps perdu dans qqch.** *véase corps*

LEST **lâcher/jeter du lest** hacer concesiones

LETTRE **au pied de la lettre; à la lettre** al pie de la letra; literalmente

passer comme une lettre à la poste pasar fácilmente/sin ninguna dificultad

LIT **comme on fait son lit, on se couche** *(prov.)* como cebas, así pescas *(prov.)*

LOUP **la faim fait sortir le loup du bois; la faim chasse le loup (hors) du bois** *(prov.) véase faim*

LUNE **demander/vouloir la lune** pedir/querer la luna

promettre la lune prometer el oro y el moro

décrocher la lune conseguir lo imposible

LUXE **se payer/s'offrir le luxe de faire qqch.** permitirse el lujo de hacer algo

M

MACHINE **faire machine/marche arrière** arrugarse; dar marcha atrás; ir para atrás; desdecirse

MAIN **avoir qqch. sous la main** tener algo a mano

(faire comme [Ponce] Pilate,) s'en laver les mains lavarse las manos como Pilatos

faire main basse sur qqch. apoderarse de algo; meter mano a algo

forcer la main à qqn. obligar/forzar a alguien

mettre la main sur qqch. ou qqn. echar mano/el guante a algo/alguien

ne pas y aller de main morte *véase cuiller*

MAL aux grands maux, les grands remèdes *(prov.)* a grandes males, grandes remedios *(prov.)*

j'ai eu un mal de chien à faire cela me costó lo indecible/una barbaridad hacer esto

se donner du mal tomarse el trabajo

se donner un mal de chien/mal fou romperse el espinazo; matarse

MALADE comme un malade como un loco

MANCHE ça, c'est une autre paire de manches *véase (ça c'est une autre) affaire*

MANCHE s'y prendre comme un manche hacer algo con los pies; hacer algo fatal

MANÈGE comprendre le (petit) manège de qqn. *véase (comprendre le petit) jeu de qqn.*

MANIÈRE employer la manière forte emplear la fuerza; utilizar mano dura

MARCHÉ mettre à qqn. le marché en main dar un ultimátum a alguien; obligar a alguien a tomar una decisión ya

MARINER laisser/faire mariner qqn. *véase cuire*

MÉLANGER (SE) se mélanger les crayons/pinceaux/pédales *véase (s')embrouiller*

MÉNAGER ne pas ménager ses efforts *véase effort*

MER c'est pas/ce n'est pas la mer à boire no es nada del otro mundo/jueves

MERLE faute de grives, on mange des merles *(prov.)* *véase grive*

MERVEILLE faire des merveilles; faire merveille hacer/obrar maravillas; dar muy buenos resultados

MESURE dans la mesure du possible dentro de lo que cabe; en la medida de lo posible

donner sa mesure/la mesure de son talent mostrar de lo que uno es capaz

MIEL être tout sucre, tout miel ser muy amable

MIEUX le mieux est l'ennemi du bien *(prov.)* lo mejor es enemigo de lo bueno

MIJOTER (il y a) quelque chose (qui) se mijote algo se cuece

laisser qqn. mijoter dans son jus *véase cuire*

MINE mine de rien *véase (sans avoir l') air d'y toucher*

MIROIR le miroir aux alouettes *véase alouette*

MOITIÉ (ne pas) faire les choses à moitié no hacer las cosas a medias

MONT promettre monts et merveilles *véase (promettre la) lune*

MORT faire qqch. la mort dans l'âme hacer algo muy a su pesar/con gran dolor de corazón

MORT faire le mort hacerse el muerto; pasar

MOU donner du mou *véase lest*

MOUCHE on ne prend pas les mouches avec du vinaigre *(prov.)* más moscas se cogen con (una cucharada de) miel que con hiel

MOUILLER (SE) se mouiller mojarse; comprometerse

MOULIN se battre contre des/les moulins à vent luchar con molinos de viento

MOYEN employer les grands moyens *véase artillerie*
il n'y a pas moyen de moyenner ¡en absoluto!
la fin justifie les moyens *(prov.)*; qui veut la fin veut les moyens *(prov.)* *véase fin*
se débrouiller avec les moyens du bord *véase (se) débrouiller*

N

NAGER nager complètement *véase (battre le) beurre*
nager entre deux eaux *véase (nager entre deux) eaux*
NÉCESSITÉ nécessité fait loi *(prov.)* la necesidad carece de ley *(prov.)*
NŒUD trancher le nœud gordien deshacer el nudo gordiano

O

ŒIL ouvrir l'œil (et le bon) tener mucho cuidado; andarse con ojo
ŒUF marcher sur des œufs andar/ir pisando huevos
OMELETTE on ne fait pas d'omelette sans casser des œufs no se hacen tortillas sin romper/cascar huevos
OR ne vouloir faire qqch. pour tout l'or du monde no querer hacer algo ni por todo el oro del mundo/por nada del mundo
OREILLE se faire tirer l'oreille (pour faire qqch.) hacerse (de) rogar (para hacer algo)
OUBLIETTE jeter/mettre qqch. aux oubliettes dejar caer algo en el olvido; enterrar/sepultar algo en el olvido

P

PAIN manger son pain blanc le premier dejar el rabo por desollar
PARLER trouver à qui parler encontrar la horma de su zapato/su alma gemela
PART faire la part des choses tenerlo todo en cuenta
faire la part du feu abandonar una parte para no perderlo todo; salvar las naves
vouloir sa part du gâteau *véase gâteau*
PARTIE avoir affaire à forte partie tener que habérselas con un adversario temible
avoir la partie belle llevar las de ganar
PAS à pas de loups; à pas feutrés de puntillas; sin meter ruido; sigilosamente
faire le premier pas dar el primer paso
franchir/sauter le pas *véase (se jeter à l') eau*
il n'y a que le premier pas qui coûte lo difícil es dar el primer paso; todo es empezar

PASSE **être en passe de faire qqch.** estar en situación/en trance de hacer algo; estar a punto de hacer algo

PASSER **il faudra me passer sur le corps** *véase corps*

PATTE **faire patte de velours** esconder las uñas; tratar con suavidad y dulzura/con miramientos

PÉDALE **mettre la pédale douce** *véase bémol*

PÉDALER **pédaler dans la choucroute/la semoule/le couscous/le yaourt** *véase (battre le) beurre*

PEINE **avoir toutes les peines du monde à faire qqch.** pasarlas canutas/moradas para hacer algo

  ne pas être au bout de ses peines tener aún un largo camino por delante

  prendre/se donner la peine de faire qqch. tomarse el trabajo/la molestia de hacer algo

PENDULE **remettre les pendules à l'heure** poner las cosas en su lugar/sitio

PERLE **jeter/donner des perles aux cochons/pourceaux** echar margaritas a los cerdos

PERTE **en pure perte** para nada; inútilmente

PERSISTER **(je/il) persiste et signe !** lo digo y lo mantengo/lo dice y lo mantiene

PET **vouloir tirer des pets d'un âne mort** pedir peras al olmo

PIED **aller (quelque part) avec des pieds de plomb** andar con pies de plomo

  de pied ferme a pie firme

  être au pied du mur estar entre la espada y la pared

  faire des pieds et des mains *véase ciel*

  faire qqch. comme un pied *véase (s'y prendre comme un) manche*

  mettre qqn. au pied du mur poner a alguien entre la espada y la pared (*véase también marché*)

  ne pas/plus savoir sur quel pied danser no saber a qué atenerse; no saber con qué carta quedarse; no saber por dónde coger a alguien

  ne pas se laisser marcher sur les pieds no dejarse pisotear

PIERRE **décoiffer/découvrir/déshabiller (saint) Pierre pour coiffer/couvrir/habiller (saint) Paul; prendre à Pierre pour donner à Paul** desvestir a un santo para vestir a otro

PILATE **(faire comme [Ponce] Pilate,) s'en laver les mains** *véase main*

PINCEAU **s'emmêler/se mélanger/s'embrouiller les pinceaux** *véase (s')embrouiller*

PIPI/PISSER **ça m'a pris comme une envie de faire pipi/de pisser** se me ocurrió de repente

PISTE **brouiller les pistes** *véase (brouiller les) cartes*

PLAISIR **ce n'est pas une partie de plaisir** *véase (ce n'est pas une mince) affaire*

PLI **ça (ne) fait pas un pli** no cabe duda; eso no ofrece la menor duda

PLUMER **il y a plusieurs façons de plumer un canard** *véase canard*

POIDS **faire/avoir deux poids (et) deux mesures** aplicar la ley del embudo; medir con distinto rasero

POIL **caresser qqn. dans le sens du poil** dar jabón a alguien; hacerle la pelota a alguien

POINT **mettre les points sur les i** poner los puntos sobre las íes

un point c'est tout ! y santas Pascuas; y ya está

POINTE **y aller sur la pointe des pieds** medir sus pasos *(véase también [marcher sur des] œufs y [prendre/mettre des] gants)*

POISSON **noyer le poisson** dar largas a un asunto; hacerse el sueco/el longuis

PORTE **c'est la porte ouverte à tous les abus** eso da paso/abre la puerta a todo tipo de abusos

enfoncer une/des porte(s) ouverte(s) descubrir América/la pólvora

laisser la porte ouverte à qqch. dejar la puerta abierta a algo

se ménager/avoir une porte de sortie prepararse una salida/vía de escape; dejar una puerta abierta/de escape

POSSIBLE **dans la mesure du possible** *véase* **mesure**

POT **tourner autour du pot** andarse por las ramas/con rodeos

ne pas tourner autour du pot *véase* **but**

POUR **peser le pour et le contre** *véase* **contre**

POUVOIR **qui peut le plus peut le moins** *(prov.)* quien puede lo más puede lo menos *(prov.)*

PRÉCAUTION **deux précautions valent mieux qu'une** *(prov.)* vale más prevenir que lamentar *(prov.)*

PRENDRE **c'est à prendre ou à laisser** lo tomas o lo dejas (como las lentejas)

PRÉPARER **préparer le terrain** *véase* **débroussailler**

PRÉVENIR **mieux vaut prévenir que guérir** *véase* **guérir**

PROCÈS **sans autre forme de procès** *véase* **forme**

PROFIL **adopter un profil bas** mantenerse en un plano discreto/segundo plano

PROJET **caresser le projet de faire qqch.** acariciar el proyecto de hacer algo

PROMETTRE **promettre et tenir sont deux** prometer y no dar, a los tontos hace alegrar

PRUDENCE **prudence est mère de sûreté** *(prov.)* vale más prevenir que lamentar *(prov.)*

Q

QUADRATURE **c'est la quadrature du cercle** es la cuadratura del círculo

QUITTE **c'est jouer à quitte ou double; c'est du quitte ou double** es jugarse el todo por el todo; es jugar a doble o nada

R

RAISON **raison de plus pour faire qqch.** razón de más para hacer algo

RECULER **reculer pour mieux sauter** retirarse como el Cid

REFUSER (SE) ne rien se refuser no privarse de nada

RÈGLE faire qqch. dans les règles (de l'art) hacer las cosas como Dios manda/como debe ser

REPOS ce n'est pas de tout repos ! *(aprox.)* no es ninguna cura de reposo

RIEN comme si de rien n'était *véase air*

    on n'a rien pour rien el que algo quiere algo le cuesta

    on n'a rien sans rien el que no se arriesga no pasa la mar *(prov.)*

    qui ne demande rien n'a rien *(prov.)* el que no llora no mama *(prov.)*

    sans y être pour rien sin comerlo ni beberlo; sin tener nada que ver

RIGOLADE c'est de la rigolade *véase bête*

RIRE rira bien qui rira le dernier *(prov.)* quien ríe el último, ríe mejor *(prov.)*

RISQUER qui ne risque rien n'a rien *(prov.)* *véase (qui ne demande) rien n'a rien*

    risquer le coup *véase coup*

    risquer le paquet/le tout pour le tout arriesgarlo todo; jugarse el todo por el todo

RÔLE inverser/renverser les rôles invertir/cambiar los papeles

    jouer un rôle dans qqch. desempeñar un papel (importante) en algo

ROUE se mettre en roue libre hacer algo en plan tranqui/tranquilo

ROULETTE comme sur des roulettes como una seda; sobre ruedas

RUBICON franchir/passer le Rubicon pasar el Rubicón

RUSE avec des ruses de Sioux con tretas ingeniosas

S

SABOT je te vois venir avec tes gros sabots se te ve el plumero; te conozco bacalao aunque vengas disfraza(d)o

SAINT ne pas/ne plus savoir à quel saint se vouer no saber a qué santo encomendarse *(véase también [ne pas savoir sur quel] pied danser)*

SAUT faire le saut *véase (se jeter à l') eau*

SAVATE faire qqch. comme une savate *véase manche*

SEMOULE pédaler dans la semoule *véase (battre le) beurre*

SENTIMENT avoir qqn. aux/prendre qqn. par les sentiments apelar a los sentimientos de alguien

SERRER jouer serré obrar con cautela; andar(se) con ojo

" franchir/passer le Rubicon "

Julio César, otra vez él, había conquistado toda la Galia. Tenía que tomar una nueva y grave decisión: volver a Italia para hacerse con las riendas del poder (una bonita expresión, ésta también). Dudó, hizo mil consideraciones y, alea jacta est, cruzó el río Rubicón para dirigirse hacia el sur. El resto de la historia es de todos conocido.

cf. RUBICON

SERVIR **on n'est jamais si bien/mieux servi que par soi-même** si quieres ser bien servido, sírvete a ti mismo *(prov.)*

SIEN **y mettre du sien** contribuir personalmente; poner de su lado/parte

SIGNER **c'est signé** está bien claro quién está/anda detrás de todo esto; esto lleva la firma de…

SILENCE **passer qqch. sous silence** pasar algo por alto; acallar/silenciar algo

SIMPLE **c'est simple comme bonjour** *véase bête*

SINÉCURE **c'est pas une sinécure** *véase repos*

SOLUTION **il n'y a pas 36 solutions** no tiene/hay vuelta de hoja

SORTIR **il n'y a pas à sortir de là** de nada sirve darle (tantas) vueltas

SOUFFLER **souffler le chaud et le froid** *véase blanc*

SOURDINE **mettre une sourdine (à)** poner sordina (a); moderar

STRATÈGE **un stratège en chambre** un estratega de salón/de café

SUCRE **être tout sucre tout miel** *véase miel*

SÛR **rien n'est moins sûr** aún está la pelota en el tejado
sûr comme/aussi sûr que deux et deux font quatre tan seguro como que dos y dos son cuatro

SYSTÈME **le système D** *(= système Débrouille ou Démerde)* la habilidad/maña para solucionar problemas/para salir de apuros

T

TABLEAU **jouer/miser sur (les) deux/sur tous les tableaux** *véase jouer*
vouloir gagner sur les deux tableaux *véase (vouloir le) beurre et l'argent du beurre*

TAILLER **tailler dans le vif** *véase couper*

TAMBOUR **tambour battant** a buen ritmo/paso; con dinamismo/energía

TANGENTE **prendre la tangente** irse/salirse por la tangente

TAPIS **se prendre les pieds dans le tapis** *véase (s')embrouiller*

TARTE **ce n'est/c'est pas de la tarte** *véase gâteau*

TAUREAU **prendre le taureau par les cornes** coger el toro por los cuernos

TEMPÉRATURE **prendre la température (de l'eau)** tomar el pulso a una situación

TENIR **qu'à cela ne tienne** que no quede/sea por eso; no importa

TENTATION **céder à la tentation** sucumbir/ceder a la tentación

TENTER **tenter le coup** *véase coup*

TERRAIN **tâter le terrain** sondear/tantear el terreno

TÊTE **n'en faire qu'à sa tête** salirse con la suya; hacer de su capa un sayo; hacer sólo lo que le da a uno la gana

TISSER **tisser sa toile** urdir; tramar (sus planes)

TORTILLER **il n'y a pas à tortiller (du cul pour chier droit dans une bouteille)** *véase sortir*

TOUR **avoir plus d'un tour dans son sac** tener más de un as/triunfo en la manga; tener recursos para todo
et le tour est joué ! ¡listo!; ¡ya está!

TRANCHER trancher dans le vif *véase couper*

TROU faire un trou pour en boucher un autre *véase Pierre*

TROUVER si ça se trouve si se tercia; quizás

TRUC avoir/attraper/trouver le truc coger el truco/punto/el tranquillo
(il) y a un truc ! ¡tiene/hay truco!

V

VA à la va comme je te pousse; à la va te faire fiche de cualquier manera;
a la buena de Dios

VAPEUR renverser la vapeur cambiar radicalmente de orientación

VA-TOUT jouer son va-tout *véase risquer le paquet*

VAISSEAU brûler ses vaisseaux quemar las naves

VALSE-HÉSITATION une valse-hésitation darle vueltas y más vueltas a
algo

VELOURS jouer sur du/le velours jugar sobre seguro

VENT contre vents et marées contra viento y marea
voir/sentir de quel côté/d'où vient le vent ver por dónde sopla el viento; ver por dónde van los tiros

VIF piquer au vif herir en lo más vivo; tocar en el punto sensible
trancher/couper/tailler dans le vif *véase couper*

VIOLENCE faire violence à qqn. forzar/violentar a alguien

VISER viser haut *véase barre*

VOIE montrer/ouvrir la voie abrir camino; mostrar el camino

VOILER (SE) se voiler la face *véase face*

VOLONTÉ une volonté de fer una voluntad de hierro/férrea

VOULOIR dépendre du bon vouloir de qqn. depender/estar a expensas
de la buena voluntad de alguien

VOULOIR tu l'as voulu (tu l'as/tu l'as eu); tu l'as voulu, Georges Dandin
tú lo has querido
vouloir c'est pouvoir *(prov.)* querer es poder *(prov.)*; el que la sigue, la
consigue *(prov.)*

VRAI aussi vrai que je m'appelle… tan seguro como que me llamo…

VUE avoir des vues sur qqch./qqn. echar(le) el ojo/la vista a algo/alguien;
poner las miras en algo/alguien

Y

YAOURT pédaler dans le yaourt *véase (battre le) beurre*

YEUX fermer les yeux sur qqch. hacer la vista gorda a algo
pouvoir/être capable de faire qqch. les yeux fermés poder hacer algo
con los ojos cerrados

A

ABONDANCE abondance de biens ne nuit pas *(prov.)* mejor que sobre que no que falte *(prov.)*; por mucho trigo nunca fue mal año *(prov.)*

AIR vivre de l'air du temps vivir del aire

APPÂT l'appât du gain el incentivo/afán del lucro

ARDOISE liquider une ardoise liquidar/pagar una cuenta/una deuda/en el bar

ARGENT en avoir pour son argent sacarle jugo al dinero; obtener por el valor de su dinero

être à court d'argent andar corto/apurado de dinero

faire argent de tout sacar dinero de debajo de las piedras; ser un rey Midas

jeter l'argent par les fenêtres tirar el dinero por la ventana

l'argent appelle l'argent dinero llama dinero

l'argent liquide el dinero líquido/en efectivo

l'argent lui file/lui glisse entre les doigts el dinero se le escapa de las manos; tiene un agujero en la mano

l'argent n'a pas d'odeur *(prov.)* el dinero bien huele, salga de donde saliere *(prov.)*

l'argent ne fait pas le bonheur *(prov.)* **[mais ça aide/peut aider]** el dinero no hace la felicidad *(prov.)* [pero ayuda a conseguirla]

l'argent ouvre toutes les portes; avec l'argent, on peut tout poderoso caballero es Don Dinero; el dinero abre todas las puertas

le temps, c'est de l'argent el tiempo es oro

pas/point d'argent, pas/point de Suisse *(prov.)* por dinero baila el perro (y por pan, si se lo dan) *[prov.]*

plaie d'argent n'est pas/point mortelle *(prov.)* la falta de dinero no es mortal *(prov.)*

ramasser/remuer l'argent à la pelle ganar dinero a espuertas

se faire un peu d'argent de poche ganar dinero de bolsillo; ganar dinerillo para sus gastos

ARRONDIR arrondir ses fins de mois aumentar sus ingresos

ARROSER arroser qqn. untar a alguien; sobornar a alguien

AS être plein aux as tener el riñon bien cubierto; estar forrado de dinero

ASSASSINER assassiner qqn. sangrar a alguien; timar/estafar a alguien

AVARICE au diable l'avarice ! ¡será por dinero!

B

BALLE **t'as pas cent balles ?** ¡dame algo!; ¿no llevas por ahí un par de duros?

BANQUE **faire sauter la banque** hacer saltar la banca

BAS **mettre de l'argent dans son bas de laine** meter dinero en el calcetín

BESOIN **être dans le besoin** estar en la necesidad; estar necesitado

BEURRE **faire son beurre** hacer su agosto; forrarse (de dinero)
mettre du beurre dans les épinards *véase* *arrondir*

BIFTECK **gagner son bifteck** ganarse la vida/los garbanzos/el pan; buscarse la vida

BLÉ **manger son blé en herbe** gastar/comerse la renta antes de cobrarla
ne plus avoir de blé quedarse sin blanca/pasta

BOUCHÉE **pour une bouchée de pain** por un mendrugo de pan; por una bagatela/insignificancia; a precio de ganga

BOUILLON **boire un/le bouillon** hacer un mal negocio; llevarse un buen palo

BOURSE **à la portée de toutes les bourses** al alcance de todos los bolsillos
faire bourse commune hacer un fondo común/bote
la bourse ou la vie ! la bolsa o la vida
sans bourse délier sin soltar un céntimo; de gorra; por el morro
tenir les cordons de la bourse ser el que maneja el dinero/lleva las cuentas

BOUT **(avoir du mal à) joindre les deux bouts** pasar apuros/hacer equilibrios para poder llegar a fin de mes

C

CAISSE **passer à la caisse** pasar por caja; pasar por caja (a cobrar el finiquito)
une caisse noire una caja negra

CARROSSE **rouler carrosse** vivir a todo tren/a lo grande

CASQUER **casquer** aflojar la mosca/pasta

CASSER **ça vaut 1 000 euros à tout casser** vale 1 000 euros como mucho

CAVERNE **la caverne d'Ali Baba** la cueva de Alí Babá

CEINTURE **se serrer la ceinture** apretarse el cinturón

CHANDELLE **brûler la chandelle par les deux bouts** gastar más de la cuenta; malgastar
faire des économies de bouts de chandelle ahorrar el chocolate del loro

CHARITÉ **charité bien ordonnée commence par soi-même** *(prov.)* la caridad bien entendida empieza por uno mismo *(prov.)*

CHAT **acheter chat en poche** comprar a ciegas/a tontas y a locas

CHÂTEAU **mener la vie de château** vivir como un obispo/pachá

CHEMISE **y laisser/perdre sa chemise** perder hasta la camisa

CHÈQUE   un chèque en bois/sans provision   un cheque sin fondos

CHICHEMENT   vivre chichement   vivir miserablemente

CHOU   faire ses choux gras de qqch.   sacar tajada/provecho de una cosa

CLOCHE   déménager à la cloche de bois   marcharse de una vivienda sin pagar el alquiler

CLOPINETTE   des clopinettes   una miseria

CLOU   ça ne vaut pas un clou   eso no vale un pito/real
mettre qqch. au clou   empeñar algo en el monte de piedad
des clous !   ¡ni un duro!; ¡nada!

CŒUR   à votre bon cœur ! ; à vot'bon cœur, M'sieur dames !   ¡una limosnita, por el amor de Dios!

COMPTE   faire des comptes d'apothicaire   hacer la cuentas del Gran Capitán
les bons comptes font les bons amis   cuentas claras, amistades largas; las cuentas claras y el chocolate espeso
un compte rond   una cuenta redonda

CORDON   tenir les cordons de la bourse   *véase bourse*

CORNE   la corne d'abondance   el cuerno de la abundancia; la cornucopia

CÔTÉ   mettre (de l'argent) de côté   *véase bas*

COUDE   ne pas se moucher du coude   pasarse mucho con los precios; no cortarse un pelo con los precios

COUILLE   se faire des couilles en or   forrarse; montarse en el dólar

COULEUR   je n'ai pas encore vu la couleur de son argent   aún no se le ha visto un duro

COUP   c'est le coup de fusil !   *véase arnaque*

COURT   être à court d'argent   *véase argent*

CRIBLER   criblé de dettes   agobiado/cargado de deudas

CROCHET   vivre aux crochets de qqn.   vivir a expensas de alguien; andar a/comer la sopa boba; vivir del cuento

CROQUEUSE   une croqueuse de diamants   una cazafortunas

CROÛTE   gagner sa croûte   *véase bifteck*

CUILLER   né avec une cuiller d'/en argent dans la bouche   nacido en cuna de oro; de casa grande

CULOTTE   prendre une culotte (au jeu)   perder mucho dinero (en el juego)
y laisser/perdre sa culotte   *véase chemise*

" se faire des couilles en or "

Ese lugar (que no es necesario precisar) está supuestamente revestido, si se me permite la expresión, de muchas potencialidades. Ejemplos: avoir des couilles (tener huevos), casser les couilles (tocar los cojones), il y a une couille (hay una cagada), partir en couilles (irse a tomar por culo), etc. Desde luego, el dicho es muy popular, incluso terriblemente vulgar, pero al afortunado poco le importa.

cf. COUILLE

D

DÈCHE **être dans la dèche**   andar/estar a la cuarta pregunta; estar a dos velas; estar sin blanca/sin una perra

DÉPENSE **ne pas regarder à la dépense**   no mirar/reparar en gastos

DETTE **criblé de dettes** *véase cribler*

qui paie ses dettes s'enrichit *(prov.)*   quien debe y paga no debe nada *(prov.)*

DIABLE **tirer le diable (par la queue)**   estar con el agua/dogal al cuello

DONNER **c'est donné**   está regalado/tirado de precio; es una ganga

DRAPEAU **le drapeau noir flotte sur la marmite**   no vamos/van a llegar a fin de mes

E

ÉCONOMIE **faire des économies de bouts de chandelle** *véase chandelle*

(il n') y a pas de petites économies   a quien cuida la peseta nunca le falta un duro; un grano no hace granero, pero ayuda al compañero; muchos pocos hacen un mucho

ÉCOT **payer son écot**   pagar a escote; pagar su cuota/parte

ÉCU **remuer les écus à la pelle**   apalear las onzas de oro; forrarse

ÉLASTIQUE **les lâcher avec un élastique**   ser muy agarrado/tacaño/un rácano

ENTOURNURE **être gêné aux entournures**   estar apurado de dinero/pasta

ÉPINARD **mettre du beurre dans les épinards** *véase arrondir*

ESPÈCE **payer en espèces**   pagar en metálico/efectivo

payer en espèces sonnantes et trébuchantes   pagar con dinero contante y sonante

EXPÉDIENT **vivre d'expédients**   vivir del cuento/al día; ir tirando

F

FAUCHER **être fauché (comme les blés)** *véase dèche*

FENDRE (SE) **se fendre (de qqch.)**   soltar/largar/marcarse (dinero/un regalo)

il ne s'est pas fendu !   ¡no es que se haya arruinado!

FESSE **coûter/valoir la peau des fesses**   costar/(valer) un ojo de la cara/un riñón/huevo

FIFTY-FIFTY **faire fifty-fifty**   ir/pagar a medias; ir fifty-fifty

FILS **être un fils/une fille à papa**   ser un hijo/una hija de papá; ser un señorito/señoritingo

FIN **avoir des fins de mois difficiles**   pasar apuros para llegar a fin de mes

ne pas avoir de(s) fins de mois difficiles   sobrarle a uno el dinero

FOIN **mettre du foin dans ses bottes** *véase (faire son) beurre*

FOLIE **faire des folies** hacer locuras

FOND **être à fond de cale** *véase dèche*

FONDS **à fonds perdus** a fondo perdido

    être en fonds disponer de fondos/dinero

    prêter à fonds perdus prestar a fondo perdido

    rentrer dans ses fonds recobrar su dinero; amortizar la inversión

FORTUNE **coûter une (petite) fortune** costar un dineral/una fortuna

FOUILLE **s'en mettre plein les fouilles** forrarse

FRAIS **à frais communs** a escote

    à grands frais costosamente; con grandes gastos

    à peu de frais con poco(s) gasto(s); en plan barato/modestito

    aux frais de la princesse de gorra; a gastos pagados

    des faux frais gastos extras/imprevistos

    rentrer dans ses frais; faire ses frais cubrir gastos; amortizar los gastos

    se mettre en frais meterse en gastos; hacer extraordinarios

FRANC **demander/obtenir le franc symbolique** pedir/recibir un precio simbólico

FRIC **fric** pasta; guita; tela

    abouler le fric soltar/aflojar la pasta; estirarse

    bourré de fric; friqué forrado de pasta

    ramasser du fric à la pelle *véase (ramasser l') argent à la pelle*

    un fric fou/monstre una pasta gansa

G

GAUCHE **mettre (de l'argent) à gauche** *véase bas*

GÊNE **être dans la gêne** *véase dèche*

GNOGNOTE **c'est de la gnognote** eso no vale nada/un carajo

GRANDEUR **avoir la folie des grandeurs** tener delirios de grandezas; ser portero de casa grande

GRIPPE-SOU **un (vieux) grippe-sou** un (viejo) avaro/tacaño

GROS **miser/jouer gros** jugar fuerte

J

JETER **jeter les marchandises à la tête/à la figure des gens** vender a precios tirados/de risa; quemar/tirar los precios

    jeter l'argent par les fenêtres *véase argent*

JEU **faites vos jeux !** ¡hagan juego!

L

LANGUE **tirer la langue** estar/andar muy apurado

LIQUIDE **payer en liquide** *véase espèces*

M

MANCHE **faire la manche** alargar la mano; pedir; mendigar; mangar

MARMITE **faire bouillir la marmite** ganar/calentar el puchero; pagar el cocido/los garbanzos

MILLE **gagner des mille et des cents** ganar dinero a espuertas; ganar un dineral *(véase también as)*

MISÈRE **crier misère** lamentarse de su pobreza

    dans une misère noire en la más absoluta/profunda miseria; sumido en la miseria

    un salaire de misère un sueldo de hambre/miserable

MONNAIE **battre monnaie** *(anticuado)*; **frapper la monnaie** acuñar moneda

    payer en monnaie de singe pagar con promesas vanas/con buenas palabras

MONT-DE-PIÉTÉ **mettre qqch. au mont-de-piété** *véase **(mettre qqch. au) clou***

MOUCHER (SE) **ne pas se moucher du coude/pied** *véase coude*

MOUISE **être dans la mouise** *véase dèche*

MOYEN **vivre au-dessus de ses moyens** ser un quiero y no puedo; vivir por encima de sus posibilidades

N

NAGER **nager dans l'opulence** nadar en la opulencia/abundancia

NATURE **payer en nature** pagar en especie

NERF **le nerf de la guerre** el dinero; el nervio de la guerra

NOURRIR **cela/ça ne nourrit pas son homme** de eso no se puede vivir; eso no da para vivir

O

ŒIL **à l'œil** gratis; de balde; por el morro

ŒUF **(trouver à) tondre (sur) un œuf** ser un roñoso/agarrado; ser un buitre

ONCLE **un oncle d'Amérique** un tío de América

OPULENCE **nager dans l'opulence** *véase nager*

OR **acheter qqch. à prix d'or** comprar algo a precio de oro/por un ojo de la cara

    acheter qqch. au poids de l'or pagar por algo su peso en oro

    c'est une mine d'or es una mina de oro

    cousu d'or forrado de dinero

    crouler sous l'or estar cargado de dinero

    de l'or en barre oro en barras

l'or noir   el oro negro
rouler sur l'or   apalear (el) oro/los millones; estar forrado
tout ce qui brille n'est pas (d') or *(prov.)*   no es oro todo lo que reluce *(prov.)*
valoir son pesant d'or   valer su peso en oro
ORDINAIRE   améliorer son/l'ordinaire   *véase* *arrondir*

P

PACHA   vivre comme un pacha   *véase* *château*
PAILLE   être sur la paille   no tener (ni) dónde caerse muerto; estar en la (puta) calle
mettre qqn. sur la paille   dejar a alguien en la ruina/calle; dejar a alguien sin un duro
une paille !   ¡casi nada!; ¡una bicoca!
PAIN   ça ne mange pas de pain   no nos vamos a arruinar por eso
PANIER   c'est un panier percé   es un manirroto/derrochador
PAQUET   coûter un (bon/fameux) paquet   costar un fortunón/pastón
mettre le paquet (sur qqch.)   no reparar en gastos; echar el resto
PARADIS   un paradis fiscal   un paraíso fiscal
PART   avoir la part belle   llevarse la parte del león/la mejor parte
PAUVRE   pauvre comme Job   más pobre que las ratas
PAVÉ   être sur le pavé   *véase (être sur la) paille*
PEAU   coûter/valoir la peau des fesses/du cul   *véase* *fesse*
PELLE   ramasser l'argent à la pelle   *véase* *argent*
PÉROU   ce n'est pas le Pérou   no es ninguna fortuna; no es que valga mucho
PERTE   une perte sèche   una pérdida total
PET   ça ne vaut pas un pet (de lapin)   *véase* *clou*
PIED   ne pas se moucher du pied   *véase* *coude*
vivre sur un grand pied   *véase* *carrosse*
PIERRE   pierre qui roule n'amasse pas mousse *(prov.)*   piedra movediza nunca moho cobija *(prov.)*
PIQUE-ASSIETTE   un pique-assiette   un gorrón; un buitre *(véase también* *crochet)*
PLAIE   plaie d'argent n'est pas/point mortelle *(prov.)*   *véase* *argent*

" *ce n'est pas le Pérou* "

¿Dónde está El Dorado? Al poner pie sobre suelo americano, los conquistadores españoles oyeron relatar esa vieja leyenda india que hablaba de un país donde todo era oro. Mientras tanto, para distraerse, la alegre soldadesca arrambló con todas las riquezas del Perú y otros lugares, y aprovechó para masacrar a toda la población. Ignoraba que la primera riqueza es la humanidad.

cf. PÉROU

PLEIN **plein aux as** *véase* *as*

PLUME **laisser/perdre des plumes** salir desplumado/trasquilado

POCHE **en être de sa poche** tener que pagarlo/ponerlo de su bolsillo
se remplir les poches; s'en mettre plein les poches *véase* *fouille*

POGNON **avoir plein de pognon** tener perras/pasta
se faire un pognon fou *véase (ramasser du) fric à la pelle*

POIRE **couper la poire en deux** partir la diferencia
il faut toujours garder une poire pour la soif el que guarda siempre encuentra

POULE **tuer la poule aux œufs d'or** matar la gallina de los huevos de oro

POURRI **pourri de fric** podrido de pasta

POUSSER **ça ne pousse pas !** ¡que el dinero no crece en los árboles!

POUSSIÈRE **coûter 100 francs/euros et des poussières** costar ciento y pico francos/euros

PRENDRE **c'est toujours ça de pris (sur l'ennemi)** que me quiten lo baila(d)o

PRINCESSE **aux frais de la princesse** *véase* *frais*

PRIX **à prix d'or; au prix fort** a precio de oro
au prix où est le beurre con lo caro/carísimo que está todo
à vil prix a precio de risa
c'est hors de prix está por las nubes
faire un prix (d'ami) hacer un precio de amigo
y mettre le prix pagar lo que sea/el precio que sea

PROFIT **il n'y a pas de petits profits** *véase (il n'y a pas de petites) économies*

R

RADIS **ça ne vaut pas un radis** *véase (ça ne vaut pas un) clou*
ne pas/plus avoir un radis *véase* *dèche*

RAIDE **être raide (comme un passe-lacet)** *véase* *dèche*

RAT **être rat** ser (un) rata

RÂTELIER **manger à tous les râteliers** servir a Dios y al diablo; sacar partido/tajada de todas partes

REFAIRE (SE) **se refaire (au jeu)** recuperarse; reponerse (en el juego)

REGARDANT **être regardant** mirar la peseta/pela; ser tacaño/roñoso

REGARDER **ne pas regarder à la dépense; ne pas être regardant** *véase dépense*

RÉPONDANT **avoir du répondant** tener las espaldas bien cubiertas

RETROUVER **s'y retrouver** salir las cuentas

RICHE **on ne prête qu'aux riches** *véase (l') argent appelle l'argent*
riche comme Crésus más rico que Creso; rico como Creso
un nouveau riche un nuevo rico

RIEN **coûter trois fois rien/moins que rien** *véase donner*
on n'a rien pour rien el que algo quiere algo le cuesta
on n'a rien sans rien no hay atajo sin trabajo; el que quiera peces que se moje el culo

ROND avoir des ronds *véase* ***as***

   ne pas/plus avoir un rond; être sans un rond estar/quedarse sin un (puto) duro/chavo (*véase también* **dèche**)

   pour pas un rond *véase* ***(à l')œil***

ROULER ne pas rouler sur l'or no estar (precisamente) forrado; no nadar (precisamente) en la abundancia

RUBIS payer rubis sur l'ongle pagar a tocateja/toca teja

RUINER ce n'est pas cela/ça qui va nous ruiner *véase* ***pain***

RUISSEAU les petits ruisseaux font les grandes rivières (*prov.*) muchos pocos hacen un mucho (*prov.*)

S

SABLE être sur le sable *véase* ***(être sur la) paille***

SAIGNER saigner qqn. à blanc chuparle la sangre a alguien; dejar arruinado a alguien

SAINTE(-)TOUCHE c'est (la) Sainte(-)Touche es día de paga/cobro

SALAIRE un salaire de misère *véase* ***misère***

SALER saler la note cargar la (mano en la) cuenta

SAVATE traîner la savate estar en la miseria; andar a la cuarta pregunta

SEC être à sec *véase* ***dèche***

SEMAINE vivre à la petite semaine *véase* ***expédient***

SERRER être serré *véase* ***entournure***

SOIE péter dans la soie vivir a todo trapo/tren

SOLEIL avoir du bien/des biens au soleil tener bienes inmuebles

SOMME une somme rondelette una cantidad importante; una buena cantidad

SOU c'est une histoire de gros sous es un asunto de mucho dinero/mucha pasta /muchos kilos

   être près de ses sous *véase* ***œuf***

   être sans le/sans un sou; ne pas/plus avoir un sou vaillant *véase* ***dèche***

   ne pas valoir un sou *véase* ***clou***

   un sou est un sou *véase* ***(il n'y a pas de petites) économies***

   y laisser jusqu'à son dernier sou dejarse hasta el último céntimo

SOUPE par ici, la bonne soupe ! ¡venga/hala, to p'a mí!

T

TANTE mettre qqch. chez ma tante *véase* ***(mettre qqch. au) clou***

TAPER taper qqn. de 100 francs/balles/euros sablear a alguien 100 francos/pelas/euros

TEMPS le temps, c'est de l'argent *véase* ***argent***

TÊTE fixer les prix à la tête du client poner los precios según la pinta/cara del cliente

   payer 1000 euros par tête (de pipe) pagar 1000 euros por barba/persona

TIRELIRE **casser sa tirelire** romper la hucha/el cerdito

TIROIR **gratter/racler les fonds de tiroirs** rascarse los bolsillos; buscar el dinero debajo de las piedras

TONDRE **(trouver à) tondre (sur) un œuf** *véase œuf*

TRAIN **mener grand train** *véase carrosse*

TRIPETTE **ça ne vaut pas tripette** eso no vale un comino/pito

TRONC **apporter/mettre qqch. dans le tronc commun** poner algo en/aportar algo al fondo común/bote

V

VACHE **les vaches maigres** las vacas flacas

manger/bouffer de la vache enragée pasar hambre/privaciones; pasarlas negras; pasar las de Caín

une vache à lait una mina

VEAU **adorer le veau d'or** adorar el becerro de oro

VEINE **se saigner aux quatre veines** quitarse el pan de la boca

VENDRE **vendre à vil prix** *véase jeter les marchandises à la tête des gens*

VIE **mener la grande vie** *véase carrosse*

gagner sa vie *véase bifteck*

VIVRE **il faut bien vivre !** ¡de algo hay que vivir!

VIVRES **couper les vivres à qqn.** cerrar el grifo/la mano a alguien

Y

YEUX **coûter/valoir les yeux de la tête** *véase fesse*

" adorer le veau d'or "

Ya que estamos en el capítulo moral, recordemos este episodio de la Biblia: cuando Moisés hubo liberado a su pueblo de las garras del faraón, subió al monte Sinaí donde recibió los diez mandamientos del Señor. Mientras le esperaban, sus fieles se consagraron al lujo y a la lujuria, y con sus joyas fundieron un inmenso becerro de oro. Como castigo, tuvieron que errar cuarenta años más por el desierto antes de encontrar Canaán.

cf. VEAU

LA ESTAFA

A

ABUS **un abus de confiance** un abuso de confianza

ADDITION **payer l'addition (pour qqn./à la place de qqn.)** pagar el pato/los platos rotos; cargar con el muerto (en lugar de alguien)

AFFAIRE **une affaire louche** un asunto turbio/poco claro

AGRAFER **se faire agrafer (par la police)** dejarse echar el guante/pescar (por la policía)

APPÂT **mordre à l'appât** picar en el anzuelo

ARBRE **faire monter qqn. à l'arbre** tomarle el pelo a alguien; embaucar a alguien; pegársela a alguien

monter à l'arbre dejarse engañar

ARNAQUE **c'est de l'arnaque** cuesta la torta un pan; ¡menuda clavada!

ARRACHEUR **mentir comme un arracheur de dents** mentir como un sacamuelas

ARROSEUR **c'est l'histoire de l'arroseur arrosé** eso es ir por lana y volver trasquilado

ATTRAPE-NIGAUD **un attrape-nigaud** un engañabobos

AUTRE **à d'autres !** ¡a otro perro con ese hueso!; ¡cuéntaselo a otro!

AVOIR **se faire avoir** dejarse engañar/estafar; quedar como (un) tonto; quedar(se) con un palmo/dos palmos de narices

B

BABA **l'avoir dans le baba** salirle a uno el tiro por la culata

BAISER **se faire baiser (la gueule); être baisé** *véase avoir*

" mentir comme un arracheur de dents "

¡Ojito! No utilice esta expresión en el dentista, no vaya a ser que el hombre (o la mujer) se emocione con el torno. Además, tendría motivos para enfadarse ya que sus antepasados, los barberos, no disponían de sedantes y sólo podían contar unas cuantas patrañas antes de, ¡crac!, arrancar de cuajo el diente enfermo del sufrido cliente.

cf. ARRACHEUR

BALLON **être au ballon** estar en chirona/en el talego/en la trena

BAN **être mis au ban de la société** ser puesto al margen/excluido de la sociedad

BANC **finir sur le banc des accusés** acabar en el banquillo (de los acusados)

BARREAU **être derrière des barreaux** estar entre rejas/tras las rejas (*véase también ballon*)

BATEAU **mener qqn. en bateau; monter un bateau à qqn.** *véase (faire monter qqn. à l') arbre*

BEAU **c'est trop beau pour être vrai** es demasiado hermoso/bonito para ser cierto/verdad

BERNER **se faire berner; être berné** *véase avoir*

BIEN **bien mal acquis ne profite jamais** *(prov.)* bien(es) mal adquirido(s) a nadie ha(n) enriquecido *(prov.)*

BLAGUE **raconter des blagues** venir con músicas/cuentos; dar gato por liebre; contar bolas/trolas

BLEU **n'y voir que du bleu** no comprender/entender nada; no enterarse de nada

BLOUSER **se faire blouser; être blousé** *véase avoir*

BOBARD **raconter des bobards** *véase blague*

BOIRE **qui a bu boira** *(prov.)* quien hace un cesto hace/hará ciento *(prov.);* quien a mí me trasquiló, con las tijeras se quedó *(prov.)*

BOÎTE **mettre qqn. en boîte** *véase (faire monter qqn. à l') arbre*

BOUCLER **se faire boucler** dejarse meter en chirona/encerrar

C

CATHOLIQUE **ce n'est pas (très) catholique** esto no es (muy) católico (que digamos)

CHANGE **donner le change à qqn.** dar el pego/cambiazo a alguien

CHANTER **faire chanter qqn.** hacer chantaje a alguien

CHAPEAU **faire porter le chapeau à qqn.** echarle a alguien el muerto/las culpas/el mochuelo

  porter le chapeau *véase addition*

CHAT **acheter chat en poche** comprar a ciegas/a tontas y a locas

CHAUFFER **chauffer qqch. à qqn.** birlar/robar algo a alguien

CHEVILLE **être en cheville avec qqn.** estar aconchabado con alguien

CHOCOLAT **être chocolat** *véase avoir*

CHOPER **se faire choper** *véase agrafer*

COBAYE **servir de cobaye à** servir de conejillo de Indias para

COCHON **jouer un tour de cochon à qqn.** hacer una mala jugada/mala pasada/putada/jugarreta

COFFRER **se faire coffrer** *véase boucler*

COMBINE **être dans la combine** estar en el ajo

  entrer dans les combines de qqn. seguirle/hacerle el juego a alguien

  marcher dans les combines de qqn. dejarse embaucar por alguien; picar; tragarse el anzuelo

CORDE   il ne vaut pas la corde pour le pendre   vale menos que la cuerda para ahorcarlo

un homme de sac et de corde   un tío del que no se puede uno fiar; un tío nada recomendable

COU   tremper dans qqch. (jusqu'au cou)   estar pringado en algo; estar metido en algo hasta el cuello

COUP   c'est un coup fourré/monté   es un golpe montado

donner un coup bas   dar un golpe bajo

faire le coup du père François   darle a alguien una puñalada trapera/por la espalda

faire un coup tordu/un sale coup à qqn.   *véase cochon*

monter un coup   preparar un golpe

un coup de filet   una redada

un coup de Jarnac   una puñalada trapera; un golpe traicionero/a traición

COUTEAU   mettre le couteau sur/sous la gorge de qqn.   poner la pistola en la cabeza a alguien

CRAQUE   raconter des craques   *véase blague*

CRASSE   faire une crasse à qqn.   *véase cochon*

CUL   un faux cul   un hipócrita/Judas

D

DERCHE   un faux derche   *véase cul*

DÉ   les dés sont pipés   los dados están trucados

DIEU   on lui donnerait le bon Dieu sans confession   parece una hermanita de la caridad; parece que no ha roto un plato en su vida; tiene cara de mosquita muerta

DINDON   le dindon de la farce   el hazmerreír; el que paga el pato

DONNER   donner c'est donner (reprendre c'est voler)   (Santa Rita,) lo que se da no se quita

DOS   faire un enfant dans le dos à/de qqn.   *véase cochon*

" un coup de Jarnac "

He aquí un episodio histórico relacionado con la ciudad de Jarnac, cuyo señor local, Guy Chabot, barón de Jarnac, mató en un duelo a un tal François de Vivonne, señor de la Châtaigneraie, en 1547. La famosa estocada de Jarnac, que se utilizó por primera vez en este duelo, consistía en un golpe decisivo e inesperado, aunque nada desleal (la guardia armada no tuvo que intervenir ya que el vencedor no había cometido ningún acto de felonía). Paradójicamente, la expresión reviste actualmente el sentido de acción pérfida, traicionera. Otro gran señor de Jarnac, famoso por sus fintas imparables, descansa para la eternidad en la ciudad. Se trata del presidente François Mitterrand.

cf. COUP

l'avoir dans le dos *véase* *avoir*

mettre qqch. sur le dos de qqn. *véase (faire porter le) chapeau*

DUPE un jeu de dupes un engañabobos

un marché de dupes un timo; una estafa

E

EAU pêcher en eau trouble pescar en río revuelto

ÉCHELLE faire monter qqn. à l'échelle *véase (faire monter qqn. à l') arbre*

monter à l'échelle *véase (monter à l') arbre*

EMBROUILLE un sac d'embrouilles un enredo/lío

EMBROUILLER ni vu ni connu, je t'embrouille visto y no visto; ni visto ni oído

ENFANT faire un enfant dans le dos à/de qqn. hacerle un hijo de madera a alguien *(véase también cochon)*

ENTUBER se faire entuber *véase avoir*

ÉPINGLER se faire épingler *véase agrafer*

F

FAIRE être fait comme un rat caer en la trampa; estar cogido por todas partes

on ne me la fait pas !; il ne faut pas me la faire ¡(a mí) no me venga(s)/que no me vengan con ésas/historias!; ¡a mí no me la das/dan con queso!

FEU n'y voir que du feu *véase bleu*

FLOU un flou artistique una imprecisión/vaguedad intencionada/voluntaria

FRAIS mettre qqn. au frais poner a alguien a la sombra; meter a alguien en el trullo

G

GÂCHETTE avoir la gâchette facile tener el gatillo fácil/flojo

GAULER se faire gauler *véase agrafer*

GIBIER un gibier de potence carne de horca; un malhechor; un bandido

GOGO un gogo un primo; un tonto; un inocente; un palomino

GUEULE arriver la gueule enfarinée llegar tan pancho; llegar como si tal cosa

H

HAMEÇON mordre à l'hameçon *véase appât*

HISTOIRE une histoire à dormir debout un cuento chino; una historia para no dormir

raconter des histoires *véase blague*

HONNIR **honni soit qui mal y pense** *(devise)* mal haya el que mal piense *(prov.)*

J

JETON **un faux jeton** *véase cul*
JEU **un jeu de dupes** *véase dupe*
  cacher son jeu esconder su juego; disimular sus intenciones

L

LAINE **se faire manger/tondre la laine sur le dos** dejarse desplumar/pelar *(véase también avoir)*
LANTERNE **faire prendre des vessies pour des lanternes** dar aguja y sacar reja; dar poco, querer mucho
LOUP **enfermer le loup dans la bergerie** meter el lobo en el redil
  les loups ne se mangent pas entre eux *(prov.)* un lobo a otro no se muerden *(prov.)*
LUNE **faire voir à qqn. la lune en plein midi** *véase (faire monter qqn. à l') arbre*

M

MAIN **faire main basse sur qqch.** apoderarse de algo; arramblar con algo; meter mano a algo
  mettre la main sur qqn. echarle el guante a alguien; ponerle la mano encima a alguien
  prendre qqn. la main dans le sac coger a alguien con las manos en la masa
  se salir les mains ensuciarse las manos; pringarse
MAÎTRE **un maître chanteur** un chantajista
MANGER **se faire manger la laine sur le dos** *véase laine*
MARCHER **faire marcher qqn.** *véase (faire monter qqn. à l') arbre*
  je (ne) marche pas (dans ta combine) no cuela/trago; por eso/ahí no paso
MARRON **être marron** *véase avoir*
MÈCHE **être de mèche avec qqn.** *véase cheville*
MENSONGE **un mensonge gros comme une maison** una mentira más grande que una casa
  un tissu de mensonges una sarta de embustes
MENTIR **mentir comme on respire** mentir más que se habla
MITARD **être au mitard** *véase ballon*
MOELLE **être pourri jusqu'à la moelle** podrido hasta la raíz/médula/el tuétano
MONNAIE **payer en monnaie de singe** pagar con promesas vanas/buenas palabras
MORDRE **mordre à l'hameçon** *véase appât*

N

NŒUD un sac de nœuds *véase* **embrouille**

O

OCCASION **l'occasion fait le larron** la ocasión hace al (hombre) ladrón

ŒIL **mon œil !** ¡tu tía!; ¡y un cuerno/jamón!

ŒUF **qui vole un œuf vole un bœuf** *(prov.)* quien hace un cesto hace/hará ciento *(prov.)*; quien mal empieza, mal acaba *(prov.)*

OMBRE **être à l'ombre** *véase* **ballon**

ORTHODOXE **ne pas être (très) orthodoxe** *véase* **catholique**

OS **l'avoir dans l'os** *véase* **baba**

OUBLIER **se faire oublier** tratar de pasar desapercibido/inadvertido

P

PANIER **un panier à salade** una lechera; un coche celular

PANNEAU **tomber/donner dans le panneau** caer en la trampa/red; dejarse engañar; tragar/morder el anzuelo

PAPE **c'est ça, et moi je suis le Pape !** ¡eso, y yo soy el director del Banco de España/el Papa!

PARADIS **tu (ne) l'emporteras pas en/au paradis !** ¡ya me las pagarás!

PIÈCE **monter qqch. de toutes pièces** inventárselo todo; montarse una película

PIÈGE **être pris/se laisser prendre à son propre piège** caer en sus/las propias redes *(véase también* **arroseur***)*

    un piège à cons *véase también* **attrape-nigaud**

PIGEON **un pigeon** *véase* **gogo**

PIGEONNER **se faire pigeonner** *véase* **avoir**

PILULE **dorer la pilule à qqn.** dorar la píldora a alguien

PIPER **les dés sont pipés** *véase* **dé**

PIQUER **piquer qqch. à qqn.** *véase* **chauffer**

PIRATE **un pirate de l'air** un pirata del aire

PLACARD **être au placard** *véase* **ballon**

PLUMER **se faire plumer** *véase* **avoir**

POCHE **faire les poches de qqn.** vaciarle los bolsillos a alguien

POIRE **une (bonne) poire** *véase* **gogo**

POIVRE **chier du poivre** dar esquinazo a la policía; despistar a la policía

POLI **il est trop poli pour être honnête** a mucha cortesía, mayor cuidado *(prov.)*; demasiado perfecto para ser honrado

POSSÉDER **se faire posséder** *véase* **avoir**

PRENDRE **tel est pris qui croyait prendre** *(prov.)* *véase* **arroseur**

PROIE **une proie facile** una presa fácil

PUNIR   on est toujours puni par où (l') on a péché *(prov.)*   en el pecado va
la penitencia *(prov.)*

R

RAMASSER   se faire ramasser   *véase agrafer*
RAT   être fait comme un rat   *véase faire*
REINE   c'est ça, et moi je suis la reine d'Angleterre !   *véase pape*
REVUE   être de la revue   *véase avoir*
ROULER   rouler qqn. (dans la farine)   timar/engañar a alguien; dársela con
queso a alguien
se faire rouler   *véase avoir*

S

SAC   un homme de sac et de corde   *véase corde*
un sac d'embrouilles/de nœuds   *véase embrouille*
SALADE   raconter des salades   *véase blague*
SECRET   être au secret   estar incomunicado
SINGE   payer en monnaie de singe   *véase monnaie*
SŒUR   et ta sœur ! (réponse: elle bat le beurre)   *véase œil*
SOUFFLER   souffler qqch. à qqn.   *véase chauffer*

T

TAULE   être en taule   *véase ballon*
TÊTE   mettre la tête de qqn. à prix   poner precio a la cabeza de alguien
TONDRE   se faire tondre (comme un œuf)   *véase avoir*
se faire tondre la laine sur le dos   *véase avoir y laine*
TOUR   jouer un mauvais tour/un tour pendable à qqn.   *véase cochon*
TRAÎTRE   prendre/attaquer qqn. en traître   *véase coup du père François y
coup de Jarnac*
TRINQUER   trinquer pour les autres   *véase addition*
TROGNON   avoir qqn. jusqu'au trognon   engañar a alguien como a un
chino
TROU   être au trou   *véase ballon*

V

VACHE   une vache à lait   una mina
VACHERIE   faire une vacherie à qqn.   *véase cochon*
VENT   qui sème le vent récolte la tempête *(prov.)*   quien siembra vientos
recoge tempestades *(prov.)* [*véase también* **punir**]

VERROU   être sous les verrous   *véase ballon*

VERT   se mettre au vert   *véase (se faire) oublier*

VESSIE   faire prendre des vessies pour des lanternes   *véase lanterne*

VINGT-DEUX   vingt-deux (, v'la les flics) !   ¡agua!, ¡agua!

VIOLON   être au violon   *véase ballon*

VOLER   être volé comme dans un bois/comme au coin d'un bois   ser desvalijado/desplumado/limpiado

VOLEUR   être voleur comme une pie   ser más ladrón que siete

   un voleur à la tire   un carterista

   un voleur de grand chemin   un bandolero; un salteador de caminos

VRAI   c'est trop beau pour être vrai   *véase beau*

A

ABUSER **il ne faut pas abuser des bonnes choses** no hay que abusar de lo bueno

AILE **avoir un coup dans l'aile** llevar una copita de más; estar entre dos luces

ALCOOL **(bien) tenir l'alcool** aguantar bien el alcohol/la bebida

AMOUR **à tes amours !** ¡(brindemos) por tus/los amores!

APPÉTIT **avoir un appétit d'ogre/d'oiseau** comer como un sabañón/pajarito

couper l'appétit à qqn. quitar las ganas (de comer) a alguien

l'appétit vient en mangeant *(prov.)* el comer y el rascar, todo es empezar *(prov.)*

ouvrir l'appétit/mettre en appétit abrir boca

ARDOISE **liquider une ardoise** liquidar/pagar una deuda/un pufo en la tasca/en el bar

mettre les consommations sur l'ardoise apuntar las bebidas en la cuenta

ARROSER (S') **ça s'arrose !** ¡esto hay que festejarlo/celebrarlo!

AVALER **je pourrais avaler un bœuf** me comería un buey

B

BABINE **se/s'en lécher les babines** chuparse los dedos; relamerse de gusto

BALLON **un ballon de rouge/blanc/rosé** un vaso/una copa de tinto/blanco/rosado

BARRIQUE **plein comme un barrique** (borracho) como una cuba; trompa

BEC **claquer du bec** estar como Carpanta; no tener (nada) que llevarse a la boca

BEURRER **être beurré comme un petit Lu** estar bien pedo/colocado/mamado

BIBERONNER **biberonner** pimplar; soplar; privar

BIEN **ça fait du bien par où (que) ça passe !** ¡qué gustito/rico!; ¡justo lo que me hacía falta!

BITURE/SE BITURER **prendre une biture; se biturer** coger/pillar una mona/borrachera/tajada/trompa/pedo

BŒUF je pourrais avaler un bœuf *véase avaler*

BOIRE boire en Suisse beber solo/sin invitar a nadie

boire pour oublier beber para olvidar

boire un canon tomarse un chato/chiquito

BOISSON s'adonner à la boisson darse a la bebida

BOMBANCE faire bombance estar/ir de comilona/francachela

BOUCHE une fine bouche un gastrónomo

BOUCHÉE ne faire qu'une bouchée de qqch. comerse algo de un bocado

BOUDIN plein comme un boudin *véase barrique*

BOURRER être bourré (comme un coing/comme un canon) *véase beurrer*

BOUTEILLE aimer la bouteille gustarle a uno (darle a) la botella

BRIQUE bouffer des briques *véase bec*

BUFFET danser devant le buffet *véase bec*

C

CALER (SE) se caler les joues ponerse morado; hincharse (a comer)

se caler une dent creuse tomarse un tentempié/una tapita

CARTE un repas à la carte una comida a la carta

CASQUETTE avoir une casquette plombée (sur le crâne) tener un resacón (terrible/monstruoso)

CASSER casser la croûte tomar(se) un bocado; comer

CEINTURE se mettre/se serrer la ceinture; faire ceinture apretarse el cinturón; pasar privaciones; ayunar

CHAGRIN noyer son chagrin dans l'alcool ahogar las penas en vino (*véase también boire pour oublier*)

CHAMPAGNE sabler le champagne celebrar (algo) con champaña/champán

sabrer le champagne descorchar (con fuerza) una botella de champán/champaña

CHANCRE manger/bouffer comme un chancre comer como una lima/como un cerdo

CHÈRE faire bonne chère comer (muy) bien; darse un festín/banquete

CHOU se farcir le chou llenarse el buche; papear

CIRAGE dans le cirage muy colocado/piripi/trompa

CLOCHE se taper la cloche estar de/darse una (buena) comilona; darse una francachela; ponerse las botas

COCO se remplir le coco llenarse el buche (*véase también cloche*)

CŒUR manger/dîner par cœur quedarse sin cenar

COMPTE avoir son compte llevar lo suyo; estar bastante cocido/pedo

CORDON être un (vrai) cordon-bleu ser un buen/excelente cocinero/un *cordon-bleu*

CORNET se mettre qqch. dans le cornet; se remplir le cornet *véase coco*

se rincer le cornet beber/echarse un trago; remojar el gaznate

COUDE   lever le coude   empinar el codo; soplar
COUP   avoir un coup dans l'aile; avoir bu un coup de trop   *véase aile*
   boire un (bon) coup   echar un (buen) trago
   un coup de rouge   un trago de vino tinto
CRAVATE   s'en jeter un petit (derrière la cravate)   echarse un trago al co-leto/cuerpo
CRÉMERIE   changer de crémerie   cambiar de bar/local
CREUX   avoir un petit creux   tener algo de hambre; tener el estómago vacío
CREVER   crever de faim; crever la dalle   estar muerto de hambre; morir-se de hambre; pasar hambre
CROC   avoir les crocs   *véase crever*
CROÛTE   casser la croûte   *véase casser*
CUITE   (se) prendre une cuite   *véase biture*
CUL   cul sec   de un trago/viaje; hasta el fondo
   faire cul sec   apurar el vaso de un trago; beber de un trago/de una vez
CUVER   cuver son vin   dormir la mona

D

DALLE   avoir la dalle   tener carpanta/gazuza
   avoir la dalle en pente   beber como una cuba; tener buenas tragaderas
   crever la dalle   *véase crever*
   se rincer la dalle   *véase (se rincer le) cornet*
DENT   avoir la dent   *véase (avoir la) dalle*
   avoir les dents du fond qui baignent   *véase beurrer*
   croquer/mordre à belles dents   morder con fuerza
   manger du bout des dents   comer sin ganas
   ne pas avoir de quoi se mettre sous la dent   *véase bec*
   se caler une dent creuse   *véase (se) caler*
DER   boire le der des der   tomarse el último trago/la espuela
DERNIER   en boire un (petit) dernier, pour la route   *véase der*
DESCENTE   avoir une bonne descente   *véase (avoir la) dalle en pente*
DÉVORER   dévorer qqch. à belles dents   devorar/engullir algo
DÎNER   qui dort dîne *(prov.)*   quien duerme cena/engorda *(prov.)*
DOCTEUR   boire le coup du docteur   *véase der*
DOIGT   se/s'en lécher les doigts   *véase babine*
   un doigt de vin   un dedo de vino
DOULOUREUSE   la douloureuse   la dolorosa; la cuenta
DURILLON   avoir un durillon de comptoir   practicar barra fija/levanta-miento de vidrio

E

EAU   être à l'eau   estar a palo seco
   faire venir l'eau à la bouche   hacérsele a uno la boca agua

l'eau, c'est pour les poissons   el agua es para los patos (y para las ranas que nadan bien); el agua cría ranas (en la barriga)

ÉMÉCHER   être éméché   estar piripi/alegre/coloca(d)illo

ENVOYER (s')   s'envoyer (trois bières)   echarse (tres cervezas) entre pecho y espalda

ÉPONGE   être une (véritable) éponge   ser una (auténtica) esponja; beber como un cosaco/una esponja

ESTOMAC   avoir l'estomac dans les talons/qui crie famine   tener el estómago en los pies; tener un hambre canina

ÉTRIER   boire le coup de l'étrier   *véase der*

F

FAGOT   une bouteille/un vin de derrière les fagots   un vino muy fino/excelente; un vinito muy rico

FAIM   avoir une faim de loup   *véase crever*
   crever de faim   *véase crever*
   (ne pas) manger à sa faim   (no) comer lo suficiente
   rester sur sa faim   quedarse con gana/hambre

FAIRE   être complètement fait   *véase beurrer y compte*

FAMINE   crier famine   quejarse de hambre

FATIGUER   fatiguer la salade   mover/revolver la ensalada

FLOT   (le champagne) coule à flots   corre (el champán/champaña) [a mares]

FORTUNE   manger à la fortune du pot   comer lo que haya/a la pata la llana

FOURCHETTE   avoir un bon/un joli coup de fourchette; être une belle/bonne fourchette   tener buen saque/diente; ser comilón
   manger avec la fourchette du père Adam   comer con los dedos

FOURRER   s'en fourrer jusque-là   llenarse la barriga; comer hasta reventar

FRINGALE   avoir la fringale   estar muerto de hambre
   avoir une fringale de qqch.   tener ganas/morirse de ganas de algo; tener antojo de algo

G

GAI   être (un peu) gai   *véase émécher*

GOGO   à gogo   a voluntad

" manger avec la fourchette d'Adam "

Como no he tenido el placer de conocer al padre de todos los hombres y sólo sé de gastronomía originaria lo relativo al episodio simbólico de la manzana, me atendré a la interpretación popular. Un humano anteprehistórico como él sólo podía comer de forma tosca y primitiva.

cf. FOURCHETTE

GOINFRE; SE GOINFRER manger comme un goinfre; se goinfrer comer a dos carrillos; atiborrarse; ponerse morado

GOSIER avoir le gosier en pente *véase (avoir la) dalle en pente*

GOURMANDISE c'est par pure gourmandise es pura gula/glotonería

GRAINE casser la graine *véase casser*

GRAS faire gras comer carne

GRIS être gris *véase émécher*

GUEULE avoir la gueule de bois tener resaca/un resacón

se saouler/se soûler/se bourrer la gueule emborracharse; pillar un pedo/un ciego

GUEULETON faire un (bon petit) gueuleton *véase (se taper la) cloche*

H

HONNEUR faire honneur à un repas hacer los honores a una comida

HUÎTRE être plein comme une huître *véase barrique*

I

IVRE être ivre mort estar borracho perdido

IVROGNE il y a un dieu pour les ivrognes *(aprox.)* los borrachos tienen suerte; Dios protege a los borrachos

J

JAMBE s'en aller sur une jambe irse sin tomar la última copa

JÉSUS c'est le petit Jésus en culotte de velours baja/entra que da gusto/de maravilla

JETER (SE) s'en jeter un (petit) [derrière la cravate] *véase cravate*

JOUE se caler les joues *véase (se) caler*

JUS du jus de chaussettes/de chique/de chapeau aguachirle

L

LAMPE s'en mettre plein la lampe *véase fourrer*

LANCE-PIERRE manger avec un/manger au lance-pierre comer a todo correr/a prisa y corriendo

LÉCHER (SE) se/s'en lécher les babines; se/s'en lécher les doigts *véase babine*

LENDEMAIN le lendemain de la veille el día después (de una noche loca); el día del bajón

LIT prendre son lit en marche irse a la cama/acostarse borracho

M

MAIGRE **faire maigre (le vendredi)** comer de vigilia/de viernes

MAIN **avoir eu la main lourde avec un ingrédient** írsele la mano de/cargar la mano en algún ingrediente

MANDIBULE **jouer des mandibules** menear el bigote; comer

MANGER **manger à la fortune du pot** *véase* **fortune**

　　manger avec la fourchette du père Adam *véase* **fourchette**

　　manger avec un/manger au lance-pierre *véase* **lance-pierre**

　　manger comme quatre/comme un ogre comer como un regimiento/una lima; tener un buen saque

　　manger comme un chancre *véase* **chancre**

　　manger comme un moineau/oiseau comer como un pajarito

　　manger par cœur *véase* **cœur**

　　manger sur le pouce comer en un periquete/de pie; comer a/de prisa y corriendo

　　manger un morceau/bout *véase* **casser**

MER **il boirait la mer et ses/les poissons** tiene una sed de camello; se bebería una piscina

METTRE **s'en mettre jusque là** *véase* **fourrer**

MIENNE **c'est la mienne !** ¡a ésta invito yo!; ¡esta ronda es mía!

N

NEZ **avoir un (petit) verre/coup dans le nez** *véase* **aile**

　　se piquer/se salir/se noircir le nez cogerse una moña; subirse a predicar

NOIR **noir** borracho; trompa

NOYER **noyer son chagrin dans l'alcool** *véase* **boire pour oublier**

NUAGE **juste un nuage de lait** sólo una gota/nube de leche

O

ŒUF **plein comme un œuf** llenísimo/repleto (*véase también* **barrique**)

OGRE **manger comme un ogre** *véase* **manger**

OISEAU **avoir un appétit d'oiseau** comer como un pajarito

OUTRE **plein comme une outre** *véase* **barrique**

P

PAF **complètement paf** *véase* **beurrer**

PAIN **au pain (sec) et à l'eau** a pan y agua

PANSE **s'en mettre plein la panse** *véase* **fourrer**

PARTI **être (un peu) parti** *véase* **émécher**

PAUSE **la pause café** la hora del café/del cafelito

PEINTURE **il vaut mieux/c'est plus rentable de l'avoir en peinture/en photo** vale más hacerle un traje (y no darle de comer)

PERROQUET **un perroquet** una mezcla de anisado y licor de menta
étouffer/étrangler un perroquet *(anticuado)* tomarse un vaso de ajenjo

PÉTER **complètement pété** totalmente/completamente pedo/ciego/colocado

PICOLER **picoler** *véase coude*

PICORER **picorer** picar; picotear *(véase también [manger du bout des] dents)*

PILIER **être un pilier de bar** *véase durillon*

PIPI **du pipi de chat** *véase jus*

PLAT **mettre les petits plats dans les grands** hacer las cosas por todo lo alto; tirar la casa por la ventana; tratar a alguien a cuerpo de rey

PLOMB **se faire sauter les plombs** cogerse un pedo tremendo; cogerse un colocón impresionante

POIRE **entre la poire et le fromage** a los postres; a la hora del café

POIVRER (SE) **se poivrer** *véase (se saouler/se soûler la) gueule*

POLONAIS **saoul/plein comme un Polonais** *véase barrique*

POMPETTE **être pompette** estar achispado

POPOTE **faire la popote** hacer la comida; guisar

POT **manger à la fortune du pot** *véase fortune*

POUCE **manger sur le pouce** *véase manger*

POUSSE-CAFÉ **un pousse-café** una copita/copa (que se toma con el café)/la copa del café

PRINCE **recevoir qqn. comme un prince** *véase plat*

Q

QUATRE **manger comme quatre** *véase manger*

R

RATE **manger à se péter la rate** comer hasta reventar

RÉGALER **c'est moi qui régale** *véase mienne*

RÉGIME **au régime jockey** a dieta severísima
être au régime sec *véase (être à l') eau*

RÉGIMENT **il y en a pour (tout) un régiment** hay (como) para alimentar a un ejército/a todo un regimiento

RIPAILLE **faire ripaille** *véase bombance*

ROND **rond comme une queue de pelle/une bille/un tonneau/une barrique** *véase barrique y beurrer*

ROUGE **du gros rouge (qui tache)** tintorro; vinacho

RUCHE **se piquer/se péter la ruche** *véase (se piquer le) nez*

S

SAC   un sac a vin   un borrachín/borracho

SAOUL   manger/boire tout son saoul   comer/beber hasta saciarse

SAUTER   la sauter   morirse de hambre; estar muerto de hambre

SCHLASS   complètement schlass   *véase* *péter*

SEC   boire sec   ser un gran bebedor

    l'avoir sec   estar seco/muerto de sed

SEMELLE   c'est de la semelle (de botte)   (esta carne) está dura como la suela de un zapato/correosa

SOBRE   être sobre comme un chameau   estar completamente sobrio; ser abstemio

SORT   faire un sort à un plat/à une bouteille   dar (buena) cuenta de un plato/una botella

SOUPE   à la soupe !   ¡a comer!; ¡a la mesa!

    la soupe populaire   el comedor de beneficencia/caridad

    un marchand de soupe   el dueño de un restaurante malo

STOP   dire «stop»   decir «basta»/«para»

SUCER   il (ne) suce pas de la glace !   es un poco borrachín

SUISSE   boire en Suisse   *véase* *boire*

T

TABLE   à table !   *véase (à la) soupe*

    manger à la table qui recule   pasarse sin comer; no llegar a menear el bigote (como Carpanta)

    tenir table ouverte   tener la casa siempre abierta (para comer)

TAMBOUILLE   faire la/sa tambouille   cocinar/preparar un guisote/una bazofia

TAPER (SE)   se taper un bon repas   pegarse una buena comilona

TENIR   en tenir une bonne   *véase* *barrique*

    qu'est-ce qu'il tient !   ¡vaya tajada/pedo!

TÊTE   (le vin) lui monte à la tête   (el vino) se le sube a la cabeza

TOAST   porter un toast à qqn./qqch.   brindar por alguien/algo

TONNEAU   rond/plein comme un tonneau   *véase* *barrique*

TOURNÉE   c'est ma tournée !   *véase* *mienne*

" avoir du vent dans les voiles "

Cuando el viento hincha las velas, ¿qué pasa? El barco se estremece, cabecea un poco y hacen falta toda la destreza y la experiencia del navegante para trasformar la potencia del aire en potencia motora. Un puñetazo en la nariz produce el mismo efecto en el Homo Sapiens Sapiens.

cf. VENT

TREMPETTE   **faire trempette**   hacer sopas/barquitos
TROU   **boire comme un trou**   *véase* ***éponge***
> **le trou normand**   una copa de licor (Calvados) que se toma entre dos platos para estimular el apetito

V

VACHE   **plein comme une vache**   *véase* ***barrique***
VEAU   **tuer le veau gras**   organizar una comida pantagruélica (para celebrar algo)
VENT   **avoir du vent dans les voiles**   hacer eses; estar calamocano
VENTRE   **avoir le ventre creux**   tener un vacío/un agujero en el estómago
> **ventre affamé n'a pas/point d'oreilles** *(prov.)*   el hambre es mala consejera; el hambre no admite razones *(prov.)*

VER   **tuer le ver**   matar el gusanillo
VERRE   **avoir un (petit) verre dans le nez**   *véase* ***(avoir bu un) coup de trop***
VIN   **avoir le vin gai/triste**   estar alegre/triste después de haber bebido
> **avoir le vin mauvais**   tener mal vino/beber
> **être entre deux vins**   *véase* ***émécher***
> **le vin ne l'aime pas beaucoup**   no le sienta bien el vino
> **tremper son vin**   aguar el vino

VOLONTÉ   **à volonté**   *véase* ***gogo***

Y

YEUX   **avoir les yeux plus grands/gros que le ventre/la panse**   comer con los ojos (más que con la boca)

ÍNDICE ALFABÉTICO

B

être le portrait (tout) craché de qqn. 135
être qqn. tout craché 135
il ne faut pas cracher dessus 174
crachoir, tenir le crachoir 113
cran, avoir du cran 96
crâne, bourrer le crâne à qqn. 202
faire du bourrage de crâne à qqn. 202
craque, raconter des craques 239
crasse, faire une crasse à qqn. 239
cravate, s'en jeter un petit (derrière la cravate) 247
crayon, avoir un joli/bon coup de crayon 186
crémaillère, pendre la crémaillère 12
crème, la crème (de la crème) 125
crémerie, changer de crémerie 247
créneau, monter au créneau (pour défendre sa politique) 192
crêpe, faire la crêpe (au soleil) 165
retourner qqn. comme une crêpe 215
s'aplatir comme une crêpe 103
cresson, ne plus avoir de cresson sur la fontaine 135
creux, être dans le creux de la vague 60
j'ai un petit creux 247
crève, attraper/choper la crève 71
crever, crevé 71
crever 247
crever de faim 247
crever la dalle 247
crever la gueule ouverte 71
cri, c'est le dernier cri 125
crible, passer qqch. au crible 202
cribler, être criblé de dettes 229
crin, à tous crins 135
crise, piquer/faire sa/une crise 175
criser, criser 175
critique, la critique est aisée ([mais] l'art est difficile) 175
croc, avoir les crocs 247
crochet, vivre aux crochets de qqn. 229
croire (se), croire dur comme fer (à qqch.) 192
croire qqch. les yeux fermés 192
(être comme saint Thomas,) ne croire que ce que l'on voit 202
s'y croire 103
se croire sorti de la cuisse de Jupiter 103
se croire tout permis 103
croisade, partir en croisade contre qqch. 192
croix, c'est la croix et la bannière 215
chacun (a/porte) sa croix 60
croix de bois, croix de fer, si je mens je vais en enfer 96
on peut faire une croix sur:... 60
croquer, (jolie/mignonne) à croquer 135
croqueuse, une croqueuse de diamants 103, 229
crosse, chercher des crosses à qqn. 39
croûte, casser la croûte 247
gagner sa croûte 229
cru, manger/avaler qqn. tout cru 39
monter à cru 165
cruche, tant va la cruche à l'eau qu'à la fin elle se brise/casse 103
cube, un gros cube 165

cucul, cucul (la praline) 103
cuiller, à ramasser à la petite cuiller 71
être né avec une cuiller d'/en argent dans la bouche 229
ne pas y aller avec le dos de la (petite) cuiller 215
cuirasse, le défaut de la cuirasse 60
cuire, c'est du tout cuit 215
laisser qqn. cuire dans son jus 215
cuisiner, cuisiner qqn. 113
cuisse, avoir la cuisse légère/hospitalière/gaie/facile 27
se croire sorti de la cuisse de Jupiter 103
cuite, prendre une cuite 247
cul, (en) avoir plein le cul de qqch. 175
(en) tomber/rester sur le cul 202
avoir du cul 51
avoir le cul bordé de nouilles 51
avoir le cul sorti des ronces 51
avoir le cul vissé (sur sa chaise) 83
bas du cul 135
c'est à se taper le cul par terre 175
cause/parle à mon cul, ma tête est malade 39
cul sec 247
être (assis)/avoir le cul entre deux chaises 175
être comme cul et chemise 27
faire cul sec 247
se casser le cul 83
tomber le cul par terre 202
tortiller du cul 135
tu peux te le/la/les foutre au cul/où je pense 39
un cul béni 192
un faux cul 103, 239
culbute, au bout du fossé, la culbute 60
faire la culbute 83
culot, avoir du culot 103
culotte, avoir une culotte de cheval 135
c'est elle qui porte la culotte 18
prendre une culotte (au jeu) 229
s'en fiche/s'en balancer/s'en foutre comme de sa première culotte 175
une (vieille) culotte de peau 148
y laisser/perdre sa culotte 229
cure, n'en avoir cure 175
curé, bouffer/manger du curé 192
curiosité, la curiosité est un vilain défaut 103
cuti, virer sa cuti 27, 202
cuver, cuver son vin 247

D

dada, c'est mon/son dada 12
avoir la dalle 247
avoir la dalle en pente 247
crever la dalle 247
se rincer la dalle 247
dame, honneur aux dames ! 125
danger, un danger public 12
danse, avoir la danse de Saint-Guy 71
donner/filer une danse à qqn. 39
mener la danse 83

F

K

L

quel (super) pied ! 181
se lever du pied gauche/du mauvais pied 181
sur un pied d'égalité 31
traîner les pieds 168
traiter qqn. sur un pied d'égalité 90
un appel du pied 31
vivre sur un grand pied 233
pied-à-terre, un pied-à-terre 168
piège, être pris à son propre piège 242
un piège à cons 242
Pierre, décoiffer/découvrir/déshabiller (saint)
Pierre pour coiffer/couvrir/habiller (saint)
Paul 222
Pierre, Paul ou Jacques 129
prendre à Pierre pour donner à Paul 222
pierre, apporter sa pierre à l'édifice 90
c'est une pierre dans ton jardin 44
faire d'une pierre deux coups 53
jeter la pierre à qqn. 44
jeter la première pierre 44
pierre qui roule n'amasse pas mousse 108,
233
poser la première pierre de qqch. 90
une pierre d'achoppement 66
pieuter (se), se pieuter 15
pif, au pif 207
pige, avoir (40, 50…) piges 155
pigeon, un pigeon 242
pigeonner, se faire pigeonner 242
piger, j'y pige que dalle 207
piger qqch. 207
pignon, avoir pignon sur rue 90
Pilate, (faire comme [Ponce] Pilate,) s'en laver les mains 181, 222
pile, à 8 heures pile 155
à l'heure pile 155
ça rentre pile-poil 155
ça tombe pile-poil 155
être une vraie pile électrique 75
jouer/décider à pile ou face 53, 66
pile à l'heure 155
piler, piler 168
pilier, être un pilier de bar 251
pilori, mettre/clouer qqn. au pilori 44
pilule, avaler la pilule dure 66
dorer la pilule à qqn. 242
pinacle, porter qqn. au pinacle 31
pince, être/aller à pinces 168
pince-sans-rire, c'est un pince-sans-rire 108
pinceau, s'emmêler/se mélanger/s'embrouiller les pin-ceaux 222
pincer, en pincer pour qqn./être pincé 31
pinson, gai comme un pinson 181
pion, damer le pion à qqn. 44
pioncer, pioncer ferme 15
pipe, casser sa pipe 75
pipeau, c'est du pipeau 119
piper, les dés sont pipés 242
ne pas piper (mot) 119
pipi, ça m'a pris comme une envie de faire
pipi 222
du pipi de chat 251
pique, lancer des piques à qqn. 119
pique-assiette, un pique-assiette 129, 233
piquer, piqué (de la tarentule) 206

piquer qqch. à qqn. 242
piquer un fard 140
piquet, être/rester planté comme un piquet
129
pirate, un pirate de l'air 242
pire, pour le meilleur et pour le pire 22
pirouette, répondre par une pirouette 119
pis, dire pis que pendre de qqn. 119
pissenlit, bouffer les pissenlits par la racine 75
pisser, c'est comme si on pissait dans un violon 181
ça m'a pris comme une envie de pisser 222
ça (ne) pisse pas (très) loin 181
ne plus se sentir pisser 108
piste, brouiller les pistes 196, 222
entrer en piste 90
piston, avoir du piston 90
placard, être au placard 242
place, la place du mort 168
les places sont chères 129
remettre qqn. à sa place 44
se faire sa/une place au soleil 90
se mettre à la place de qqn. 31
une place pour chaque chose et chaque
chose à sa place 15
plafond, bas de plafond 207
plaie, ne chercher/demander que plaies et
bosses 44
plaie d'argent n'est pas/point mortelle 233
quelle plaie ! 44
plaire, avoir tout pour plaire 108
si ça (ne) te plaît pas, c'est le même prix !
181
plaisanterie, c'est une vaste plaisanterie 181
trêve de plaisanterie(s) 119
plaisir, ce n'est pas une partie de plaisir 222
faire durer le plaisir 155
pour varier les plaisirs 53
plan, laisser qqn. en plan 44
passer au second plan 129
rester en plan 66
un gros plan 188
planche, brûler les planches 188
c'est ma planche de salut 66
entre quatre planches 75
être plate comme une planche à pain/à repasser 140
monter sur les planches 188
une planche à pain 140
plancher, débarrasser le plancher 168
le plancher des vaches 168
planter (se), se planter 66, 168
plaque, être (complètement) à côté de la plaque 207
plat, à plat 75
faire du plat à qqn. 31
faire tout un plat de qqch. 181
mettre les petits plats dans les grands 129,
251
platane, embrasser les platanes 168
plate-bande, marcher sur les plates-bandes
de qqn. 90
plateau, apporter qqch. à qqn. sur un plateau
(d'argent) 31
plâtre, battre qqn. comme plâtre 44